当代齐鲁文库·山东社会科学院文库
THE LIBRARY OF
CONTEMPORARY SHANDONG
SELECTED WORKS OF SHANDONG
ACADEMY OF SOCIAL SCIENCES

山东社会科学院◎编纂

鲁苏沪浙粤
经济社会发展比较研究

张卫国 赵炳新 等◎著

中国社会科学出版社

图书在版编目(CIP)数据

鲁苏沪浙粤经济社会发展比较研究／张卫国等著.—北京：中国
社会科学出版社，2016.12
ISBN 978-7-5161-8679-4

Ⅰ.①鲁…　Ⅱ.①张…②赵…　Ⅲ.①区域经济发展—对比研究—
山东省、江苏省、上海市、浙江省、广东省②社会发展—
对比研究—山东省、江苏省、上海市、浙江省、广东省
Ⅳ.①F127

中国版本图书馆 CIP 数据核字（2016）第 182739 号

出 版 人　赵剑英
责任编辑　冯春凤
责任校对　张爱华
责任印制　张雪娇

出　　　版　中国社会科学出版社
社　　　址　北京鼓楼西大街甲 158 号
邮　　　编　100720
网　　　址　http://www.csspw.cn
发 行 部　010 - 84083685
门 市 部　010 - 84029450
经　　　销　新华书店及其他书店

印刷装订　环球东方（北京）印务有限公司
版　　　次　2016 年 12 月第 1 版
印　　　次　2016 年 12 月第 1 次印刷

开　　　本　710×1000　1/16
印　　　张　20.75
插　　　页　2
字　　　数　340 千字
定　　　价　88.00 元

凡购买中国社会科学出版社图书，如有质量问题请与本社营销中心联系调换
电话:010 - 84083683

《山东社会科学院文库》
出版说明

　　党的十八大以来，以习近平同志为核心的党中央，从推动科学民主依法决策、推进国家治理体系和治理能力现代化、增强国家软实力的战略高度，对中国智库发展进行顶层设计，为中国特色新型智库建设提供了重要指导和基本遵循。2014 年 11 月，中办、国办印发《关于加强中国特色新型智库建设的意见》，标志着我国新型智库建设进入了加快发展的新阶段。2015 年 2 月，在中共山东省委、山东省人民政府的正确领导和大力支持下，山东社会科学院认真学习借鉴中国社会科学院改革的经验，大胆探索实施"社会科学创新工程"，在科研体制机制、人事管理、科研经费管理等方面大胆改革创新，相继实施了一系列重大创新措施，为建设山东特色新型智库勇探新路，并取得了明显成效，成为全国社科院系统率先全面实施哲学社会科学创新工程的地方社科院。2016 年 5 月，习近平总书记在哲学社会科学工作座谈会上发表重要讲话。讲话深刻阐明哲学社会科学的历史地位和时代价值，突出强调坚持马克思主义在我国哲学社会科学领域的指导地位，对加快构建中国特色哲学社会科学作出重大部署，是新形势下繁荣发展我国哲学社会科学事业的纲领性文献。山东社会科学院以深入学习贯彻习近平总书记在哲学社会科学工作座谈会上的重要讲话精神为契机，继续大力推进哲学社会科学创新工程，努力建设马克思主义研究宣传的"思想理论高地"，省委、省政府的重要"思想库"和"智囊团"，山东省哲学社会科学的高端学术殿堂，山东省情综合数据库和研究评价中心，服务经济文化强省建设的创新型团队，为繁荣发展哲学社会科学、建设山东特色新型智库，努力做出更大的贡献。

　　《山东社会科学院文库》（以下简称《文库》）是山东社会科学院"创

新工程"重大项目,是山东社会科学院着力打造的《当代齐鲁文库》的重要组成部分。该《文库》收录的是我院建院以来荣获山东省优秀社会科学成果一等奖及以上的科研成果。第二批出版的《文库》收录了丁少敏、王志东、卢新德、乔力、刘大可、曲永义、孙祚民、庄维民、许锦英、宋士昌、张卫国、李少群、张华、秦庆武、韩民青、程湘清、路遇等全国知名专家的研究专著18部,获奖文集1部。这些成果涉猎科学社会主义、文学、历史、哲学、经济学、人口学等领域,以马克思主义世界观、方法论为指导,深入研究哲学社会科学领域的基础理论问题,积极探索建设中国特色社会主义的重大理论和现实问题,为推动哲学社会科学繁荣发展发挥了重要作用。这些成果皆为作者经过长期的学术积累而打造的精品力作,充分体现了哲学社会科学研究的使命担当,展现了潜心治学、勇于创新的优良学风。这种使命担当、严谨的科研态度和科研作风值得我们认真学习和发扬,这是我院深入推进创新工程和新型智库建设的不竭动力。

实践没有止境,理论创新也没有止境。我们要突破前人,后人也必然会突破我们。《文库》收录的成果,也将因时代的变化、实践的发展、理论的创新,不断得到修正、丰富、完善,但它们对当时经济社会发展的推动作用,将同这些文字一起被人们铭记。《山东社会科学院文库》出版的原则是尊重原著的历史价值,内容不作大幅修订,因而,大家在《文库》中所看到的是那个时代专家们潜心探索研究的原汁原味的成果。

《山东社会科学院文库》是一个动态的开放的系统,在出版第一批、第二批的基础上,我们还会陆续推出第三批、第四批等后续成果……《文库》的出版在编委会的直接领导下进行,得到了作者及其亲属们的大力支持,也得到了院相关研究单位同志们的大力支持。同时,中国社会科学出版社的领导高度重视,给予大力支持帮助,尤其是责任编辑冯春凤主任为此付出了艰辛努力,在此一并表示最诚挚的谢意。

本书出版的组织、联络等事宜,由山东社会科学院科研组织处负责。因水平所限,出版工作难免会有不足乃至失误之处,恳请读者及有关专家学者批评指正。

《山东社会科学院文库》编委会

2016 年 11 月 16 日

目　　录

前　言

　　坚持以改革发展稳定中的实际问题、以我们正在做的事情为中心，着眼于马克思主义理论的运用，着眼于对实际问题的理论思考，着眼于新的实践和新的发展，加强和改进理论研究，是中共中央对新形势下宣传思想工作提出的明确要求。胡锦涛总书记在全国宣传思想工作会议上明确指出："哲学社会科学研究要立足国情，立足当代，以深入研究重大现实问题为主攻方向。"他在全国"三个代表"重要思想理论研讨会上强调，"理论研究只有同社会发展的要求、丰富多彩的生活和人民群众的实践紧密结合起来，才能具有强大生命力和影响力，才能实现自身的社会价值"。他要求，"广大理论工作者认真学习和宣传'三个代表'重要思想，认真研究改革开放和现代化建设提出的重大理论和实际问题，在认识世界、传承文明、创新理论、资政育人、服务社会方面不断作出新的建树"。按照中央的要求，山东省省委在前几年已经开展的重大理论与实践问题课题研究的基础上，进一步协调充实力量，加强重大课题的研究，在2003年6月中央做出在全党兴起学习贯彻"三个代表"重要思想新高潮的重大部署后，围绕落实党中央的战略部署和山东省经济社会发展的新实践，又规划了一批重大研究课题，旨在促进学习，引导思考，推动工作。

　　重大课题的研究在省委领导下，由省委副书记王修智同志和省委常委、宣传部长朱正昌同志负责，省委办公厅、省委宣传部、省委政策研究室、省委党校、山东社会科学院、省社会科学界联合会、省委高校工委和省教育厅等部门的同志共同参加，组成编写委员会，王修智同志和朱正昌同志任编写委员会主任，省委宣传部具体组织协调。重大研究课题的总体框架，依据党中央和省委深化"三个代表"重要思想研究的要求，依据加快山东省经济社会发展的要求，依据研究工作要体现前瞻性、战略性的要求，初步确定了20多个课题，既有理论方面的研究，又有结合山东省实际的工作研究，涉及树立和落实科学发展观、全面建设小康社会、三个文明协调发展、加强党的建设、半岛城市群建设和区域经济发展、解决"三农"问题、发展民营经济等各个领域。课题研究中，注意了加强协调，整合力量，协作攻关，形成合力，充分发挥各有关部门和单位的组织作用，发挥各方面研究力量的作用。在形成初步研究成果后，编写委员会组织有关领导和专家认真审读修改，确保研究成果的质量。

开展重大理论与实践问题研究，是推进伟大事业的迫切要求，是党的思想理论工作者的职责。面对时代的变化和实践的发展，思想理论工作者必须紧跟实践的步伐，研究新情况，开启新思想，解决新问题。随着实践的不断深入，一些新情况、新问题还会产生，涉及重大理论与实践研究课题的内容还将扩展，需要回答的问题会不断增多。我们将坚持以"三个代表"重要思想为指导，不断深化认识，力求在理论与实践的结合上取得新的研究成果，服务于社会、服务于实践。张全新、王希军、邵炳芳、张汝金、周国栋等同志参与了课题研究的协调组织及校对工作。

编者
2004 年 5 月

从传统齐鲁农耕文化到现代
商业精神的创造性转化

——《鲁苏沪浙粤经济社会发展比较》代序

韦　森

　　在 2003 年下半年的一个晚上，正在我们复旦大学读博士的山东社会科学院经济研究所所长张卫国研究员来舍下小叙。在闲聊中，卫国君谈及他和山东省以及其他一些省市学界的一些研究者正在筹划撰写一部有关山东、江苏、上海、浙江和广东五省市经济社会发展状况比较的专著一事，并盛情邀我为这本书作序。

　　自 1987 年从山东社会科学院出国留学，到今天转眼已近 20 年了。2001 年从英国剑桥访学正式归国后，虽然曾一两次偶过山东，但严格来说，自己对家乡山东省这些年的经济与社会发展状况了解并不多。从国外来复旦教书数来也算几年了，但由于自己的研究领域是抽象的理论经济学或言元经济学（meta - economics），加上回国以来基本上是从书房到教室，很少外出，且很少读报纸、看电视，故对上海、浙江、江苏和广东各省市以及全国的实际经济状况也知之甚少。在此情况下，要为这样一本五省市经济社会发展比较的专著作序，实在是有些力不从心。

　　这些年来，我的主要研究领域是制度经济学（institutional eco - nomics）和比较制度分析（comparative institutional analysis）。在国际上以及在国内，目前这两门学科还都是比较抽象和思辨的理论学科。制度经济学和比较制度分析，多是些跨国家、跨社会和跨历史的比较。这部专著，则集中于中国五个发达省市和 20 余年改革开放历史跨度中的经济绩效方面的多维比较。这些绩效比较固然与比较制度分析的体制和制度理论比较有很大不同，但从自己专业领域的观察视角来看，比较中国东—南沿海五省市改革开放后的经济与社会的发展道路和绩效上的差异，无疑具有十分重要的理论和现实意义。通过对中国这五个相对发达的沿海省市各个方面的比较，进而发现各自市场运行、文化习俗以及体制绩效的不同特征及其各自的优劣长短，对研究中国未来的经济社会发展走向，尤其是对正确把握我们山东省未来的经济社会发展道路，对省政府以及各级地方政府制定未来的经济发展规划，以及对本地经济学界和社会科学各界研究和理解山东省情并进而为政府决策部门提供一些合宜的咨询意见，无疑都具有十分重要的理论和现实意义。

山东是生我、养我和教育过我的家乡。作为一个出身山东的经济学人，能为家乡的经济和社会发展做一些个人的评论，提出一些自己浅见——甚至谬见，实在是责无旁贷的。加之，承蒙我曾工作过数年的山东社会科学院的同事和朋友诚挚邀请，这也真是盛情难却。于是，就有了这篇书序。

下面，笔者仅从几个方面谈一点自己的一些"印象直观"。希望这些浅直甚至有些"外行"的印象直观，能为关注和思考着山东省未来经济与社会发展的学界和社会各界的朋友，提供一些进一步思考和探讨的话题。

一 与其他四省市相比，山东综合竞争力和体制绩效到底如何？

自1978年中国改革开放以来，山东省经济得到了全面发展，社会进步的各项指标也显示山东省这些年确实取得了"令省内人乐道"和"令省外人刮目"的巨大成就。统计资料显示，1978年至2002年，山东省GDP的年平均增长速率为11.6%，高于全国同期的9.4%的平均水平，甚至高于上海的同期水平。2003年，山东省GDP的年增长速度甚至高达13%，要比全国平均水平高出4个百分点以上。2002年，山东省人均GDP达到了11645元，虽然低于上海、浙江、广东和江苏，但也高出全国8184元的平均水平。这些基本数字表明，自1978年以来，山东人民在改革开放中确实取得了辉煌的历史成就。

　　然而，我们山东省的各级党政领导以及学术界——尤其是我省经济学界——的同人显然并不满足于已经取得的成就。由张卫国研究员所牵头并组织的山东与江苏、上海、浙江和广东跨省市的比较研究，正好反映了我省政界、商界、学界和社会各界在百尺竿头更进一步的奋发精神。毋庸讳言，尽管过去20余年山东省的经济社会发展已取得了骄人的进步，但与广东、浙江、上海和江苏这4个中国最发达的省市相比，无论在经济增长速度上，还是在经济社会发展水平和进程方面，山东均有落后的地方。在经济绩效、市场发育、体制安排和发展前景方面，山东也有有待反思的地方。这些不合意的地方自然也能从一些基本数字上反映出来。按照本书第四章的研究，在改革开放之初的1978年，山东省的人均GDP为广东的1.17倍，浙江的1.34倍。但是到了2003年，山东仅相当于广东的79.2%，浙江的69.3%。读了这部书稿，感觉到有一点更为令人惊讶的是，在2003年，山东省的人均GDP不仅排在上海、浙江、广东和江苏之后，甚至还在福建和辽宁之后，——而众所周知，辽宁这个在过去计划经济时代的中国重工业基地，由于背上了巨大分量的国有经济包袱，其改革的步履维艰在中国和全世界经济学界都是人所共识的。把来自各方面的统计数字放在一个盘子中综合思考，看来我们山东省的政界、商界、学界和社会各界是应该坐下来，认真反思一下我们省到底存在哪些差距和问题——如果有差距和问题，其原因和起因又到底在哪里。

　　这些年来，由于笔者的专业是理论经济学（严格来说是经济哲学），故素来对统计数字不甚关注，也自然对一些统计指标不甚敏感。加之，自己十多年在国外，回国时间不长，目前确实不知道我国和我省历年的统计数字到底是怎样计算出来的。在1978年上大学前，笔者曾在一个鲁西南的县城的棉厂做过统计工作数年。记得那时，我们统计人员中有一句流传甚广的俗话："统计，统计，三分计算，七分估计。"在"文革"后期的那年头，这句话确实不无道理，我在自己的实际工作中也对此体会甚深。改革开放20余年来，我国的统计工作显然已有了很大改进，科学了许多。但目前我们国家和各地区的统计数字是怎样计算出来的？一个连带的问题是，西方发达国家的一些经济表现统计数字——诸如GDP年增长速率、物价消费指数等——又是怎样计算出来的？其中有多少估算成分？这仍然是些不成问题的问题。笔者这些年到过世界上的许多国家，也在国际上许多著名大学学习和工作过。长期的学术研究和理论思考，使自己对各国以及各地的统计数字是否真实反映出了现实经济状况和绩效这一问题，总是抱有一种怀疑的态度。

这里我们不妨以印度的例子来说明问题。按照世界银行、国际货币基金组织以及联合国有关机构的历年统计数字，在过去十几年中，印度经济的平均年增长率在6%以上。这比中国少不了多少。因而，这些年笔者也一直相信，印度的经济社会发展绩效应该一直不错。然而，在2003年9月，笔者有机会赴新德里参加联合国召开的一次国际会议。在会议前后，笔者有机会对印度做了一些实地观察和走访。通过观察对比，笔者深感印度经济的实际发展水平这些年应该比中国落后很多。在印度的实地走访时，以至到从印度回来后数月，一个问题常常萦绕脑际而挥之不去：印度整个国家仍然是这样的穷，如此落后，如果印度过去十几年确有6%的年经济增长，那么这些年的经济增长到底增长到哪里去了？

把中国—印度经济社会发展比较研究中的一些问题置换到中国内部地区间的"非均衡"发展问题，道理可能有相同和相通的地方。很显然，要做省际间经济绩效的比较，统计数字比较是重要，且是比较分析不得不用的首要方法和考察问题的第一个维度，但这并不是也不应该只是唯一的维度。经济学家们的理论研究要依赖统计数字，政府咨询机构的发展意见和建议要参考统计数字，政府决策部门的政策和战略决策的制定也须基于统计数字，但要真正理解和正确把握不同国家和地区间的经济发展水平和经济绩效方面的差异，单纯依靠统计数字就远远不够了，而现实观察和多维综合审视，则就是不可缺失的了。

近两年来，笔者有幸利用参加学术讨论会、讲学和探亲的机会到过珠三角和长三角部分经济发达地区，对这些地区的发展水平和状况有一些"走马观花"的初步印象。从英国、欧洲和澳洲回到中国，看到这些中国沿海发达地区农民所新建的一幢幢漂亮小楼，看到笔直的高速公路以及在高速公路上川流不息的豪华大巴和高档轿车，再看到一片片用塑料大棚搭起来的"现代化"农田以及一些现代化的民营企业工厂厂房，我有时真觉得中国的经济发展水平与欧洲、澳洲、日本和世界上任何一个发达国家已没多大差距。要说这些地区经济没快速增长，谁能信？

　　同样，在近一两年，笔者也利用出差、开会和旅游的机会到过中国西北和北方一些地区。从来往中国北部和西北地区的火车和汽车的窗口上望出去，发现大多数农村的农居还是具有砖瓦甚至泥土结构的简陋房屋，有些地方甚至仍然是泥土草棚。另外，与十几年前相比，尽管这些地区的一些县城、地区城市和省城的街道拓宽了许多，也新建了许多漂亮的高楼，但从这些城镇居民的住房条件和实际生活方式的方方面面来看，中国北方和西部地区与东部沿海发达省市差距是很大的，更不用说与西方发达国家的差距有多大了。有长三角和珠三角发达经济地区的"满目现代化"作参照系，一个问题也自然是：如果说过去一二十年中这些中国北方和西北地区的经济增长速度（按统计年鉴）说来也不低，社会发展绩效也不差，那么，其经济增长又增到哪里去了？发展指标又有没有水分？

　　于是，我就有了以下一个不甚成熟的想法：经济增长和经济绩效，既可以是统计得出来，也须是看得见和最起码体悟得到的。道理说来简单。如果一个国家或地区的经济增长不是增长在居民的银行账户中和个人钱包中，因之没转化居民的衣食住行方面的明显改善，这种增长肯定是有问题的，人们也有理由对之怀疑。从这个视角来思考问题，一个自然的结论是，就任何国家、社会或地区的经济增长路径和经济绩效的比较而言，数字是重要的和必须考虑的，但数字并不尽能完全说明问题。浅层发展比较的根据是数字；深层发展比较就须基于现实观察和综合审视了。

　　与广东、浙江、江苏和上海这些中国改革开放后最发达的省市相比，我们山东省的经济发展水平和这些年的绩效到底如何？统计数字已表明了我们有差距。差距在哪里？差距有多大？如果一个山东人到宁波、绍兴、温州、苏州、无锡、中山、东莞这些江、浙、粤的一些中小城市走一遭，再到上海、杭州、广州、深圳这些大城市的商厦逛一逛，也许就会体悟到差距在哪里了，也就会知道差距到底有多大了。

　　与广东、浙江、上海和江苏相比，山东确有差距。这应该说是一个不争的事实。

二　与其他四省市相比，山东发展
相对落后的原因在哪里？

中国沿海五个发达省市近些年经济增长、社会发展和体制绩效方面差异的原因是什么？要回答和理解这个问题，这里不如换一个角度提出另一个问题：这些年这几个省市各自经济增长与社会发展的主要动因和促动因素分别都是些什么？

上面我们已经指出，自 1978 年以来的中国经济增长和社会发展，是在市场发育和制度变迁的渐进过程中发生的。江、浙、沪、粤、鲁经济的高速增长，自然也不例外。根据这一事实，一些制度经济学家也许会直接解释道，中国尤其是其东—南部这些沿海五省市的经济增长与社会发展，是中国体制转型和制度变迁的一个历史结果。这说来没错。然而，这只是回答了第一个层面的问题。一个更深层面的问题是，既然中国各省市和各地区的市场发育和经济成长都是在整个国家的体制转型和制度变迁过程的大环境中发生的，那么，为什么不同省市和地区的经济增长和经济绩效会有差异——且整体来看差异甚大？在同一个制度、体制和政策环境和变迁过程之中，且各级各地政府的决策者均是以尽可能的高速增长为各自的施政目标和政策导向，加上大家同在一个以增长率为主要政绩考核体系的行政体制中运作的，那么，导致这些差异——且有些方面差异甚巨——的原因到底是什么？这里，资源禀赋差异说显然说明不了什么。因为，从资源禀赋来看，浙江的温州地区并不比湖州好，台州的资源禀赋也不比金华好，浙江与广东的整体资源禀赋也不比山东和黑龙江好——那么，这些地区和省市经济增长与发展绩效上所表现出来的差异的原因究竟在哪里？

当然，人们有可能把不同省市地区的经济增长和发展绩效的差异归结为不同省市地区政府在不同政策措施和施政导向上的选择。但问题是，如果说在 20 世纪 90 年代中期之前，各级和各地政府在改革开放、引进外资和刺激民营经济的发育与成长方面的政策、措施、步骤和实施时间上有差异，且这些差异确实是不同地区经济和发展绩效差异的一些重要原因的话，自 90 年代中后期以来，这些政策举措方面的因素可能已不再是主要原因了。因为，到了 20 世纪 90 年代中后期，随着人们认识上的趋同，各省市和各地区政府在国企改革、引进外资和刺激民营经济发展方面的政策和手段也基本上趋同了。由此我们也可以进一步引申出一个重要的理论结论：在过去十几年中，各省市和各地区政府的改革力度、行政措施和政策选择以及施政导向，是导致不同省市和地区经济增长和发展绩效表现上差异的一些重要因素，但并不是唯一的决定因素。一个市场友善的政府（a market - friendly - government）会为市场的扩展和发育提供宽松的空间和激励，但市场本身的发展和扩展却是市场本身的事。通过一些现实观察和理论反思，我们可以发现，在不同体制安排尤其是在不同的文化历史传统中，一些国家和地区市场可以是"政策激励敏感"（a sensitive market for policy - incentive）。而另一些市场则会是对政府的政策措施"激励乏效"（incentive impotence）。是什么导致市场对政府的政策手段和激励措施反应出现差异？这是一个值得从制度经济学的理论高度进一步深入思考的问题。

回到五省市近 20 余年经济增长和发展绩效的比较中来，我们会发现，从市场发育程度、增长路径、经济结构和经济成分来看，山东与江苏比较接近，而浙江和广东则是另一种增长和发展类型。从经济的整体成分来看，2001 年，山东的国有及其国有控股工业占全部国有及规模以上非国有工业总产值的比重近 30%，仅低于上海的 34.92%，而高于江苏的 15.83%，广东的 15.62%，更高于浙江的 6.41%。另一方面，从导致改革开放以来中国各地经济增长的一个主要贡献因素——引入外资来看，山东近些年来在引进外资——尤其是韩资和日资——方面的增长速度也是最快的。把这两幅统计图景叠加在一起，自然会得出山东经济增长路径及其发展绩效不如浙江、广东、上海以及江苏的一个主要原因了，那就是导致中国经济近些年起飞的一个主要发动机——民营经济——在山东的增长乏力。对于民营经济的发展问题，本书并没有直接进行讨论，因而我们尚缺具体的数字来进行进一步的比较和分析，但我们可以从樊纲和王小鲁于 2001 年所组织中国市场化进程研究中有关山东与苏、沪、浙、粤的数据中得到一些佐证。就非国有经济的发展来看，浙江排名全国第一，广东排名第二，而江苏、上海和山东则分别排名第五、第六和第七。① 这些数字足以说明山东之所以相对落后的一个主要原因到底在哪里了，那就是民营经济增长乏力。

山东的民营经济为什么不能得到长足的发展？山东非国有经济的发展为什么落后于苏、沪、浙、粤？理清了这个问题，也就自然回答了山东的经济绩效和社会发展与其他四省市存在着一定差距的深层原因了。

这里应该指出，在这个问题上，板子显然不宜也不能打在山东历届政府的屁股上。因为，一个无可置否的事实是，自改革开放以来，山东历届地方政府都在国企改革、对外开放、引进外资和促进民营经济的发展上花了很大的力气，采取了各种各样的措施，做了尽可能做的工作。但问题是，为什么山东历届政府在发展民营经济和引进外资等方面所花的力气、所采取的措施与所做的工作与苏、沪、浙、粤比较起来相对"激励乏效"？在排除了资源、制度、体制、政策诸种因素后，我们目前只能留下一种理论猜测：这可能与鲁国故地的山东人文环境和传统文化的精神遗产有关。

三　商业精神与经济发展：浙江和广东的例证

在最近发表的一篇文章中，笔者已对文化精神、制度变迁与经济增长的关系链条做了一些理论梳理。在那篇文章中，笔者曾提出以下两个命

---

① 众所周知，江苏前些年民营经济发展的滞后，是江苏花大力气推行乡镇企业这一过渡经济的特殊模式之努力的一个短期历史结果，这就是所谓的"苏南模式"对"温州模式"以及"江苏模式"对"浙江模式"的格局。近些年来，随着江苏乡镇企业的转制。"苏南模式"目前已基本上不复存在了，或者说已完成和基本上完成向"温州模式"和"浙江模式"的"接近"或"蜕变"。因此，从整体上来看，江苏近些年的民营经济发展是相当迅速的，而这种迅速发展的一个重要组成部分和方面是由原来的乡镇企业向民营企业的转制所促成的。如果说与江苏这一改革演化过程的特殊历史一幕相比山东民营经济的发展落后还是可以理解的话，那么，山东的非国有经济的发展还不如上海，这就实在难能令人理解了。道理很简单。在上海这个国际大都市中，由于改革开放前强大的国有制造业的体制遗产，加上随着改革开放以来外国大公司巨额资本的大量涌入，民营经济在上海生成和发育的空间变得非常狭小。在众多国际资本涌入和强大国有经济的两方面的"挤压"下，除了一些"红顶商人"和周正毅之类靠行政关系而发家的个别投机家之外，上海已几乎不存在能真正从小到大自然发育成长的民营企业的生存空间和成长土壤。在上海民营经济增长步履维艰的这样一个格局中，偌大个山东省的整个非国有经济发展竟落后于上海，这实在是一个几乎令人不能理解的事实。当然，在解读樊纲和王小鲁的这个"非国有经济发展"的指标上，如果我们没有理解错的话，这个指标应包括民营经济与外资。由于上海引进的外资总规模要大于山东，山东与上海的这一差距还似乎可以得以解释。

题：（1）对经济增长而言，只有在一定文化氛围的制度才是有效的；（2）文化传统对市场秩序的发育和扩展，进而对一个社会和地区经济增长的直接作用链条，可能是通过商业精神（business spirit）来传递的。笔者的这些理论猜测，应该说在这部五省市经济与社会发展比较研究中得到了进一步的印证。尤其是由刘志英和张朝晖所撰写的"人文传统比较"一节，从一个侧面更说明了这一点。

　　把五省市过去 20 余年体制改革、制度变迁、经济增长和社会发展的路径及历史轨迹的外征做一综合评估，人们会发现，从不同经济成分对经济增长的贡献作用来看，这五个目前中国最发达的省市可以被划分为两组：一组是浙江和广东，这些年其经济增长的主动力机制是民营经济的发展；① 另一组则是上海和江苏，其经济增长主要是靠外资的大量涌入而引致和拉动的，另外，国有企业转制所引致的效益增进也是后一组经济增长的一个主动力源，尤其是在上海更是如此。综合考虑，尽管山东在引进外资规模和范围上与江苏和上海相差很大，但山东经济的历史演化路径所呈现出来的总体特征，使之更加接近后一组，即上海和江苏。尤其是在2000 年之后，山东的经济社会发展路径更趋同于后者，而不是前者。

　　进一步的问题是，为什么在中国改革开放的大潮中民营经济在浙江和广东率先成长起来？这里面有许多自然环境（如广东珠三角地区靠近港澳）、地方政府的思想解放以及在改革开放早期采取了一些较适宜的激励和鼓励政策等因素，但这些因素显然并不是根本原因。因为，毋庸置疑，山东和中国其他省市的地方政府近些年对民营经济的发展也都采取了各种各样的激励措施，并出台了多种优惠政策，那么，为什么山东和其他省市促进民营经济发展的政策和措施就不像浙江和广东那样有效？难道中国各省市自治区不是同处在一个体制转型的改革进程和基本制度安排的变迁过程之中？

　　沿着这条探究思路，我们会慢慢梳理出来这样一种理论猜测：这些年浙江、广东以及后来的江苏民营经济的快速发展，可能在很大程度上借力

---

　　① 当然，外国尤其是我国港澳台的直接投资在广东的经济增长中无疑起到了很大的作用，尤其是在改革开放的初期阶段上更是如此。但这不应否定民营经济的发展是近些年广东经济发展的主力军这一事实。

于江浙和岭南一带的人文传统的资源遗产，中国的经济改革和制度变迁的历史过程以及这两个省及其地方政府所采取的政策手段和激励措施，只不过是为原来压抑着的这些精神资源的自然张扬及其向市场运行中的商业精神的自发转化提供了合宜的"制度空间"和"社会氛围"。

经济活动是人们之间的活动，市场扩展则是人们交易活动范围增宽和深化的一个自然结果，而近现代以及当代历史上的任何国家和地区的经济繁荣与社会发展，说到底只不过是市场扩展的一个外在表现。市场、经济与社会不过是人们交易、交换与交往的一个整体称谓。既然市场、经济与社会说到底只不过是人参与其中的一种活动，那么，参与者们自己的精神导向及其主动性（activeness），在任何社会、国家和地区的经济增长与社会发展中，以及在任何历史时期中，无疑都是一个至关重要的因素。由于市场经济活动说到底只是一种人们的商品和劳务交换行为的集合，那么，市场参与者的从商精神或言商业精神及其动机（motivation），自然就成了市场扩展和经济发展的一个最深层的或者说根本的动因了。从制度经济学的分析视角来说，对经济增长和社会发展而言，制度确实是重要的。然而，只有在一定的文化氛围中，一些市场经济的基本制度方能发挥其对经济增长和社会发展的激励作用。这也导致了同样性质的制度，在不同的文化传统和社会精神遗产中的作用链条和绩效并不尽相同，且有时差异甚大。

有了上述认识，我们就会逐渐梳理出来在中国改革开放的大潮中民营经济在浙江和广东的珠三角地区率先崛起的文化和社会原因了。近些年到过浙江的温州、台州、宁波、绍兴，以及到过广东的珠海、中山和东莞的人，可能会发现，这些民营经济发达地区，可谓是镇镇有自己的企业群，村村有工厂和作坊，家家都在"经营"，人人都在谋划着赚钱发财、都想成为一个生意人或企业家。在这样一些弥漫着现代商业精神和经营意识的地区，市场焉能没发展？GDP焉能不增长？经济焉能不会起飞？人们焉能不富裕？在这一方面，温州以及浙江的民营经济确实是一个突出的范型（prototype）。毫无疑问，温州模式以及广义的浙江模式，不仅创造了过去的辉煌，而且也代表了未来中国经济长期增长的希望。

那么，是什么因素引致了温州和浙江民营经济有如此强劲的增长？一个简洁的回答是，浙江民营经济发展有赖于数十万浙江民营企业家的经营意识和商业头脑。那么，进一步的问题是，为什么浙江、广东、以及江苏的不可胜数的民营企业家们这样有商业头脑、经营意识和从商精神？刘志英和张朝晖两位所撰写的"人文传统比较"一节，对此做了非常好的回答，那就是这应归结为从数百年来江浙一带的"吴越文化"和珠三角一带的"岭南文化"中所承传下来的商业精神。

先说浙江。根据刘志英和张朝晖的研究，盛行于江浙一带的吴越文化和人文传统，历来有重商轻农的突出精神特征，这使得江浙人机智敏捷，精于商道，并富于开拓和冒险精神。这种文化传统中的现实精神遗产，与现代市场经济中的企业家精神和商业意识，基本上是相符的或言精神上是相通的，而一些海外管理学家如香港大学的雷丁（Gordon Redding）和美国著名社会学家伯杰（Peter Berger）所言的"华人资本主义精神"（the Chinese spirit of capitalism），在很大程度上就是指这种从吴越文化以及岭南文化传统中所存留下来并延伸到海外华人社会的商业精神资源禀赋。在计划经济年代，这些商业精神被政府强大的行政控制机制给压抑了下来，浙江也因而一度成了计划经济时代中国经济社会发展比较落后的地区之一。一旦政府的行政控制机制稀释开来了，数百年来孕育而成并承传下来的这种浙江人的商业精神就释放出来，进而成了市场秩序扩展和经济发展的强大原动力。理解了这一点，就能理解为什么在改革开放初期，先是从一个经济落后的温州地区，然后到整个江浙一带的数十万民营企业迅速崛起的文化原因了。从这个角度来看，在中国改革开放的大潮中浙江以及后来的江苏民营企业的迅速崛起，其根本原因并不能完全从体制转型和政府的合意激励政策中去寻找，也更非是以产权经济分析为核心的新制度经济学的制度变迁理论所能解释得了的，[①] 而应该在很大程度上将之归结为吴越文化和江浙人的商业精神资源遗产在改革开放大潮中的创造性转化和"再兴"（renaissance）。理解了这一点，我们方能理解浙江经济发展中的如下事实了：到 2002 年，浙江共有私营企业 24.73 万家，实现总产值 7426.74 亿元。个体和私营经济总产值、销售利润、社会消费品零售额、出口创汇额，以及全国民营企业 500 强户数等五项指标，浙江均位居全国

---

① 当然旧体制的约束是过去浙江经济发展落后一个非常重要的桎梏和羁绊，因此不能说制度不重要。

第一。在全国民营企业综合实力 500 强中，浙江一省就有 170 家；而中国 10 大民营企业排行榜上，浙江就占了一半。没有浙江人的商业精神和众多民营企业家参与市场经营的主动性和创造性，会有这些辉煌业绩？

再看广东。如果说江浙一带民营经济的迅速发展在很大程度上得益于传统吴越文化中所潜含着的商业精神遗产，那么广东经济在改革开放初期的高速增长，随后伴随着外资尤其是港澳资本的大量涌入而引致的民营经济蓬勃发展，以及高科技民营企业在珠三角地带不断崛起，也自然有其文化原因。在"人文传统比较"一节中，刘志英和张朝晖两位作者指出，珠三角一带之所以从近代以来就一直是一个商业贸易比较发达的地区，与岭南文化中的"崇利"和"重商"的文化精神密不可分。对岭南文化精神，两位作者归纳出了以下几点：多元性和重商传统，开放性与开拓精神，兼容性与善于变通，反传统与敢为天下先，以及追求感观享乐、直观务实并具有冒险精神等品格。两位作者总结道，自近代以来，广州、潮州以及泛珠三角地带，人们逐利之广，上至官僚地主，下至士子农人。这就导致了以广州为中心的珠三角地区人们的经商活动十分普遍，以至于"崇利"的商品价值观渗透到岭南社会的各个角落。与之相伴，广东社会的经济结构也不断向多元化、市场化方向发展。这说来也就是目前经济学界所常说的一个持续的"市场深化"过程。由此看来，在中国改革开放的大潮中，商品经济和市场秩序首先在广东崛起并不断向外"辐射"和"扩展"开来，从某种程度上来说只不过是逐渐"融解"了行政控制机制这种对自发市场秩序扩展而言的羁绊和桎梏之后，在珠三角地区承传和遗留下来的这种岭南文化中的商业精神张扬和发挥其自然功能的一个现实表现和历史结果。

四　传统齐鲁农耕文化与现代市场秩序

理解了浙江、广东这两个民营经济相对发达和现代市场经济秩序扩展较为迅速的大省各自的传统文化精神资源，也就能反过来反思出山东这些年民营经济发展步履维艰、现代市场经济秩序成长发育迟缓和乏力的深层文化原因了。

齐鲁文化与现代市场经济秩序的关系如何？对于作为传统中华文化主

脉的齐鲁文化与市场经济秩序的关系，刘志英和张朝晖也做了归纳。他们归纳到，发源于鲁国故地并在齐鲁大地上代代承传下来的儒家文化，本质上是一种农耕文化。这种文化有着重农抑商和官本位、仁义至上不言利、循规蹈矩不求变、质朴实在不精商、吃苦耐劳少通变等基本特征。正是因为在齐鲁大地上盛行的这些较为普遍的人文精神品格，使得我们山东人历来从商精神不强，缺乏主动发展和拓宽市场的动力。把两位作者所发现和归纳的山东人的这些精神品格整合起来看，可以发现，与中国传统文化主脉紧密关联的齐鲁文化，说到底是一种农耕文化，或言只是一种满足家庭自给自足和平安康乐的"小农意识"。这种农耕文化和小农意识，充满一种趋向安于现状的"中庸"精神，也因而基本上不具备作为现代市场经济运行的一个必要条件的市场参与者的商业精神，更谈不上具有现代市场秩序扩展和经济增长的"发动机"和"永动机"的企业家（冒险）精神了。在绝大多数山东人均缺少商业精神和"经营意识"这样一种怠惰的文化氛围中，又怎么能企盼在改革后的齐鲁大地上能像浙江和广东那样"雨后春笋"般地有众多民营企业崛起和成千上万民营企业家的出现？

　　当然，这里应该指出，随着改革开放而来的商品经济大潮的不断涌动，我们山东人自然不会不萌生"赚钱发财"的市场经营意识和"改变自己和家庭现状"的现实冲动。在山东各地所普遍出现的一个个私人小商店，甚至夜晚在各地街头出现的一排排小吃或用上海的当地话"大排档车"，以及繁荣的集市贸易和地摊生意，这些现象都说明了山东人也在市场经济涌动的大潮中开始萌发了"赚钱发财"和"市场经营"的商业意识。但是，在理解和认识商业精神与现代市场经济秩序的内在互动关系上，这里有一点需要特别澄清，这就是，尽管商业精神可以体现在所有市场交易和商业经营活动中，自然也可以从一些小商小贩的经营活动中体现出来（原因在于一些企业家可以从小本生意开始而发展成为一个庞大的企业集团），但严格来说，并非所有的商贩活动和小本生意活动都一定反映出了"现代商业精神"。我们这里所说的现代商业精神，是特指国外社会学家——尤其是德国著名社会学家马克斯·韦伯（Max Webber）——所言的"资本主义精神"。用当代经济学和管理学的术语来说，我们所说的现代商业精神，在某种程度上来说与"企业家精神"是一个同义语。正如农业生产可以出农民企业家，也可以仍旧是男耕女织的小农经营一样，工商业经营也既可以是企业家的大企业、大公司和大商号经营，也可以只是家庭手工业制作以及夫妻店式的小商小贩经营。因此，不能认为在路边摆个地摊，在半夜里推出个"大排档车"，或在街边村头开一个小服装店，这就一定具有现代市场经济所必需的商业精神了。话说回来，在人类文明社会的历史上，这种小商品经营几乎在任何社会、国家、地区的任何历史时期都曾存在过，尤其是在中国宋、明、清以及近代的北非，这种小商品交换和集市贸易都曾一度非常繁荣。那么，一个问题是，为什么在中国近代以及北非就不能完成从这种集市贸易向现代大规模的市场经济秩序的转变？从对这个问题的思考中，我们也能进一步认识到，小商品经营并不一定就意味着具有现代市场经济所必需的那种特殊的商业精神或企业家精神。

当然，对于任何社会和任何经济体来说，这种小商品经营和集市贸易均会促进经济增长和社会繁荣，但是，相对于现代市场经济秩序的大规模生产和大规模交易而言，只有当无数的"生意人"把自己企业（这个词在英文中为"enterprise"——原意为"冒险的事业"）的创建、增长和无限扩大视为自己的一种"天职"而不仅仅只是为了"赚钱发财"，特别是不只为了满足自己及其家人过一个安逸生活的"小钱"为目的、为导向时，我们才能判定现代市场经济所必需的"商业精神"或"企业家精神"方才孕成了。

这里也必须指出，随着自发市场秩序地生成、运行和扩展，一些小商小贩的"赚钱发财"意识可以逐步向现代市场经济的商业精神和企业家精神转变。事实上，从改革开放初期温州人在全国各地"弹被套""修鞋"到目前温州的"打火机生产巨头""皮鞋王"以及目前在中国各地人们似乎有点"谈虎色变"的"温州炒房财团"的历史发展演化轨迹中，我们也可以清楚地辨识出，温州人确曾经历了一种从小商品经营意识向现代市场经济运行的"商业精神"和"企业家精神"的转化和过渡。当然，从这种小商品经营意识到现代市场经济运行所必需的"商业精神"和"企业家精神"的转化，并不是必然和自然的，其中文化精神资源禀赋显然是一个重要的决定因素，否则，这就无法解释中国和一些第三世界国家和地区在近代不能自发完成向现代市场经济的社会转变这一历史事实了。那么，进一步的问题是，在一定的精神资源中，在一定文化氛围中，又将如何促使人们完成从小商品经营意识向现代商业精神和企业家精神的转化？

五　政府在经济发展中的作用:促使人们从生产导向向经营导向的观念转化

中国改革开放的 20 余年，是随着政府行政控制机制弱化而引致的市场秩序自发孕育以及市场化程度深化的 20 余年。到今天，可以认为，市场运行的基本架构已在中国各地基本孕成并初步成型了。处在一个市场机制初成的中国当代社会格局中，各地和各级政府能在未来的经济与社会发展中做些什么？如何做才是适宜的？

完成从指令性政府向指导性政府转化，从生产促动型政府向市场促动型政府转化，以及完成从领导型政府向服务型政府的转化，是我国多年经济体制改革的一个基本导向。不管我们是否已经完成了这一政府机制的转型和转化，一个应该提出来的问题是，一个市场指导性政府、一个市场促动型政府以及一个市场服务型政府能在这中国改革中和改革后（post‐re‐form）的社会格局中做些什么？具体到山东地方政府来说，经过与浙江、广东、江苏和上海发展经验的比较，在进一步促进本地民营经济的发展上，我们需做些什么？能做些什么？又能在多大程度上有所作为？这是五省市经济社会发展经验比较研究所必须进一步思考和回答的问题。

首先，这里应该指出，中国经济改革的一个核心内容是政府职能的转变，而政府的不同政策选择及其政策实施手段和机制过程的转变，只是政府职能和功能转变的一个副产品和辅助项。在完成政府职能转变以及政策实施机制的转型之前，政府官员和政策决策者的认识和观念的转变，无疑应该是一种先决条件。尤其是考虑到中国的经济社会改革实际上是要完成从一种"行政控制经济"（或言"命令经济"）向"市场经济"（或言"市场参与者自主决策、自主经营和自发活动的经济"）的转变，更应该是如此。道理很简单:我们刚从一种行政控制经济（或言"命令经济"）走了出来，在目前的体制格局中和制度安排下，只有政府决策者的认识、观念、意志和导向转变了，方能影响并引致市场参与者自己的观念和认识的转化。具体到山东来说，只有政府决策者完成了从"生产促动型政府"

向"市场扩展促动型政府"的观念上的转变，才能有利于在齐鲁大地上现代商业精神的孕生和弘扬，才能引致和激发成千上万山东民营企业的崛起和新一代"鲁商"和"儒商"的出现。

在上面的论述中，我们已经知道，齐鲁文化在本质和本源上是一种小农经营意识和农耕文化，这种文化注重保守和维持一种安逸且自给自足的家庭生活方式，它与现代商业精神和企业家精神原本是格格不入的。由此我们可以初步断定，在传统的齐鲁文化精神资源遗产中，并没有多少现代市场经济运行和自发扩展所必须的商业精神以及企业家精神的遗产禀赋，因而，要在山东发展市场秩序从而孕生出持续经济高速增长的内在冲力，首先要做的一件事就是通过各种媒体和教育渠道来转换人们的思想观念，其中特别重要的是要注重宣扬一些成功的现代齐鲁企业（如海尔、海信等）的业绩和齐鲁企业家——尤其是民营企业家的成长故事，以充分发挥其示范效应，从而孕生出一个现代市场经济运行所必需的商业精神和企业家精神能在齐鲁大地上张扬和弥漫的文化氛围。

谈到政府决策者认识和施政导向的转变，这里有一点也要特别指出，由于长期生活在作为一种"短缺经济"的"计划经济"（或言"行政控制经济"）中，加上传统政治经济学中的"生产劳动和非生产劳动两分法"理念的广泛传播，使我们过去产生了一个长期且根深蒂固的理论误识，即以为"经济增长"归根到底是"生产"出来的，而不是"交易"出来的。基于这种长期的理论误识和错误信念，我们的经济学家们、政府统计部门以及媒体界的人士，也倾向于谈论并实际上只是注重一些物质生产的实物指标——如多少万吨钢铁、煤炭、粮食、原油，多少亿度电，以及多少万辆汽车等等。直到一种现代市场经济秩序初成后，或者说直到今天，我们方开始认识到，物质产品产量的增加，只是经济增长的一个维度，而其另外一个重要的维度，即市场交易范围和容量的扩大和深化，尤其是一些劳务、金融和非物质"产品"的市场交易容量和范围的扩大，越来越成为经济增长的一个重要组成部分，以至于在某种程度上我们可以认为，在一个成熟的现代市场经济秩序中，经济增长多半是交易出来的，而不仅仅是生产出来的。如果能认识到这一点，我们就会进一步认识到，经济增长在某种程度上只不过是市场扩展和深化的一个结果，而生产尤其是物质产品生产产量和规模的扩大，并不必然意味着市场的扩大，更不必然就意味着经济增长和社会发展。

　　如果有了上述认识，在确定合宜的政府施政导向上，在校准正确的发展观时，政府应该从只是或言主要是注重促进物质生产产品（指标）的增加转向花大力气促进市场的扩展和深化上来。目前经济学界所常主张的"要花大力气促进第三产业的发展"，只不过是基于这一认识的一个浅层面或言局部视角而提出来的，因而还远远不到位，还远未触及到经济增长和社会发展问题的实质和根本之所在。

　　概言之，欲达到山东经济持续和长远发展的目标，就要花大力气促进和培育山东本地的民营经济，就要促进山东经济自身的市场深化进程；国企转制以及引进外资应当是、只能是、也只会是山东经济社会长远发展的一个辅助部分和方面。如何才能"振兴"山东的民营经济？如何才能扩展山东本地的市场范围？如何才能促使山东经济本身的市场深化过程？问题的关键显然还是要花大力气促进我们山东人完成从以传统儒家为主脉的农耕文化和小农经营意识向现代商业精神的创造性转化。只有这个转化完成了，才会有新一代"鲁商"的崛起，才会有山东民营经济长足发展，山东的经济社会发展才会是长期、持续和"有后劲"的。话说回来，在未来一段时期中，如果在齐鲁大地上没有涌现出成千上万的像浙商、粤商以及像中国近代历史上的晋商、徽商，特别是像活跃在上海滩和港澳商界的"宁波商帮"那样的现代鲁商，那么山东经济的长远发展和山东的振兴，可能只会流于一句空口号。这就是我们的经验研究和理论反思所得出的初步结论。

　　　　　　　2004 年 8 月初识于内蒙古草原、黑龙江平原
　　　　　以及俄罗斯海兰泡的旅途中
　　　　　2004 年 8 月 28 日定稿于沪上复旦书馨公寓

第一章 基本省(市)情比较

山东与苏、沪、浙、粤的经济社会发展在基本省（市）情方面（包括地理位置、行政区划和交通条件，自然禀赋，人文传统以及发展的现实基础等）既有相同之处，也存在明显差异，后者既构成了可比时期发展初始条件的差异，也可能成为一定时期不同发展路径和模式的重要成因。

一 地理位置、行政区划和交通概貌[①]比较

1. 地理位置比较

山东省位于中国华北平原东部、黄河下游。半岛部分西北临渤海，东北和南部临黄海（大陆海岸线长约 3000 多千米，仅次于广东省，在全国 31 个省、市和自治区[②]中居第 2 位），与河北、安徽、江苏等省为邻，东北隔渤海海峡与辽宁省相望。

山东是当今中国沿海比较发达的省份之一，是黄淮海地区的重要省份，南接长江三角洲地区，北居环渤海地区，东与韩、日隔海相望，是中国在东北亚经济圈中的重要省区。

江苏省位于中国东部，跨华北平原和长江下游平原。东临黄海（大陆海岸线长 1000 多千米）。与山东、安徽、浙江和上海等省市为邻。

江苏是当今中国沿海比较发达的省份之一，是长江三角洲地区的重要

---

① 由自然地理位置所决定的要素禀赋状况以及交通作为产业发展的状况还将分别在以下"自然禀赋"一节以及第二章"比较优势"一章中加以分析，这样做是为了行文的方便。

② 不包括香港、澳门特别行政区和台湾省，其余处若无特别说明，均按此口径。

省份，南部处于发达的沪宁杭地区，北部处于黄淮海地区，东部与日、韩隔海相望。

上海市位于中国大陆海岸线中部，长江入海口。与江苏、浙江两省为邻。东临东海（大陆海岸线长约 200 千米）。

上海是当今中国沿海发达的中央直辖市，是沪宁杭地区、长江三角洲地区乃至中国最大的城市，也是世界上最大的城市之一，东与日本隔海相望。

浙江省位于太湖以南，东临东海（大陆海岸线长 2200 多千米）。与上海、江苏、安徽、江西、福建等省（市）为邻。

浙江是当今中国沿海比较发达的省份之一，是长江三角洲地区的重要省份，北部处于发达的沪宁杭地区，南部接福建并与台湾省隔海相望，东北部与日本隔海相望。

广东省位于南岭以南，临南海（大陆海岸线长 4300 多千米）。东、北、西三面与福建、江西、湖南和广西等省区接壤。

广东是当今中国沿海比较发达的省份之一，是珠江三角洲地区的最重要的省份，东部与台湾省隔海相望，南部紧接香港和澳门特别行政区。

2. 行政区划比较

山东省。古称太行山以东地区为山东，金开始形成行政区名，明置山东省。因部分地区曾为鲁国，故简称鲁。山东全省国土面积 15 万多平方千米；2002 年底总人口 9082 万人，在全国 31 个省、市和自治区中排第 2 位，有汉、回和满等民族。2002 年底，全省辖 17 个地级及其以上市，其中有 2 个副省级市；139 个县、市、区，其中县级市 31 个、市辖区 48 个；1927 个乡、镇和街道办事处，其中镇 1253 个、街道办事处 372 个，省会济南。

江苏省。清置江苏省，以旧江宁、苏州二府首字得省名。全省面积 10 万多平方千米；2002 年底总人口 7381 万人，在全国 31 个省、市和自治区中排第 5 位，是人口密度最大的省份，有汉、回和满等民族。2002 年底全省辖 13 个地级及其以上市，其中有 1 个副省级市；106 个县、市、区，其中县级市 27 个、市辖区 52 个；1592 个乡、镇和街道办事处，其中镇 1194 个、街道办事处 262 个，省会南京。

上海市。相传吴淞江近海一段古称沪渎，故简称沪；又因西部为战国时楚春申君领地，亦简称申。全市面积 5800 平方千米；2002 年底总人口 1625 万人，在全国 31 个省、市和自治区中排第 25 位，但却是全国各城市人口最多者，有汉、回和满等民族。2002 年底全市辖 19 个县、区，其中市辖区 18 个；234 个镇和街道办事处，其中镇 132 个、街道办事处 99 个。

浙江省。明置浙江省。境内钱塘江旧称浙江，省名源此。全省面积 10 万多平方千米；2002 年底总人口 4647 万人，在全国 31 个省、市和自治区中排第 11 位，有汉、畲、回、满和苗等民族。2002 年底全省辖 11 个地级及其以上市，其中有 2 个副省级市；88 个县、市、区，其中县级市 22 个、市辖区 30 个；1610 个乡、镇和街道办事处，其中镇 824 个、街道办事处 233 个。

广东省。明置广东省，省名由广南东路简化而来；古为南粤辖地，故简称粤。全省面积 18 万多平方千米；2002 年底总人口 7859 万人，在全国 31 个省、市和自治区中排第 4 位，有汉、瑶、壮、回、满和畲等民族。2002 年底全省辖 21 个地级及其以上市，其中有 2 个副省级市：123 个县、市、区，其中县级市 26 个、市辖区 52 个；1844 个乡、镇和街道办事处，其中镇 1458 个、街道办事处 361 个。

3. 交通概貌比较

山东省交通便利，已形成以济南为中心、以铁路为骨干的四通八达的运输网：京沪铁路纵贯西部，胶济铁路横穿中部，京九铁路从本省西部穿过；蓝烟铁路连接烟台、青岛两大港口；还有石德铁路，兖石、新兖铁路及一些通往矿区的支线。本省公路网密度大，分布也比较均匀，系全国高速公路里程最长的省份，并实现了县县通汽车，乡乡有公路，各地级市驻地为主要公路交通中心。小清河是主要内河航道；境内黄河全程均可通行轮驳船，洛口是黄河下游最重要的水陆转运码头。海运担负对外交通和沿海地区的经济联系，海港均经扩建，主要有青岛、烟台、石臼港、威海、龙口、羊角沟等。航空以济南为中心，可通北京、南京、上海、合肥、沈阳等地。鲁宁输油管及其支线已建成使用，大大地便利了华北、胜利两油田原油外运。

江苏省是中国交通运输便利的省区之一，尤以水运较发达。长江横贯东西，大运河纵行南北，河渠湖荡均可行船，这构成了四通八达的内河航道。并已形成了苏南以太湖为主、苏北以里下河地区为主的水道运输网。水运承担了全省 2/3 的运输量，除徐淮地区及丘陵区外，实现了乡乡通轮船。南京、镇江、南通均为我国重要河港。沿海航运也便利，正在大力建设的连云港是中国重要的对外贸易港。铁路有京沪、陇海、宁铜等线，南京、徐州为铁路枢纽，联系南北各地。公路建设重点在苏北和丘陵山区，从而实现了全省县县通汽车，乡乡有公路。航空以南京为中心，通达北京、济南、郑州、武汉等地。

上海市为中国水陆交通中心。地处中国南北航线中枢，是优良的天然河口港，黄浦江为主要港城，83 千米河段均可停泊海轮。全港区及码头万吨海轮可常年通航，与世界上 100 多个国家和地区的港口有贸易往来。市内有长江、黄浦江、吴淞江等航线沟通长江流域各地；河湖港汊都可行船。陆上，有京沪、沪杭等铁路联系南北；稠密的公路网连接城镇、乡村。航空可达北京、广州、成都、兰州、乌鲁木齐等地，并有数条国际航线。

浙江省交通以铁路为主干，公路通达全部县城和大多数的乡、镇，配合平原地区水运网和沿海航运、航空网，构成了全省联系内外的交通网。铁路干线有沪杭、浙、赣、杭甬、杭长等，联系主要城市和矿区。公路以杭州为中心，有省际干线联系相邻省、市。内河航道以平原地区的人工河道为主，杭甬运河已全线通航；天然河道中的钱塘江作用较显著。海上与上海联系最多，宁波、温州、北仑为主要海港。民用航空以杭州为中心，可达上海、北京、南昌、广州等地。

广东省交通运输中，水运占主要地位。内河航运形成以珠江为主干，通过西江、北江、东江这一扇形河网，联系全省半数地区。沿海各县物资交流主要靠海运，全省共有大小海港百余个，主要港口有黄浦、湛江、汕头。铁路以京广、京九线为主，还有广深、黎湛、广三、三茂等线。公路交通同样发达，绝大多数的乡镇可通汽车。航空以广州为中心，可通往北京、上海、南宁、成都、海口及湛江、汕头、兴宁、珠海等地。

二 自然禀赋比较

1. 基本资源丰度和配合程度的比较

该方法是进行地区间自然资源禀赋（简称自然禀赋）的一般做法。选择水资源、能源，主要地下矿产资源，可利用土地资源、耕地和气候资源等基本资源作为比较对象；分别计算各省、市基本资源的绝对丰度①和相对丰度②以及配合指数③（表1－1），借以说明各省、市自然资源丰度和各种自然资源空间组合的协调程度，从而体现出各省、区自然禀赋的总的优势度。

表1－1　　山东与苏、沪、浙、粤基本资源丰度和配合指数的比较

指标 比较对象 分量	比较对象 分量	山东	江苏	上海	浙江	广东
地区资源拥有量占全国比重（%）	水资源	1.25	1.22	0.08	3.38	7.92
	能源	2.45	0.51	0.00	0.02	0.12
	矿产	2.97	0.95	0.03	0.19	1.77
	可利用土地	2.23	1.50	0.11	1.53	3.12
	耕地和气候	8.03	8.62	0.74	4.54	4.40
地区人均资源拥有量指数（全国平均为100）	水资源	17.3	20.8	6.9	89.6	137.7
	能源	34.0	8.7	0.0	0.5	82.1
	矿产	41.1	16.2	2.2	4.9	30.8
	可利用土地	30.5	25.6	9.5	40.0	54.7
	耕地和气候	108.3	140.7	63.1	117.2	81.9
	综合指数	38.06	25.39	9.77	15.94	68.96

---

① 各省区各种资源总拥有量在全国的比重。

② 各省区各种资源人均拥有量相对于全国人均拥有量的比值，即人均资源量指数。

③ 以各省区人均资源量指数这个相对丰度指标的变异系数来计算。

比较对象 指标分量	山东	江苏	上海	浙江	广东
配合指数 V_i（%）	69.16	116.66	144.55	91.57	46.07

注：地区人均资源拥有量指数 = 各地区各种资源人均拥有量/全国人均拥有量。地区基本资源的配合指数（v_i）反映地区基本资源的配合程度或资源空间组合的协调程度，它用地区人均资源量指数这个相对丰度指标的变异系数来计算，其计算公式为：

$$v_i = \frac{1}{x_i} \sqrt{\frac{\sum_{i=1} (x_{jy} x_i)}{m}} \times 100$$

式中 V_i 为 i 地区基本资源的配合指数，x_{ij} 表示 i 地区第 j 种资源相对丰度指数。x_i 为 i 地区资源相对丰度指数的平均值。v_i 值越小，说明配合程度越好，越有利于地区经济的发展；相反，v_i 值越大，说明地区各类资源比重畸轻畸重，配合程度越差，越不利于地区经济的发展。

资料来源：白雪梅：《中国区域经济发展的比较研究》，中国财政经济出版社1998 年版，表 4 - 1。

在资源丰度方面：水资源绝对丰度山东（1.25%）低于浙江（3.38%）和广东（7.92%），高于江苏（1.22%）和上海（0.08%）；而相对丰度山东（17.3%）则仅高于上海（6.9%），低于江苏（20.8%）、浙江（89.6%）和广东（137.7%）。这说明山东省相对于江苏、浙江和广东来说，比较缺水[①]。能源的绝对丰度山东（2.45%）明显高于江苏（0.51%）、上海（0.00%）、浙江（0.02%）和广东（0.12%）；而相对丰度山东（34.0%）则高于江苏（8.7%）、上海（0.0%）和浙江（0.5%），但较广东（82.1%）为低。这说明山东省的能源相对于江苏、上海和浙江来说具有明显的优势。矿产的绝对丰度山东（2.97%）明显高于江苏（0.95%）、上海（0.03%）、浙江（0.19%）和广东（1.77%）；而相对丰度山东（41.1%）也明显地高于江苏（16.2%）、上海（2.2%）、浙江（4.9%）和广东（30.8%）。这说明山

---

① 实际上，山东省也是全国几个严重缺水的省份之一。

东省矿产资源相对于江苏、上海、浙江和广东来说，有明显的优势。可利用土地的绝对丰度山东（2.23%）高于江苏（1.50%）、上海（0.11%）和浙江（1.53%），但低于广东（3.12%）；而相对丰度山东（30.5%）高于江苏（25.6%）和上海（9.5%），但低于浙江（40.0%）和广东（54.7%）。这说明山东省可利用土地相对于江苏和上海来说，有一定优势；但与浙江和广东相比，则不具优势，总体来说，与其余四省、市比较优势持中或不明显。耕地和气候绝对丰度山东（8.03%）高于上海（0.74%）、浙江（4.54%）和广东（4.40%），但低于江苏（8.62%）；而相对丰度山东（108.3%）高于上海（63.1%）和广东（81.9%），但低于江苏（140.7%）和浙江（117.2%）。这再一次说明山东省耕地和气候与其余四省、市比较，优势持中或明显。

在资源配合程度方面：配合指数山东（69.16%）高于浙江（91.57%）和广东（46.07%），但明显低于江苏（116.66%）和上海（144.55%）。这说明山东省与其余四省、市比较，资源的配合程度或资源空间组合的协调程度优势持中或优势不明显。

2. 基本资源优势度的综合比较

同样选定水资源、能源、矿产、可利用土地、耕地和气候五种基本资源作为比较对象，采用既考虑绝对丰度又考虑相对丰度的综合比较方法，最后给出分别以定序指标和定比指标为基础数据来计算而得出的两种资源综合优势度值，即定序优势和定位优势度值（表1-2）①。

综合考虑以上五种基本资源的绝对丰度和相对丰度可见，山东的基本资源定比优势度在各省、市、自治区②中的位次（18）比江苏（21）、上海（27）和浙江（24）都靠前，但比广东（14）靠后。该指标充分说明相对于江苏、上海和浙江而言，山东的基本资源具有综合优势。

---

① 必须指出，定序指标只反映了统计客体的先后位序差异，而定比指标不仅反映位序差异，而且还能揭示不同位次间数量上的绝对和相对差异，是信息量最大的统计指标（白雪梅：《中国区域经济发展的比较研究》，中国财政经济出版社1998年版，第165页）。

② 这里的"各省、市、自治区"是指京、津、冀、晋、内蒙、辽、吉、黑、沪、苏、浙、皖、闽、赣、鲁、豫、鄂、湘、粤、桂、川、黔、云、陕、甘、青、宁、新（白雪梅：《中国区域经济发展的比较研究》，中国财政经济出版社1998年版，表4-1）。

表 1 - 2 山东与苏、沪、浙、粤基本资源丰度位次的比较

指标分量 \ 比较对象		山东	江苏	上海	浙江	广东
地区资源拥有量占全国比重（%）	水资源	20	21	26	10	02
	能源	09	17	28	27	24
	矿产	12	21	26	25	16
	可利用土地	19	24	28	23	10
	耕地和气候	03	02	24	08	09
	综合值（fa）	0.5704	0.4074	0.0593	0.3481	0.5852
绝对丰度	综合值（ya）	0.941	0.998	1.379	1.124	0.923
	位次	12	17	27	21	11
地区资源相对丰度位次	水资源	23	21	27	13	08
	能源	17	23	28	27	08
	矿产	18	24	27	26	20
	可利用土地	24	26	28	22	19
	耕地和气候	09	02	25	07	17
	综合值（fc）	0.3630	0.3259	0.0370	0.3333	0.5037
相对丰度	综合值（yc）	1.208	1.200	1.272	1.188	1.141
	位次	25	24	27	23	20
定比优势度	综合值（Yi）	1.048	1.079	1.336	1.150	1.010
	位次	18	21	27	24	14
定序优势度	综合值（Fi）	0.4874	0.3748	0.0504	0.3422	0.5526
	位次	19	22	7	24	13
综合值的位差 Y - F		-1	-1	0	0	1

注：$F_i = \alpha f_\alpha + (1 - \alpha) f_c$，式中 F_i 为地区基本资源优势度综合值，α 为权数，f_α、f_c 分别为地区资源绝对丰度和相对丰度综合值，它们的计算方法完全相同，计算公式为：$f_i = [m \cdot n - \sum_{j=1}^{m} d_{ij}] / (m \cdot n - m)$，式中 f_i 为 i 地区的资源绝对丰度或相对丰度综合值，m 为资源种类数，d_{ij} 为 i 地区的第 j 种资源丰度在全国排序的位次。显然 f_i 是依据位次值 d_{ij} 计算出来的界于（0，1）之间的一个综合值，是计算 Fi 的关键，

这里 $\alpha = 0.6$。

$Y_i = \alpha y_{\alpha} + (1 - \alpha) y_c$，式中 Y_i 为地区资源综合优势度，α 为权数，y_{α}、y_c 分别为地区资源绝对丰度综合值和相对丰度综合值，它们的计算方法也相同，计算公式为：$y_i = d_i^+/d^+ - d_i^-/d^-$，式中 y_i 可反映地区 g_i 接近最优点 x^+、远离最劣点 x^- 的程度。对于任何地区集 $d^+ \neq 0$，$d^- \neq 0$，因为 $d^+ \leq d_i^+$，$d^- \geq d_i^-$，故 $d_i^+/d^+ \geq 1$；$d_i^-/d^- \leq 1$，所以 $y_i \geq 0$。当 $y_i = 0$ 时，说明地区 g_i 的资源丰度最大；当 $y_i > 0$ 时，数值越大，说明地区 g_i 的资源丰度越小。因而，y_i 可作为地区资源综合优势度评价的逆指标。$d_i^+ = d(g_i, x^+) = \sqrt{\sum_{j=1}^{m}(x_{ij} - x_j^+)^2}$，$d_i^- = d(g_i, x^-) = \sqrt{\sum_{j=1}^{m}(x_{ij} - x_j^-)^2}$，$d^+ = \min\{d_i^+\}$，$d^- = \max\{d_i^-\}$。设被评对象（地区）集为 $G = \{g_1, g_2, g_3, \cdots, g_n\}$，评价指标（基本资源）集 $U = \{u_1, u_2, u_3 \cdots, u_m\}$，地区 g_i 在指标 u_j 下的取值为 x_{ij}（比重值或人均拥有量指数）；由 x_{ij} 组成的矩阵 X 称为基础数据矩阵；地区 g_i 的基本资源禀赋状态可用向量 $(x_{i1}, x_{i2}, \cdots, x_{im})$ 来描述，并视其为欧氏空间里的一个点；令 $\max_j\{\max_i\{x_{ij}\}\} = x_j^+$，$\min_j\{\min_i\{x_{ij}\}\} = x_j^-$（$j = 1, 2, \cdots, m$）；把 $x^+ = (x_1^+, x_2^+, \cdots, x_m^+)$ 称为关于地区集 G 中的最优点，而把 $X^- = (x_1^-, x_2^-, \cdots, x_m^-)$ 称为地区集 G 中的最劣点，最终定义点 g_i 与 x^+，x^- 间的距离为 d_i^+ 和 d_i^-，计算公式如上所述。

资料来源：白雪梅：《中国区域经济发展的比较研究》，中国财政经济出版社1998年版，表 4-3。

三　人文传统比较

大自然赋予人们不同的生存环境和条件，人们又根据自己的特征和需要去适应和改造自然，这样，不同的生存环境和人类群体造就了不同地区的文化，并在历史的长河中发展和延续下来，从而形成了带有鲜明区域文化特点的人文传统，反映了一定的地域特征和人文素质。而且即使同一区域文化内也存在着不同的风格，这正如某一地域内的同一类花木果林也是株株相异的。山东的齐鲁文化，江苏浙江的吴越文化，上海的海派文化，广东的岭南文化，以及在各自文化基础上形成的人文传统，就是华夏文化圈中风格不同却又息息相关的五朵奇葩。它们共同铸就了灿烂的中国古代文明，同时又作为自近代以来中国开放最早和最发达的区域，共同承载着中华民族伟大复兴的梦想。因此，对这五区的人文传统进行比较研究具有重要意义。

1. 以齐鲁文化为载体的山东人文传统与变迁

山东所在的齐鲁大地地处黄河下游，东境滨海，西境为华北平原的一部分，中部多丘陵地，并且河道纵横，湖泽棋布，自然环境优美，物产富饶。齐鲁文化，是指先秦至两汉时期曾经存在过的齐、鲁两地的地域文化。齐地开放阔达，鲁地保守拘谨；齐地崇尚武功，鲁地注重礼义。两文化的互补成为一种区域文化的两个方面，在交融中相得益彰，使齐鲁文化既有灵气活力，又有雄厚沉稳，共同造就了富有生命力的齐鲁文化。两汉以后，齐、鲁文化融合在一起，并与中原文化、三晋文化、荆楚文化进一步融会，从而形成了以鲁文化为主的统一的山东文化，最后形成以齐鲁文化为核心的大中华文化。就其思想内容而言，儒学是齐鲁文化的核心和主要代表。

经过几千年的沉淀，儒学已不再仅仅是一种学说，而成为了一种集体意识。一个人可能没有专门学习过儒家文化，但这一文化却已深深地融化在其性格里，也就是我们所说的人文传统。齐鲁大地是封建社会中华民族大一统思想的故乡，儒学给这块土地带来过无上的荣耀和至高的辉煌。然而，正所谓"有一利必有一弊"，这块土地也承受了太多的文化传统的沉重负荷。在数千年的历史长河中，传统文化特别是儒家的思想、道德、伦理观念、价值导向，已经深深渗透到人民群众的文化心理中，印到他们的灵魂上。总体而论，山东的人文传统体现出以下特点：

重农抑商官本位。儒家文化本质上就是农耕文化，这种重农抑商的理论既符合自然经济条件下小农求稳怕变的心理，也符合专制君主定邦安国的要求。儒家是农业文明产物，又是农业文明的守护神，它的许多观念成为山东人不移的信条。"君子喻于义，小人喻于利"，"无商不奸，无商不诈"被认为是天经地义的公理。与重农抑商密不可分的必然是官本位思想。孔夫子曰："学而优则仕"，山东人梦寐以求的是当官。山东人重教育，即使在穷乡僻壤，重文重教的思想观念也根深蒂固。但是，山东历代多出政治、文史之才，而少有科学技术之才，这种人才结构反映出山东民风和文风的特点。据统计，从公元前 26 世纪到 1949 年这 4500 年之中出生在山东这块土地上的著名人物，计有 356 名。其中当官从政的有 138 名，占总数的 38.7%；搞文、史、哲、金石、书画等的有 116 人，占总数的 32.5%；农民起义领袖和军事将领有 64 人，占 18%；科学家、医学家、农学家、著名工匠、天文学家等，总共只有 17 人，占 4.7%；搞经济理财出名的人物只有 2 人，其余为各种方士、杂家①。

循规蹈矩不求变。齐鲁文化本质上是一种"治者"文化。它要求人们恪守宗法，不要求标新立异和冒险更变。数不清的不仁、不义、非礼、无君的警告和教育，使一代一代的山东人的思想和行动受到了层层限制，失去了个性的地位和独立思考的权力。于是，人们越来越局限于祖宗成法、小民规矩。春秋以来，在山东历史上，出现过无数的儒生和经学家，他们皓首穷经，传道授业，多有建树，却少有新思想新理论的发明，不能成为独立的大思想家。只要农耕经济不改变，这种性格就会表现出来，使人们世世代代沉湎于抽象的信、礼、义的伦理原则中。山东人千里迢迢不辞劳苦闯关东，耕种出一个又一个与故乡相同的村庄来，却不可能泛舟海外开拓出一个与故乡生活方式、生产方式截然不同的文明来。山东东靠黄海，有交通海外之条件，但自古以来山东人借舟远航者寡，没有多少人漂荡到海外和南洋谋生。在海外华侨中，有宁波帮、闽南帮、南粤帮等，唯独没有山东帮。

仁义至上不言利。儒家学说主要是一种道德学说，而且是一种政治化的道德学说。其核心"仁义"，本质上就是恪守"三纲五常"之道。思想上，尊重传统，讲求正统，服从权威；人际关系上，与人为善，任劳任怨，顾全大局；行为方式上，行侠仗义，路见不平，拔刀相助，为朋友两肋插刀。这是山东人的"仁义"，一种视为正义的理想，无数关于行侠仗义的英雄好汉的传说成为山东人所称道学习的楷模。相反，"利"在山东人文传统中则历来是"仁"的对立面，传统观念的渗透使山东人普遍认为经商致富是"背德"的可耻之事。

质朴文少求实在。由于受儒家"重本抑末"小农自然经济观念的影响，齐鲁人民多以"务农桑、事稼穑"为根本、为正业，而耻于经商，以"民业农桑""士知礼义""女敦节烈"为最高规范，以"急公输税""无告讦之风""宁俭无奢""宁朴无华"为最淳朴的民风和最美好的品德。这种纯朴的性情是山东人自古就普遍具有的。山东人有思想但并不机

---

① 郑克中：《论儒家文化对我国经济发展的影响》，《东岳论丛》1987 年第 4 期。

智，有经商之能却不精于此道，有文化却不善于辞令。齐鲁大地具有坚韧务实的传统，山东人具有质直、纯朴、宽厚、善良的性格。

吃苦耐劳少机敏。艰苦卓绝的自然环境与社会环境培养了山东人强壮的身体和坚强的神经，山东人可谓是"吃苦一族"，是中国人中最能吃苦耐劳的群体。想当初，年过半百的孔夫子率领门徒周游列国 14 年，漂泊无定，到处碰壁，吃尽了人间苦楚，仍风尘仆仆到处宣扬自己的主张。闯关东，既是山东人吃苦耐劳的一种表现，又进一步磨砺了山东人吃苦的毅力。据统计，现在东北人中，80% 以上的祖籍在山东。毋庸讳言，山东文化崇尚传统，讲求忠、勇、仁、义，在赋予了山东人吃苦耐劳精神的同时，又使之趋于循规蹈矩而机敏不足，即长于守成而短于变通，甚至僵化。

19 世纪中叶以来的一百多年，随着中国社会的转型、中外文化交流的深入和中国新文化的萌生与发展，齐鲁文化的人文传统发生了历史性的转化。这种历史性的变化主要表现在文化心态和思想观念两大方面。

"守成"心态在继承中有转化。一是从文化归属的角度看，近现代山东人出现了文化归属感的分裂。一方面，对本土文化的信赖感逐渐减弱，而捍卫传统的意识又在不断增强；另一方面，对西方文化逐渐接受，但又表现出很强的排斥外来文化的倾向。这在近代山东的对外开放与连续发生的教案、义和团运动等矛盾现象中可以明显地看出这种复杂性。二是从作为文化心态折射物的社会习俗角度看，外来文化进入山东后，外来的习俗与传统山东习俗发生激烈的碰撞。山东人固有的淳朴、内向性格渐渐倾向于开放与外露。三是从直接体现文化心态的外在行为的角度看，近现代山东出现了以"闯关东"为代表的一些非传统行为，显示出山东人文化心态的改变，即在近现代外来文化冲击下，山东人乡土意识开始淡化，冒险精神逐渐增强。

新中有旧、旧中含新的观念变革。一是精英知识分子对西学与国学的双向选择。以傅斯年等人为代表的新一代山东知识分子既接受了西学，又没有放弃国学，还参与了创造现代中国新文化的过程。二是儒学在民间的延续与改造。儒学作为主流意识形态逐渐弱化，主要体现了现代中国知识分子的信仰危机，但在山东民众中，儒家思想并没有中断，依然具有巨大的支配力量。然而，外来政治、经济和文化的巨大压迫使他们不得不接受新的社会思想秩序和流行规范，以适应社会结构的巨变和固有人伦关系的破坏。三是对新文化观念的认同。如果说，19世纪以后世界文化交流的结果是东方从属于西方，那么，20世纪中国不同地域文化交流的结果，是外省文化从属于作为新文化中心的北京和上海的精英文化。山东近现代化的过程，同时也是山东人的精神信仰、生产方式、生活方式和价值标准与引导现代中国社会文化变革的京、沪文化趋同化的过程。

2. 以吴越文化为核心的江浙人文传统

江苏、浙江历史上称为吴越。吴越同处长江中下游，相似的自然条件，相似的文化渊源，使他们产生了具有共同特征的吴越文化。孕育文化的各种地理环境对于人们的心理方式、文化性格具在重要影响。水在吴越文化中占有极其重要的地位，江河湖海，是江浙人赖以生存的重要环境要素之一。黑格尔在《历史哲学》中研究了人类历史的地理基础的差异，指出了生活在海洋区域的人们的特性：勇敢，机智，为追求利益敢于冒险。尽管环境并不能完全决定人，但环境每时每刻都在影响着人。上述这样一种自然状况和生存环境，决定了江浙人有着强烈的海洋意识，并形成了独具特色的人文传统：

冒险。对水的长期征服，与水的长期拼搏，使吴越人养成了冷静、机敏、富于冒险的性格。春秋战国之时，各国纷争，吴能战胜齐、冉、楚一流的大国而得到霸主地位。越亦如此，灭吴、争霸成为越国最为光彩的篇章。这种以小胜大、以弱胜强的奇迹充分展现出吴越人的冒险精神。

开放。水文化之恣肆汪洋与博大浩荡，造就了吴越文化具有较强的开放性。这种开放的文化，使吴国的国力达到了鼎盛，"西破强楚，南服越人，北威齐晋"，成为春秋时代不可一世的大国。越国在勾践继位后，招揽重用四方贤良，封楚国人范蠡为上将军，文种为大夫，学习楚国以及其他国家的先进经验，使越国的经济和国力达到了一个新水平。

崇文。自东晋南朝以后，随着经济中心由北方向南方的转移，加之江南优美的自然环境，吴越文化中的"尚武"渐变为"重文轻武"，吴越亦成为中国文化之乡，无论是隋唐，还是宋元明清乃至近现代，江南秀才名士之多远非他处所能比。

重商。对外交流的频繁、贸易的发达和人稠地少的生存矛盾造就了吴越之地的重商传统。越人早在先秦时代就同朝鲜、日本、印度、大食以及中国其他沿海省份有贸易往来。杭州、宁波和温州均为繁荣的商业都市和全国最重要的对外贸易港口。浙江的许多著名思想家倡导功利、注重工商的新思想，在中国传统文化中独树一帜。例如南宋时期的永康学派代表陈亮主张农商并重的政策；永嘉学派的领军人物叶适明确反对义利两分；王阳明主张士、农、工、商"四民平等"，反对农本商末；明末启蒙思想家黄宗羲率先提出"工商皆本"。这些思想集中反映了浙江人在长期社会实践中所形成的价值观念和行为方式，成为江浙思想文化的重要源流。重商轻农成为吴越文化的突出特征，并促使了江浙商品经济的进一步发展，成为资本主义萌芽最早的地区。"上有天堂，下有苏杭"成为人们对吴越经济的最好赞语。

经过千年的历史和文化积淀，吴越文化和人文传统愈来愈显示出其独特的魅力。江浙人机智敏捷，富于冒险精神，乐于创新，四海为家，崇文轻武，重商轻农，重实业重教育。但吴越的崇文重教异于北方的重教传统，北方人"学而优则仕"，而江浙人则学而优则商。其重教是与重商实业相联系的，他们从抓教育入手，获取实利后，又转而大量投入教育事业，形成了一种良性循环机制。

近代西方文化的冲击，使江浙人文传统的上述特点得到了进一步的彰显和增强。鸦片战争后，宁波、南京、镇江、温州、杭州也相继辟为通商口岸。从文化传播的规律来说，两种文化之间的同构因素越多，其相互交融和吸纳也就越容易，反之则越容易引发其间的激烈冲突和对抗。应当说吴越文化重商轻农的传统、开拓冒险的精神、兼容并蓄的开放性格，都使江浙人易于接受西洋近代工商业文明的熏陶，从而有力地催生了当地的资本主义生产方式、价值观念和生活方式，领全国风气之先。使吴越之地成为近代中国历史上最负盛名的工商业代表区域。

江苏人办实业的成绩是有目共睹的，南通人张謇是晚清实业救国的代表人物，他创办的大生企业，使南通得到全面发展。无锡的荣氏家族更是人才辈出，以荣宗敬、荣德生为代表的民族企业家脱颖而出，为发展中国民族工业立下了汗马功劳。

与江苏相比，浙江人多地少，自然资源缺乏，人地矛盾削弱了浙江人对于外界自然的消极依赖心理，具有更为强烈的忧患意识。浙江人习于四海为家，经商为乐，其经商天赋在各个历史时期更是发挥得淋漓尽致，浙江有著名的宁波商帮和温州模式。

在宁波商人身上，充分体现了浙江人文传统中的地缘凝聚、自强自主、求实开拓精神。他们敢为天下先，善于把握机遇，及时调整自己的经营方针，以灵活的手段和方式来开拓市场和占有市场。他们从不自满，善于把商业资本和产业资本结合起来，从而不断地发展自己，壮大自己。宁波商帮经营的行业众多，但在两大行业有出色的表现：金融业和航运业。其金融业是江浙财团的中坚，而航运业则全球闻名。在管理上，他们大多数仿效西方企业管理方式，效率极高。不仅如此，江浙资本集团利用金融业和垄断企业集团，形成了它在上海同时也是在全国经济发展中的特殊地位，并因而在中国近代史的发展进程中呼风唤雨，甚至成为统治阶级所特别倚重并不可或缺的支柱。

与宁波商帮不同，温州人走出了另一条发展道路。温州自然资源较为紧缺，更无地利可依赖，自古便以外出经商为荣。温州人的性格是"只要有百分之一的可能，就会以百分之百的努力去做"。做生意，往往从小处着手，办企业，也不追求大气派，赚钱不嫌小利。只要市场需求的，不管产品价值高低，只要有利可图，温州人就会涉足其中。温州的扬名是在改革开放后，"外流"的传统使温州人遍布于中国的大江南北，甚至世界各地。所谓："哪里有市场，哪里就有温州人，哪里没有市场，哪里就会出现温州人。"温州一无地缘优势；二无资源优势；三无政治背景；四无经济地理优势。所以，作为一个"财富标本"，温州具有极强的借鉴价值。

3. 以海派文化为中心的上海人文传统

上海地处长江三角洲前沿、入海口处，我国南北海岸线的中点。本为小渔村，宋元以来棉纺织和航运业发展的十分兴盛。然而，具有近代意义上的上海的出现却是在开埠以后，从这个角度来说，它没有一点"古"意，而是非常的现世。它是中西文化交流、相撞乃至冲突的前沿，集中体现了中国传统社会的解体及西风东渐的历程，在客观上，它是中国现代化进程的一个"指示器"。

上海在近代史上是一个典型的移民城市。1843 年，上海开埠时，城市人口约 20 万，1853 年超过 50 万，1900 年超过 100 万，1949 年初达到 546 万。100 多年中增加 20 多倍。而在这迅速增长的人口中，绝大部分来自移民，据上海 1885 年以来历年的人口统计，公共租界非上海籍的人口通常占 80% 以上，华界非上海籍的人口通常占 75% 以上。这些移民的来源主要有两个：一是来自西方谋求发财的"帝国主义冒险家"；一是来自中国其他地区到上海来寻找发展机会的本国移民。

从文化形成和特质的角度来说，上海文化就是移民文化。正是这些来自五湖四海、世界各地的移民同居一城，朝夕相处，相濡以沫，共同构建起了上海文化。上海文化不仅吸收了来自祖国各地带有鲜明地域特色的文化，更是雍容大度地接纳了来自域外的西方文化、日本文化以及俄罗斯文化、东南亚文化等。不同文化的相互包容，相互吸收，形成了既不同于中国传统文化，又有别于西方文化的一种具有上海地域特色的文化——海派文化：本土文化与西方近代文明的交融、结宜的产物。其中，由于西方文化的优势地位，上海成了一所让本国移民在血与泪的痛苦中，切身体会和感受资本原则和西方社会交往规则的"学校"。

1949 年新中国的成立，驱逐帝国主义运动、社会主义改造运动、以及计划经济的实际的实际——这一切翻天覆地的变化在客观实践上给老海派文化画上了句号。今天，改革开放的新时代在上海造成了新一轮的移民运动，像当年开埠那样，上海又海纳百川，迎接着来自祖国各地的建设者和创业者，迎接来自海外的友人。因此，海派文化也必然以充满时代精神的崭新面貌，重铸辉煌。

总之，以海派文化为中心的上海人文传统是历史积淀与现实发展的相互辉映的结晶，主要体现为以下几方面的特征：

宽容与兼容相结合。上海人除非情不由己，一般情况下总是以宽容之心待人，上海人的宽容和上海的兼容，在经济生活方面表现得很充分。洋火、洋油、洋钉、洋布、洋灯、洋钱等等冠以"洋"字的生活用品，由西方传入，并最初为上海人所接受，进而传入内地。西方人对上海人的经济生活的影响是深远的。根据统计资料，1932 年至 1933 年，全中国各种现代工厂总计 2435 家，而上海就占了 1200 家，几乎占全国的半数。然而，这其中，西方列强开办的工厂，又占了上海工厂总数的二分之一。根据 1935 年的统计，上海共有各类工厂 6097 家，其中租界地的工厂多达

3421家，比华界工厂的总数多出745家。这就意味着，上海人的经济生活时时刻刻都与以租界为基地的西方列强发生着联系。这一现实情况决定了上海人在经济生活中必然持一种宽容的态度，那种凡事必求国粹的做法，在上海这个兼容性为主的城市中是行不通的。这或许正是上海文化与中原正统文化的最大差别所在，也是海派文化形成的前提。

个性自由的能力主义。上海人奉行"各顾各"的处世原则。他们注重个性自由，追求独立自主，自我完善，自我需求，自我保护，不愿依附于人。若事不关己，就不愿意去过问，也不屑于去过问，这种态度，与山东人那种承负天下的责任感，伸张正义舍我其谁的气概颇为不同。也正因为如此，加之商品观念和经济意识早已植根心中，上海人说话做事就自然而然地较多考虑经济因素，对于与此无关者（包括政治），则缺乏热情和激情。因此，上海人始终如一盘散沙，缺少同心力和凝聚力，很难形成真正的合力。上海自从成为远东重要的经济中心之后，一直没能发展成为中国的政治中心，与上海人这种态度有很大关系。另一方面，由于强调能力是竞争之本，注重自我完善。所以，上海人在工作中注重学习，在工作技能上，努力做到精益求精。

精明、实惠的现实主义。精明、实惠是上海人最为显著的心理品性和文化品格，表现为善于理财，精打细算，善于经营，会把握商机，从一个方面反映出上海人在商贸活动中的成熟和老到。与此相伴而生的是"小气"，在涉及到自身利益的时候，寸土必争。不过，这种"小气"不能等同于一毛不拔的自私自利，因为它是处处精打细算所必然产生的一种行为特征，虽然与重义轻利的传统文化观念不相吻合，颇有些惹人烦，招人嫌，但上海人的"小气"，实际上也是一种精明，一种智慧，是上海这个世界著名商都熏陶的结果。上海人精明、实惠背后的价值支撑点是上海人的现实主义。上海人的生活方式决定了上海人多从自我发展出发来设计自己，要求社会，因而，他们对虚幻的理想没有兴趣。

守规矩的制度主义。在中西文化冲撞与交流中，海派文化逐渐形成了对理性规则的恪守和对合理的个人主义的尊重。上海人有着强烈的规则意识，比较讲规则、讲道理、重合约、守信用，喜欢用制度手段解决问题，把懂规矩、懂道理作为健康的社会人的基本标志。

精于学习、模仿而疏于创造。上海人比较善于模仿、学习外来先进文化，近代以来，殖民地的环境使他们缺乏创造的底蕴，适应环境是首要的任务。外来的东西，往往被视为更有价值之物，从日常生活到学术层面，都可以看到这种心态和现象：在与外地相比较时，上海人常常表现出比较强的优越感；在面对外来文化时，上海人又时时流露出某种崇外情结。上海人精于模仿而疏于创造，不是凭借自己的力量唤起并创造出一个新世界，只是像拍电影那样"复制"一个世界。

4. 以岭南文化为载体的广东人文传统

岭南，作为一个地域性概念，指五岭以南地区，在地域上包括今广东省、海南省和广西部分地区。由于岭南地区北依南岭，南傍南海，加上南岭万山叠嶂，不仅使岭南地区构成一个相对独立的自然地理单元，而且孕育于其中的岭南文化也形成了迥异于岭北的文化特质，在中华大文化之林独树一帜，从而使以岭南文化为载体的广东人文传统呈现出鲜明的特征：

多元性与重商传统。广东境内地势北高南低，北依五岭，南临南海，珠江三角洲与韩江三角洲是本地区的主要平原。山水兼备的地理环境，使岭南文化兼容了农业文化和海洋文化，而不像中原文化那样以农业文化为单一源头。而后，又不断地兼容中原文化和海外文化，使岭南特别是珠江三角洲一带一直是一个商业贸易比较发达的地区，"崇利"的商品价值观念渗透到岭南社会各个角落。广东尤其是广州、潮州等地，人们逐利之广，上至官僚、地主，下至士子农人，经商活动十分普遍。与之相适应的，广东社会的经济构也向多元化、商品化方向发展。明代时，珠江三角洲就成为商品性农业区，同样，手工业生产也具有相当高的水平。

开放性与开拓精神。广东地处我国南疆边陲，位于南海之滨，自古以来就是我国对外交流的窗口。历史上，广州是外国人居住和出入最多的城市之一。同样，广东人也不断走出家门，向海外开拓，今海外华侨和华人有3000多万，而粤人就占了2000多万。频繁的贸易交流和人口流动，使广东呈现出一种开放的文化态势。鸦片战争后，中西文化交流更为普遍，郑观应、容闳、康有为、梁启超、孙中山等人引进并介绍西方的政治学说，从而使广东成为近代中国民族资本的摇篮和资产阶级维新思想的启蒙之地，继而成为资产阶级民主革命的策源地和根据地。十一届三中全会以来，广东成为改革开放的试验基地。文化的开放造就了广东人不畏艰难险阻，不轻易屈服于命运安排的性格，总是有一种于困境中奋起，于死地中求生的开拓精神。

兼容性与善于变通。具有开放性的文化必然具有兼容性。从岭南文化的内涵构成来看，岭南文化是以当地南越文化为底本，与中外各种文化长期交流整合而成。其中岭南文化接受并融汇了内陆的中原文化、楚文化、吴越文化、巴蜀文化的深刻影响；又包含了海外的基督教文化、阿拉伯文化、波斯文化、日本文化、西方文化的因素，尤其是近代西方文化，对岭南文化产生了广泛而深入的影响。从岭南文化的区域构成看，又可分为广府文化、客家文化、福佬文化、桂系文化、海南文化等地区文化，其兼容性表现为各种地方文化的共存共生现象。这种文化的兼容性使广东人形成了善于变通的思维品质，在挑战面前，广东人很难按某种固定的规则或要求去行事，而常常是采取灵活多样的变通方式来解决问题。改革开放以来，广东经济的巨大变化，正是得益于深刻的变革传统和精神。

远儒性（反传统性）与敢为天下先。古代岭南一直远离中国封建社会的政治中心，加上相对封闭的自然环境，使得岭南开发较迟，社会经济落后，被中原王朝视为化外之地。岭南的这种政治地位和儒学传统的稀缺，使岭南文化未被强大的中原儒家文化同化。同时，政治经济的落后，又使得广东人没有中原人那种故步自封的优越感，在对各种外来文化兼收并蓄的基础上，保持着一种反传统性，对中原传统文化表现出较大的游离性和再创造性。因此广东人不像山东人那样有一种承负道统的精神枷锁，而是敢闯、敢想、敢干，推倒重来，勇为人下先。无论是太平天国运动，康梁的变法，孙中山的革命，国共两党合作及北伐战争，都以广东为起点。在当今新的历史时期，广东又成为改革开放的首发试验区，并取得令世人瞩目的成就。

重感性轻理性与直观务实的心理品质。由于受儒学影响较少和生存环境的压力，岭南文化带有强烈的重感性、轻理性、重具体、轻抽象的倾向。广东人习惯以直觉进行判断，以实际需要做出取舍决定，而较少诉诸抽象的概念和理性的思辨。他们常用感官享受和实惠的心理取代深沉的心灵思考，同时这也使广东人具有较强的物欲追求和享乐情调。

冒险精神和鬼神思想。岭南属热带、亚热带气候，日照时间长，气温高，雨量充足，河流纵横，原始森林茂密，毒蛇猛兽和"瘴疠病毒"多。

这样的生态环境，在生产力低下的古代，显得十分恶劣。广东人为克服生活上的种种困难，被迫与大自然进行顽强的斗争，从而形成了岭南独特的文化精神：一方面，勤劳、勇敢、敢于冒险、勇于开拓；另一方面，又不得不求助于神灵，笃信鬼神，求助于超自然力的保护。即使在现代文明社会，这种求神拜佛的风气仍然承袭不衰。

总之，广东文化和人文传统兼有山地和海洋两种文化内涵，是一种实用的农耕文化、海洋文化、世俗文化、商品文化、享乐文化的混合体。其特点亦可简括为"新、实、活、变"四个字①。

5. 鲁、苏、浙、沪、粤人文传统之比较

上述可见，在各种自然、社会、历史的错综复杂的因素的交互作用下，山东形成了以齐鲁文化为基础的人文传统；苏、浙两地人文传统同根同源，一脉相承，从古至今深得吴越文化的孕育；近代以来海派文化在上海独领风骚；广东地区则饱受岭南文化之浸染，别具一格。这些区域的人文传统各具特色，又相互联系和影响。一方面，它们作为中华文化圈的一员都受到中华文明的滋润；另一方面，从区域文化的特点来看又体现出诸多实质性的区别。

（1）农耕与海洋文明的差异

文化是人类活动的产物，地理环境是人类赖以生存的物质基础。在文化的形成和发展过程中，地理环境通过影响人类活动，而对文化施加影响。愈是在生产力水平低下的情况下，这种影响便愈明显地表现出来，这样就产生不同的文化类型。从历史发展看，曾出现过农业文化、游牧文化以及海洋（商业）文化三种文化类型。

关于中华文明的起源，尽管学术界在年代上暂时还没有一致结论，但有一点共识，即认为中华文明的起源与农耕分不开。从齐鲁文化的产生和特征看，当属典型的农耕文化，虽然齐文化也曾有着浓厚的商业文化色彩，但最终却被忠实继承了周文化的鲁文化所同化，并形成了儒家文化的正宗。表现在文化心态上，趋于保守；价值观念上，"仁义"至上；生产方式上，重农抑商；行为方式上，安土重迁；组织结构上，严格尊卑、等

---

① 张磊：《岭南文化的演变走向及其基本特征》，《史学集训》1994 年第 4 期。

级秩序；性格特征上，内向封闭。与此相对，开拓进取、务实重利、重商重利、四海为家、外向开放、追求自由平等则构成了海洋文明的鲜明特点。

无论是吴越文化、沪上海派文化，还是岭南文化都与海洋（商业）文化有着不解之缘，成为以农耕文化为主干的中华文明圈中的不可多得的另类。他们的共同祖先是东南沿海地区的百越族群。在中华民族的各个族源中，唯有古越人是海洋民族，早在六七千年前，他们就已经活跃在东海上、太平洋上，从而开创了与中华民族光辉灿烂的大陆文明相媲美的海洋文明。只可惜秦汉以后，封建王朝把居住在沿海的越人迁入内地，禁止一切海上活动，愚不可及地放弃了万里海疆。清中叶以后，因为人口压力太大，民不聊生，民变蜂起，于是默许沿海贫民到海外谋生。在下南洋的贫民中，大都为宁波人、温州人、闽南人、客家人、潮州人、海南人等等，他们的家乡正是上古的百越地区，我们认为：近代海外华人的开拓进取精神与古越人的开拓进取精神有一定的传承关系，绝非偶然。

（2）正统与非正统地位的差异

儒家学说在汉武帝时被定于一尊，由此齐鲁文化也自然成为中华文化的正统。受儒家正统观念长期熏陶，在历史上形成了山东人十分显著的政治、文化保守主义传统，自视正宗，反对异端，抵触变革，崇拜权威，扮演了"卫道士"角色。这是一种政治取向、权威取向的人生观、价值观。而苏、浙、沪、粤等东南沿海地区，在历史上被视为蛮夷之邦，远离封建政治中心，大多作为经济中心区域，有悠久的重商传统。在文化上受正统儒家文化影响相对薄弱，特立独行，有某种"亚文化"的地方特色，与正统文化相比，少了一些"官气"和守成性，多了一些世俗性、商业性和开放性，是一种世俗取向、功利取向的人生观、价值观。

正由于此，江浙人、上海人、广东人很容易抛弃一切矜持守成的心理包袱，而豪迈地挥洒着白手起家、敢为人先、闯荡天下的开拓进取精神。当许多地方还在为如何控制计划与市场经济的主次、个体私营经济比例大伤脑筋时，他们早已在市场经济和私营经济的广阔天地中获取了莫大的好处。

然而苏、沪、浙、粤既非政治与正统文化中心，便自然要受到力求大一统的正统文化的压抑束缚和同化，可以说，若没有近代西洋文明的猛烈冲击而得风气之先，那么无论岭南还是吴越，最终都只能继续沿着被正统文化所日益同化，从而失去其人文传统原色的道路走下去。

因此，在人类发展历史上，东西方均有过各自的海洋文明。西方海洋文明的突出特点是对外探索，冒险，扩张和侵占，根本的目的是发现和开辟海外市场和殖民地，本质上是外向型的。而我国古代海洋文明在大部分时期里，特别是自秦汉以来，却是黄土文化和农耕意识在海洋上的延续，其特点是闭关自守，主要目的是维护和宣扬以我为主的封建统治和儒家传统，本质上是内向型的。虽然也曾走出国门，有过像郑和七下西洋那样的壮举，但最终并未形成向外发展的有利结局。中、西两种海洋文明之差异，就在于前者是以陆定海，而后者是以海定陆。在一定意义上讲，此种差异奠定了世界格局的基础，并影响了其后的发展。

（3）伦理型与功利、世俗化价值趋向的差异

文化、人文传统，按价值体系来划分，可分为伦理与功利两种不同的类型，齐鲁文化与吴越、海派、岭南文化就分别属于这两种相对而言的文化类型。

如前所述，齐鲁文化是一种具有强烈的重德求善的伦理价值取向的文化。伦理型文化重"德"，重"孝"，对传统极端尊重。学者思想家讲究学术的传承性，骚人墨客推崇"文统"，艺术流派和工艺行帮讲究"家法""师法"。人们的一切思想与活动也成为伦理道德观念的引申，政事归结为善恶之别、正邪之争、君子小人之辨；经济要求重义轻利；文学强调教化功能；教育以德育居首，智育次之；哲学更是与伦理学相结合，构成一种道德哲学。正如梁启超在其所著的《先秦政治思想史》中说："儒家舍人生哲学外无学问，舍人格主义外无人生哲学。"

宗法社会特定的伦理型文化，有其束缚思想、阻碍变革、"重德轻器"、愚昧人心、反对近代工业文明的一面，也有其正面的积极效用的一面。它强调"人皆可以为尧舜"，肯定凡夫俗子也可以通过道德修养达到最高境界，另外，伦理型文化对包括君主在内的统治者也可以形成一种道德制约和规范。要求"修德""勤政"，鼓励人们自觉维护正义，注重集体社会，忠于国家民族，抵御外来侵略，所谓"天下兴亡，匹夫有责""先天下之忧而忧，后天下之乐而乐""自强不息"，都是这种价值追求的体现。这种强烈的使命感和不屈不挠的精神，今天仍是我们应当继承的民

族精神。

相对而言，吴越、沪上和岭南区域的人文传统，却始终保持着与儒家的伦理型特质相比较而大异其趣之处。与齐鲁文化相比，这种独特的人文传统少了一些迂阔空疏，多了一些求真务实；少了一些矜持守旧，多了一些开放进取；少了一些道统师承，多了一些个性自由；少了一些"天理"重压，多了一些人文关怀。这种功利世俗型的文化传统是推进江浙广东地区经济文化繁盛的根本动力。尤其是海派文化，作为产生于中外众多异质文化交融下的一种移民文化，具有吴越、岭南等文化都不具备的"杂交"优势。吴越、岭南文化尽管也融汇了其他文化的因子，特别是西方近代文化的成分，但毕竟都有着自己本土文化的深厚根基。海派文化却并不是由某种特定的本土文化发展而来，而是兴起于上海开埠，形成于中外各地移民开发上海的过程之中。因此海派文化，可以说是以西方文化为主要摹本的彻底的商业文化、世俗文化及人文传统。正是因为此，才在极短时期里使上海成为了中国近现代金融工商业的龙头老大，也成为了近代中国思想文化百花齐放的天堂。这近乎神话的历史结局，从反面印证了海派文化与吴越、岭南文化表面相似而深层不同的特质。

虽然同样属于功利、世俗文化，但不可否认岭南文化过分偏重于实用性、世俗性，缺乏深刻的人文精神、审美意蕴和批判理性。这样一种文化特性，有她的优点：具有开放特性，易于与别的文化兼容；具有变革倾向，易于领风气之先。但缺陷也是明显的：由于缺少自身文化的深厚积淀和批判理性的精神，文化的吸纳、再造、固化的能力较弱。甚至还有小富则安、小进则满、守成自好的田园市井文化心态。在新世纪，在全国百舸争流全面奔小康的时候，广东是否会因此逐渐相对衰落？"穿堂风"现象是否会在广东进一步扩散？这在相当程度上取决于广东人民能否发扬长避短，再造岭南文化的强势。

无疑，经济发展是人类文明赖以生存与发展的物质基础，我们一刻也不能放松发展经济的步伐。但是我们也不能用经济发展涵盖或代替人类文明的全面发展，更不能模糊对人类文明发展本质的正确理解。从根本上说，人类文明的发展就是文化的发展，人类文明发展史就是人类文化发展史。文化是人类最根本的发展能力，文化发展水平越高，一个地区、一个国家的发展能力就越强。国际竞争或区域竞争归根到底是文化的竞争，也就是人的竞争。特别是进入知识经济时代，文化的发展程度更决定了一个地区或国家的综合竞争力。"以知识为基础的经济"，究其本质，也就是文化经济。从某种角度说，文化和人文传统是社会发展的原动力、创造力，而资金、物资等则是某种助推力。有了原动力，获取助推力是迟早的事情，两股力量的合力作用也必然是深刻和久远的，缺乏原动力，助推力所能起到的作用却是极为有限的。因此，与时俱进，不断增创文化新优势，对于保持一个地区（国家）自身发展的先进性和生机活力，具有根本的战略意义。

在当今世界全球化的浪潮中，在现代化建设和中华民族伟大复兴的征途上，从环渤海经济圈，到长江三角洲、珠江三角洲，这里是带动十三亿炎黄子孙，迈开新时代步伐飞奔的"火车头"。因此我们需要继承齐鲁、吴越、海派、岭南文化和人文传统的优秀成分，并促进它们之间的交流与互补，打造出各地方符合时代要求的文化和人文精神，从而为推动社会进步与人的全面发展提供源源不断的强大动力。

四　发展的现实基础比较

1. 经济总量及其增长态势、人均总量指标比较

2002 年 GDP 山东、江苏、上海、浙江和广东分别是 10552.06、10631.75、5408.76、7796.00 和 11769.73（单位：亿元），在全国 31 个省、市、自治区中分别居第 3、2、8、4 和 1 位；1978～2002 年 GDP 年均增长速度山东、江苏、上海、浙江和广东分别是 11.6%、12.7%、9.8%、13.4% 和 12.8%，即除高于较少可比的上海市以外，1978～2002 年 GDP 年均增长速度山东虽然明显高于全国平均水平（9.4%），但比江苏、浙江和广东都低（表 1-3）。

2002 年人均 GDP 山东、江苏、上海、浙江和广东分别是 11645 元/人、14391 元/人、40646 元/人、16838 元/人和 15030 元/人，在全国 31 个省、市、自治区中分别居第 9、6、1、4 和 5 位；都高于全国平均水平（8184 元/人）。

从上述可见，山东在全国已是个经济总量大省，且经济总量的增长态势也非常强劲，但人均总量水平与经济总量水平的地位明显不相称；相对于其余四个省、市来说，经济总量的增长态势也稍显落后。

2. 产业结构及其演进态势比较

从三次产业的增加值结构看，1978年除上海市为"二三一"以外，山东、江苏、浙江和广东省都和全国一样，呈现出"二一三"型，即第二次产业增加值比重最高，第一次产业增加值比重第二，第三次产业增加值比重居第三位的结构类型；而至2002年除上海市为"三二一"型以外，山东、江苏、浙江和广东省都像全国一样，呈现出"二三一"型（表1-4）。所不同的是，2002年山东省第二次产业的增加值比重（50.3%）比江苏（52.2%）、浙江（51.1%）和广东（50.4%）乃至全国（51.1%）都低，而第一次产业的增加值比重山东（13.2%）比江苏（10.5%）、浙江（8.9%）和广东（8.8%）都高，但低于全国（15.4%）。

从三次产业的就业结构看，1978年除上海为"二一三"型以外，山东、江苏、浙江和广东省都和全国一样，为"一二三"型，而至2002年除上海市为"三二一"型以外，山东、江苏、浙江和广东省分别为"一三二""一二三""二一三"和"一三二"，全国则为"一三二"；第一次产业的就业比重山东（50.1%），不仅远高于上海（1.6%），也明显地比江苏（39.2%）、浙江（33.0%）和广东（39.6%）高，乃至高于全国（50.0%）。

上述说明山东省的三次产业结构和其余四个省、市以及全国一样，合规律地迅速演进着。但是，山东省还是个典型的农业大省，三次产业结构的演进水平不仅落后于江苏、上海、浙江和广东，甚至从就业结构方面看还稍低于全国的平均水平。

以上仅仅从经济总量及其增长态势、人均总量水平，从产业结构及其演进态势等两个基本方面对山东与江苏、上海、浙江和广东发展的现实基础进行了总体比较。以下第二章发展的比较优势以及第十九章发展进程的总比较的分析，可视为对这里的比较的具体化和进一步的展开。

表1-3　　1978年以来GDP、GDP增长速度，人均GDP 山东与苏、沪、浙和粤的比较

比较对象 时间	GDP（亿元）						GDP增长速度（%）						人均GDP（元/人）					
指标	山东	江苏	上海	浙江	广东	全国	山东	江苏	上海	浙江	广东	全国	山东	江苏	上海	浙江	广东	全国
1978	225.45	249.24	272.81	123.72	185.85	3624.1	10.1	24.6	15.8	21.9	1.0	11.7	316	430	2498	331	369	379
1979	251.60	298.55	286.43	157.64	209.34	4038.2	6.6	12.0	7.4	13.5	8.5	7.6	350	509	2568	417	409	417
1980	292.13	319.80	311.89	179.68	249.65	4517.8	12.2	4.8	8.4	16.2	16.6	7.8	402	541	2738	470	480	460
1978~1980							9.6	13.5	10.5	17.2	8.5	9.0						
1981	346.57	350.02	324.76	204.45	290.36	4862.4	5.8	10.9	5.6	11.5	9.0	5.2	472	586	2813	530	549	489
1982	395.38	390.17	337.07	233.41	339.92	5294.7	11.3	9.8	7.2	11.4	12.0	9.1	531	645	2877	597	631	525
1983	459.83	437.65	351.81	256.23	368.75	5934.5	13.9	12.3	7.8	8.0	7.3	10.9	611	716	2963	648	674	580
1984	581.56	518.85	390.85	322.07	458.74	7171.0	17.4	15.7	11.6	21.7	15.6	15.2	765	843	3259	807	827	692
1985	680.46	651.82	466.75	427.50	577.38	8964.4	11.4	17.3	13.4	21.7	18.0	13.5	887	1053	3855	1063	1025	853
"六五"（1981~1985）							11.9	13.2	9.1	14.7	12.3	10.7						
1986	742.05	744.97	490.83	500.06	667.53	10202.2	6.3	10.4	4.4	12.1	12.7	8.8	956	1193	4008	1231	1168	956
1987	892.29	922.33	545.46	603.71	846.69	11962.5	13.8	13.4	7.5	11.8	19.6	11.6	1131	1462	4396	1470	1450	1104
1988	1117.66	1208.85	648.30	765.76	1155.37	14928.3	12.5	19.6	10.1	11.2	15.8	11.3	1395	1891	5161	1842	1961	1355
1989	1293.94	1321.85	696.54	843.72	1381.39	16909.2	4.0	2.5	3.0	-0.6	7.2	4.1	1595	2038	5489	2009	2307	1512
1990	1511.19	1416.50	756.45	897.99	1559.03	18547.9	5.3	5.0	3.5	3.9	11.6	3.8	1815	2103	5910	2122	2537	1634
"七五"（1986~1990）							8.3	10.0	5.7	7.6	13.3	7.9						
1991	1810.54	1601.28	893.77	1081.75	1893.30	21617.8	14.6	8.3	7.1	17.8	17.7	9.2	2122	2347	6955	2540	3001	1879
1992	2196.53	2136.02	1114.32	1365.06	2447.54	26638.1	16.9	25.6	14.8	19.0	22.1	14.2	2556	3097	8652	3187	3815	2287

续表

指标 时间＼比较对象	GDP（亿元）						GDP增长速度（%）						人均GDP（元/人）					
	山东	江苏	上海	浙江	广东	全国	山东	江苏	上海	浙江	广东	全国	山东	江苏	上海	浙江	广东	全国
1993	2779.49	2998.16	1511.61	1909.49	3431.86	34634.4	21.9	19.8	14.9	22.0	22.3	13.5	3222	4308	11700	4431	5254	2939
1994	3872.18	4057.39	1971.92	2666.86	4516.63	46759.4	16.3	16.5	14.3	20.0	19.1	12.6	4473	5785	15204	6149	6795	3923
1995	5002.34	5155.25	2462.57	3524.79	5733.97	58478.1	14.2	15.4	14.1	16.7	14.9	10.5	5758	7299	18943	8074	8495	4854
"八五"（1991～1995）							16.7	17.0	13.0	19.1	19.2	12.0						
1996	5960.42	6004.21	2902.20	4146.06	6519.14	67884.6	12.2	12.2	13.0	12.7	10.7	9.6	6834	8447	22275	9455	9513	5576
1997	6650.02	6680.34	3360.21	4638.24	7315.51	74462.6	11.2	12.0	12.7	11.1	10.6	8.8	7590	9344	25750	10515	10428	6053
1998	7162.20	7199.05	3688.20	4987.50	7919.12	79395.7	10.8	11.0	10.1	10.1	10.2	7.8	8128	10021	28240	11247	11143	6392
1999	7662.10	7697.82	4034.96	5364.89	8464.31	82067.5	10.1	10.1	10.2	10.0	9.5	7.1	9673	10665	30805	12037	11728	6547
2000	8542.44	8582.73	4551.15	6036.34	9662.23	89442.2	10.5	10.6	8.9	11.0	10.8	8.0	9555	11773	34547	13461	12885	7084
"九五"（1996～2000）							11.0	11.2	10.9	11.0	10.3	8.3						
2001	9438.31	9511.91	4950.84	6748.15	10647.71	95933.3	10.1	10.2	10.2	10.5	9.6	7.3	10465	12922	37382	14655	13730	7543
2002	10552.06	10631.75	5408.76	7796.00	11769.73	104790.6	11.6	11.6	10.9	12.5	11.7	8.0	11645	14391	40646	16838	15030	8184
1978～2002							11.6	12.7	9.8	13.4	12.8	9.4						
1996～2002							12.8	13.1	12.8	13.3	12.3	9.5						

注：GDP、人均GDP按当年价格计算；GDP增长速度按可比价格计算。

资料来源：《新中国五十年统计资料汇编》，中国统计出版社1999年版，第3、4、342、343、367、368、392、393、492、493、592页和第593页；《中国统计年鉴（2000）》，中国统计出版社，第61、63页；《中国统计年鉴（2001）》，中国统计出版社，第57、59页；《中国统计年鉴（2002）》，中国统计出版社，第59、61页；《中国统计年鉴（2003）》，中国统计出版社，第55、57、62页和第65页。

表1-4　1978年以来第三次产业增加值和就业结构山东与苏、沪、浙和粤的比较

单位:%

比较对象	指标	年份	1978	1980	1985	1990	1995	2000	2001	2002
山东	增加值结构	第一次产业	33.3	36.4	34.7	28.1	20.2	14.9	14.4	13.2
		第二次产业	52.9	50.0	43.1	42.1	47.4	49.7	49.3	50.3
		第三次产业	13.8	13.6	22.3	29.8	32.4	35.5	36.6	36.5
	就业结构	第一次产业	79.2	78.8	68.5	63.9	57.4	53.1	52.3	50.1
		第二次产业	12.3	12.3	19.9	22.8	25.9	23.6	23.9	24.9
		第三次产业	8.5	8.9	11.5	13.3	16.7	23.3	23.8	25.0
江苏	增加值结构	第一次产业	27.6	29.4	30.0	25.1	16.5	12.0	11.4	10.5
		第二次产业	52.6	52.3	52.1	48.9	52.7	51.7	51.6	52.2
		第三次产业	19.8	18.1	17.9	26.3	30.9	36.3	37.0	37.3
	就业结构	第一次产业	69.7	70.4	53.3	48.9	42.9	42.2	41.4	39.2
		第二次产业	19.6	19.4	32.7	33.8	34.8	29.7	30.1	30.8
		第三次产业	10.7	10.2	14.1	17.3	22.3	28.1	28.6	30.0
上海	增加值结构	第一次产业	4.0	3.2	4.2	4.3	2.5	1.8	1.7	1.6
		第二次产业	77.4	75.7	69.8	63.8	57.3	47.5	47.6	47.7
		第三次产业	18.6	21.1	26.1	31.9	40.2	50.6	50.7	51.0
	就业结构	第一次产业	34.4	29.0	16.3	11.1	11.9	13.1	12.5	11.3
		第二次产业	44.0	48.6	57.4	59.3	54.6	42.8	41.7	41.2
		第三次产业	21.6	22.4	26.2	29.6	33.5	44.1	45.8	47.5

续表

比较对象	指标	年份	1978	1980	1985	1990	1995	2000	2001	2002
浙江	增加值结构	第一次产业	38.1	36.0	29.0	25.1	15.9	11.0	10.3	8.9
		第二次产业	43.3	46.8	46.5	45.5	52.0	52.7	51.3	51.1
		第三次产业	18.7	17.3	25.5	29.5	32.1	36.6	38.4	40.0
	就业结构	第一次产业	73.6	69.8	54.9	53.2	44.0	37.8	35.7	33.0
		第二次产业	17.0	20.1	31.7	29.2	33.7	30.9	32.2	34.1
		第三次产业	9.2	10.2	13.4	17.0	22.4	31.3	32.0	32.9
广东	增加值结构	第一次产业	29.8	33.2	29.8	24.7	15.1	10.4	9.4	8.8
		第二次产业	46.6	41.1	39.9	39.5	50.2	50.4	50.2	50.4
		第三次产业	23.6	25.7	30.4	35.8	34.7	39.3	40.4	40.8
	就业结构	第一次产业	73.7	70.7	60.3	53.0	41.5	41.1	40.0	39.6
		第二次产业	13.7	17.1	22.5	27.2	33.8	26.2	27.3	26.7
		第三次产业	12.6	12.2	17.2	19.8	24.7	32.7	32.7	33.7
全国	增加值结构	第一次产业	28.1	30.1	28.4	27.1	20.5	16.4	15.2	15.4
		第二次产业	48.2	48.5	43.1	41.6	48.8	50.2	51.1	51.1
		第三次产业	23.7	21.4	28.5	31.3	30.7	33.4	33.6	33.5
	就业结构	第一次产业	70.5	68.7	62.4	60.1	52.2	50.0	50.0	50.0
		第二次产业	17.3	18.2	20.8	21.4	23.0	22.5	22.3	21.4
		第三次产业	12.2	13.1	16.8	18.5	24.8	27.5	27.7	28.6

注：增加值按当年价格计算。

资料来源：《新中国五十年统计资料汇编》，中国统计出版社 1999 年版，第 341、342、366、367、391、392、491、492、591、592 页；《中国统计年鉴（2001）》，中国统计出版社，第 59、109 页；《中国统计年鉴（2002）》，中国统计出版社，第 61、119 页；《中国统计年鉴（2003）》，中国统计出版社，第 56、65、124、125 页。

第二章　发展的比较优势

　　正如克鲁格曼（Paul Krugman）所批评的，经济学家们在规模收益不变和竞争模型的假设之上，"从李嘉图到 20 世纪 80 年代，在解释贸易时，几乎只强调比较优势，而不强调收益递增"[①]，然而我们现在应该注重地区间贸易中收益递增和不完全竞争的重要事实，然而，在进行区域间发展的比较研究时，比较优势的分析依然是基本的历史和逻辑起点，而且也是十分有用的分析方法之一。

一　农业发展的比较优势

　　山东农林牧渔业及其内部的农业和牧业生产具有比较优势。前已指出，2002 年三次产业中，第一次产业的增加值比重和就业比重山东均高于江苏、上海、浙江和广东，而就业比重甚至还高于全国平均水平。2002 年农林牧渔业中，农业总产值比重山东（56.3%）略低于江苏（57.9%），比上海（41.6%）、浙江（46.8%）、广东（47.7%）都高，甚至高于全国（54.5%）；牧业总产值比重山东（26.7%）比江苏（22.7%）、浙江（18.0%）和广东（25.5%）都高（表 2-1）。

二　工业发展的比较优势

　　山东的部分工业行业，特别是一部分制造业具有发展的比较优势。2002

---

　　① ［美］保罗·克鲁格曼：《地理和贸易》中译本，北京大学出版社、中国人民大学出版社 2000 年版。

表 2 - 1　　　　　　　**2002 年农林牧渔业总产值结构**

山东与苏、沪、浙、粤的比较　　　　　单位:%

产业＼比较对象	山东	江苏	上海	浙江	广东	全国
农业	56.3	57.9	41.6	46.8	47.7	54.5
林业	1.9	1.8	3.3	6.6	3.2	3.8
牧业	27.6	22.7	35.7	18.0	25.5	30.9
渔业	14.2	17.6	19.3	28.6	23.6	10.8

注：按当年价格计算。

资料来源：《中国统计年鉴 (2003)》，中国统计出版社，第 416 页。

年全部国有及规模以上非国有工业中，山东工业总产值比重排前 14 位的工业行业中除煤炭采选业（比重排第 12 位）、石油和天然气开采业（比重排第 13 位）以及电力蒸汽热水生产供应业（比重排第 8 位）以外，其余 11 个工业行业均为制造业行业，分别是食品加工业（比重排第 1 位），纺织业（比重排第 2 位），化学原料及化学制品制造业（比重排第 3 位），电气机械及器材制造业（比重排第 4 位），交通运输设备制造业（比重排第 5 位），专用设备制造业（比重排第 6 位），普通机械制造业（比重排第 7 位），电子及通信设备制造业（比重排第 9 位），石油加工及炼焦业（比重排第 10 位），黑色金属冶炼及压延加工业（比重排第 11 位），造纸及纸制品业（比重排第 14 位）；而在 11 个工业总产值比重排前 14 位的制造业行业中，在全国又有 8 个制造业行业的区位商大于 100%，分别是食品加工业（区位商 239.5%），纺织业（区位商 129.3%），造纸及纸制品业（区位商 163.2%），化学原料及化学制品制造业（区位商 103.1%），非金属矿物制品业（区位商 131.7%），普通机械制造业（121.1%），专用设备制造业（188.0%）、电气机械及器材制造业（118.2%）（表 2 - 2）。很显然，当前山东工业总产值比重排前 14 位的工业行业中，已经包括了经济发展进入工业化中期阶段以后按规律将作为主导产业发展或在发挥"后发优势"跨越式追赶发达国家中必须发展，全要素生产率、需求弹性、关联度、科技含量、附加值水平高，具有高成长性的交通运输设备制造业和电子及通信设备制造业等行业。

表2-2　2002年工业行业结构和区位商(L.Q.)山东与苏、沪、浙、粤的比较

单位:%

行业	山东 比重	山东 区位商	江苏 比重	江苏 区位商	上海 比重	上海 区位商	浙江 比重	浙江 区位商	广东 比重	广东 区位商	全国 比重	全国 区位商
煤炭采选业	3.3(12)	183.3	0.4	22.2	0.2	11.1	0.1	5.6	0.0	0.0	1.8	100.0
石油和天然气开采业	3.3(13)	132.0	0.2	8.0	0.2	8.0	0.0	0.0	1.3(9)	52.0	2.5(14)	100.0
黑色金属矿采选业	0.2	100.0	0.1	50.0	0.0	0.0	0.0	0.0	0.1	50.0	0.2	100.0
有色金属矿采选业	1.0	250.0	0.0	0.0	0.0	0.0	0.1	25.0	0.1	25.0	0.4	100.0
食品加工业	10.3(1)	239.5	3.3(10)	76.7	1.1	25.6	2.2	51.2	2.5(10)	58.1	4.3(9)	100.0
食品制造业	2.4	133.3	0.9	50.0	2.0(13)	111.1	0.9	50.0	1.5(13)	83.3	1.8	100.0
饮料制造业	1.9	105.6	1.2	66.7	0.9	50.0	1.7(14)	94.4	1.3	72.2	1.8	100.0
烟草加工业	0.8	44.4	0.7	38.9	1.9	105.6	1.1(10)	61.1	0.6	33.3	1.8(10)	100.0
纺织业	7.5(2)	129.3	11.1(1)	191.4	3.9(9)	51.7	13.8(1)	237.9	4.0(6)	67.0	5.8(5)	100.0
造纸及纸制品业	3.1(14)	163.2	1.9(14)	100.0	1.1	57.9	2.5(11)	131.6	2.0(12)	105.3	1.9	100.0
石油加工及炼焦业	3.9(10)	90.7	1.7	39.5	4.9(7)	114.0	2.5(12)	58.1	2.6(9)	60.5	4.3(8)	100.0
化学原料及化学制品制造业	6.7(3)	103.1	9.8(3)	150.8	6.4(4)	98.5	5.6(4)	86.2	5.0(3)	76.9	6.5(3)	100.0
医药制造业	1.4	66.7	1.7	81.0	1.9(14)	90.5	2.2(14)	104.8	1.3(11)	61.9	2.1	100.0
化学纤维制造业	1.0	100.0	2.4(13)	200.0	0.7	70.0	2.5(13)	250.0	0.3	30.0	1.0	100.0
非金属矿物制品业	5.4(5)	131.7	3.6(9)	87.8	2.3(12)	56.1	3.1(9)	75.6	3.5(8)	85.4	4.1(10)	100.0

续表

行业	山东		江苏		上海		浙江		广东		全国	
指标 比较对象	比重	区位商	比重	区位商	比重	区位商	比重	区位商	比重	区位商	比重	区位商
黑色金属冶炼及压延加工业	3.5(11)	59.3	5.4(7)	91.5	7.5(3)	127.1	1.7	28.8	1.3	22.0	5.9(4)	100.0
有色金属冶炼及压延加工业	1.0	43.5	2.0	87.0	1.3	56.5	2.1	91.3	1.2	52.2	2.3	100.0
金属制品业	2.3	76.7	3.9(8)	130.0	4.1(8)	136.7	4.3(7)	143.3	4.8(4)	160.0	3.0(12)	100.0
普通机械制造业	4.6(7)	121.1	6.8(4)	178.9	5.9(6)	155.3	6.3(3)	165.8	1.4(14)	36.8	3.8(11)	100.0
专用设备制造业	4.7(6)	188.0	3.3(11)	132.0	2.6(11)	104.0	3.0(10)	120.0	0.9	36.0	2.5(13)	100.0
交通运输设备制造业	4.7(5)	62.7	5.4(6)	72.0	14.4(2)	192.0	5.3(5)	70.7	3.9(7)	52.0	7.5(2)	100.0
电气机械及器材制造业	6.5(4)	118.2	6.7(5)	121.8	6.2(5)	112.7	8.6(2)	156.4	9.4(2)	170.9	5.5(6)	100.0
电子及通讯设备制造业	3.9(9)	38.2	10.2(2)	100.0	14.9(1)	146.1	4.5(6)	44.1	25.4(1)	249.0	10.2(1)	100.0
仪器仪表文化办公用机械制造业	0.4	40.0	1.0	100.0	1.5	150.0	0.9	90.0	2.4(11)	240.0	1.0	100.0
电力蒸汽热水生产和供应业	4.5(8)	84.9	3.2(12)	60.4	2.8(10)	52.8	3.6(8)	67.8	4.8(5)	90.6	5.3(7)	100.0

注：均系全部国有及年产品销售收入500万元以上非国有工业企业；均按当年价格计算；区位商 L.Q.＝A/B×100，式中 A——该地区某一行业占本区工业总产值的比重，B——全国相应部门占全国工业总产值的比重；括号内数字为各省或各省全国行业比重大小顺序，表中仅列出前14位的。

资料来源：《中国工业经济统计年鉴（2003）》，中国统计出版社，第142、232、238、244、250、256、262、268、274、280、286、292、298、304、310、316、322、328、334、340、346、352、358、364、370、376 页。

　　江苏工业总产值比重排前 14 位的工业行业分别是纺织业（比重排第 1 位），电子及通信设备制造业（比重排第 2 位），化学原料及化学制品制造业（比重排第 3 位），普通机械制造业（比重排第 4 位），电气机械及器材制造业（比重排第 5 位），交通运输设备制造业（比重排第 6 位），黑色金属冶炼及压延加工业（比重排第 7 位），金属制品业（比重排第 8 位），非金属矿物制品业（比重排第 9 位），食品加工业（比重排第 10 位），专用设备制造业（比重排第 11 位），电力蒸汽热水生产供应业（比重排第 12 位），化学纤维制造业（比重排第 13 位），造纸及纸制品业（比重排第 14 位）；其中，区位商大于 100% 的工业行业有：纺织业（区位商 191.4%），化学原料及化学制品制造业（150.8%），化学纤维制造业（200.0%），金属制品业（区位商 130.0%），普通机械制造业（区位商 178.9%），专用设备制造业（132.0%），电气机械及器材制造业（区位商 121.8%）。江苏工业总产值比重排前 14 位的工业行业中也包括了交通运输设备制造业和电子及通信设备制造业，而且这两个工业制造业行业的区位商均明显大于山东省的；而且江苏工业总产值比重排前 14 位的工业行业中不包括采掘工业行业，电力蒸汽热水生产供应业，即均为制造业行业。此外，区位商大于 100% 的重加工制造业行业数量江苏（6 个）大于山东（5 个）。

　　上海市工业总产值比重排前 14 位的工业行业分别是电子及通信设备制造业（比重排第 1 位），交通运输设备制造业（比重排第 2 位），黑色金属冶炼及压延加工业（比重排第 3 位），化学原料及化学制品制造业（比重排第 4 位），电气机械及器材制造业（比重排第 5 位），普通机械制造业（比重排第 6 位），石油加工及炼焦业（比重排第 7 位），金属制品业（比重排第 8 位），纺织业（比重排第 9 位），电力蒸汽热水生产供应业（比重排第 10 位），专用设备制造业（比重排第 11 位），非金属矿物制品业（比重排第 12 位），食品制造业（比重排第 13 位），医药制造业（比重排第 14 位）；其中，区位商大于 100% 的工业行业有：食品制造业（区位商 111.1%），石油加工及炼焦业（区位商 114.0%），黑色金属冶炼及压延加工业（区位商 127.1%），金属制品业（区位商 136.7%），普通机械制造业（区位商 155.3%），专用设备制造业（区位商 104.0%），交通运输设备制造业（区位商 192.0%），电气机械及器材制造业（区位商 112.7%），电子及通信设备制造业（146.1%），仪器仪表文化办公用机械制造业（区位商 150.0%）。上海工业总产值比重排前 14 位的工业行业中也包括了交通运输设备制造业和电子及通信设备制造业，而且这两个工业制造业行业的区位商不仅大大地高于山东的，而且也远高于江苏的；同样，上海工业总产值比重排前 14 位的工业行业均系制造业，且区位商大于 100% 的重加工制造业行业（9 个）比山东和江苏都多。

浙江工业总产值比重排前 14 位的工业行业分别是纺织业（比重排第 1 位），电气机械及器材制造业（比重排第 2 位），普通机械制造业（比重排第 3 位），化学原料及化学制品制造业（比重排第 4 位），交通运输设备制造业（比重排第 5 位），电子及通信设备制造业（比重排第 6 位），金属制品业（比重排第 7 位），电力蒸汽热水生产供应业（比重排第 8 位），非金属矿物制品业（比重排第 9 位），专用设备制造业（比重排第 10 位），造纸及纸制品业（比重排第 11 位），石油加工及炼焦业（比重排第 12 位），化学纤维制造业（比重排第 13 位），饮料制造业（比重排第 14 位）；其中，区位商大于 100% 的工业行业有：纺织业（区位商 237.9%），造纸及纸制品业（区位商 131.6%），医药制造业（区位商 104.8%），化学纤维制造业（区位商 250.0%），金属制品业（区位商 143.3%），普通机械制造业（区位商 165.8%），专用设备制造业（区位商 120.0%），电气机械及器材制造业（区位商 156.4%）。浙江工业总产值比重排前 14 位的工业行业中，不包括采掘工业行业；而且工业总产值比重居前 14 位、区位商大于 100% 的工业行业数量浙江（8 个）明显多于山东的；此外，区位商大于 100% 的重加工制造业行业数量浙江（6 个）也大于山东（5 个）。

广东工业总产值比重排前 14 位的工业行业分别是电子及通信设备制造业（比重排第 1 位），电气机械及器材制造业（比重排第 2 位），化学原料及化学制品制造业（比重排第 3 位），金属制品业（比重排第 4 位），电力蒸汽热水生产供应业（比重排第 5 位），纺织业（比重排第 6 位），交通运输设备制造业（比重排第 7 位），非金属矿物制品业（比重排第 8 位），石油加工及炼焦业（比重排第 9 位），食品加工业（比重排第 10 位），医药制造业（比重排第 11 位），造纸及纸制品业（比重排第 12 位），食品制造业（比重排第 13 位），普通机械制造业（比重排第 14 位）；其中，区位商大于 100% 的工业行业有：造纸及纸制品业（区位商 105.3%），金属制品业（160.0%），电气机械及器材制造业（170.9%），电子及通信设备制造业（249.0%），仪器仪表文化办公用机械制造业（240.0%）。广东工业总产值比重排前 14 位的工业行业中有石油和天然气开采业，电力蒸汽热水生产供应业，而且其中区位商大于 100% 的工业行业数量（5 个）与山东相同；但其中电子及通信设备制造业的比重不仅在所有工业行业中排第 1 位，而且其区位商也居所有工业行业之首。

山东工业行业结构曾长期呈现轻工业和重工业中的采掘工业比重大的所谓"轻采型"特征，如今这一结构类型已朝着轻工业与重工业、重工业中的制造业与采掘工业和原料工业都有长足发展的"综合加工型"转变。但是，2002 年轻工业产值比重以及相应的 LH 系数山东（44.7% 和 0.81）明显高于江苏（42.2% 和 0.73）、上海（33.9% 和 0.52）乃至全国（39.1% 和 0.64）（表 2-3）。这实际上表明山东的轻加工工业以及重加工工业中的采掘工业比重依然偏高，而重加工工业中的制造业比重还不够高所致。因此，山东依然应致力于工业行业结构向"综合加工型"，即向轻加工制造业和重加工制造业共同长足发展，或向使整个工业行业的加工度水平提高的所谓"高加工度化"制造业转变。

表 2-3　　2003 年工业内部结构、LH 系数山东与苏、沪、浙、粤的比较

比较对象 产业	山东	江苏	上海	浙江	广东	全国
轻工业（%）	44.7	42.2	33.9	55.2	49.8	39.1
重工业（%）	55.3	57.8	65.1	44.8	50.2	60.9
LH 系数	0.81	0.73	0.52	1.23	0.99	0.64

注：全部国有及年产品销售收入在 500 万元以上的非国有企业的工业企业，按当年价格的总产值计算。

资料来源：《中国统计年鉴（2003）》，中国统计出版社，第 461、463 页。

三　基础产业发展的比较优势

山东电力和交通等基础产业具有比较优势。1996～2002 年发电量年均增长速度山东（10.6%）高于江苏（9.8%）、上海（8.6%）和全国（10.4%），特别是货物周转量年均增长速度和弹性系数山东（29.8% 和 2.33）大大地高于江苏（1.8% 和 0.14）、上海（12.0% 和 0.94）、浙江（13.1% 和 0.98）、广东（-7.6% 和 -0.62）乃至全国（7.2% 和 0.76）（表 2-4）。

表2-4 电力生产和货物周转量弹性系数山东与苏、沪、浙、粤的比较

比较对象	指标　　　年份	1981~1985	1986~1990	1991~1995	1996~2000	1996~2002
山东	GDP年均增长速度①	11.9	8.3	16.7	11.0	12.8
	发电量年均增长速度②	7.1	11.2	10.6	6.3	10.6
	货物周转量年均增长速度③	9.1	9.6	7.8	29.1	29.8
	电力生产弹性系数 (②/①)	0.60	1.35	0.63	0.57	0.83
	货物周转量弹性系数 (③/①)	0.76	1.17	0.47	2.65	2.33
江苏	GDP年均增长速度①	13.2	10.0	17.0	11.2	13.1
	发电量年均增长速度②	8.4	11.5	11.6	5.4	9.8
	货物周转量年均增长速度③	8.5	4.9	13.5	1.2	1.8
	电力生产弹性系数 (②/①)	0.64	1.15	0.68	0.11	0.75
	货物周转量弹性系数 (③/①)	0.64	0.49	0.79	0.11	0.14
上海	GDP年均增长速度①	9.1	5.7	13.0	10.9	12.8
	发电量年均增长速度②	4.4	2.1	7.3	6.5	8.6
	货物周转量年均增长速度③	6.3	10.8	4.5	9.7	12.0
	电力生产弹性系数 (②/①)	0.48	0.37	0.56	0.60	0.67
	货物周转量弹性系数 (③/①)	0.69	1.89	0.35	0.89	0.94

续表

比较对象	指标　年份	1981~1985	1986~1990	1991~1995	1996~2000	1996~2002
浙江	GDP年均增长速度①	14.7	7.6	19.1	11.0	13.3
	发电量年均增长速度②	10.1	9.6	14.0	9.3	14.2
	货物周转量年均增长速度③	9.0	6.4	16.8	6.5	13.1
	电力生产弹性系数（②/①）	0.69	1.26	0.73	0.85	1.07
	货物周转量弹性系数（③/①）	0.61	0.84	0.88	0.59	0.98
广东	GDP年均增长速度①	12.3	13.3	19.2	10.3	12.3
	发电量年均增长速度②	8.9	15.5	19.0	9.5	13.2
	货物周转量年均增长速度③	4.6	8.0	12.3	-6.7	-7.6
	电力生产弹性系数（②/①）	0.72	1.17	0.99	0.92	1.07
	货物周转量弹性系数（③/①）	0.37	0.60	0.64	-0.65	-0.62
全国	GDP年均增长速度①	10.7	7.9	12.0	8.3	9.5
	发电量年均增长速度②	6.4	8.6	10.1	6.1	10.4
	货物周转量年均增长速度③	8.6	4.9	13.5	1.2	7.2
	电力生产弹性系数（②/①）	0.60	1.09	0.84	0.73	1.09
	货物周转量弹性系数（③/①）	0.80	0.62	1.13	0.14	0.76

注：GDP年均增长速度按可比价格计算。

资料来源：《新中国五十年统计资料汇编》，中国统计出版社，第 41、48、354、357、379、382、404、407、504、507、604、607 页；《中国统计年鉴（2003）》，中国统计出版社，第 453、517 页；《中国统计年鉴（2001）》，中国统计出版社，第 511、579 页。

四 劳动力资源禀赋优势

山东劳动力资源具有禀赋优势，劳动力成本较低。中国是世界上人口最多的国家，总人口占世界的 1/5；山东是全国第二人口大省，2002 年底达到 9082 万人，略低于第一位的河南省（9613 万人），占全国总人口的 7.1%，比江苏（7381 万人，排第 5 位）、上海（1625 万人，排第 25 位）、浙江（4647 万人，排第 11 位）和广东（7859 万人，排第 4 位）都多；山东又是全国劳动力资源第二大省，2002 年底就业人口 4751.9 万人，占全国的 6.4%，比江苏（3505.6 万人，排第 5 位）、上海（742.8 万人，排第 25 位）、浙江（2834.7 万人，排第 9 位）、广东（3966.7 万人，排第 4 位）都多；但是，山东职工平均工资、特别是制造业职工平均工资以及农民人均纯收入水平都比较低，2002 年职工平均工资以及农民人均纯收入水平山东（11374 元/人和 2947.65 元/人）比江苏（13509元/人和 3979.79 元/人）、上海（23959 元/人和 6223.55 元/人）、浙江（18785 元/人和 4940.36 元/人）（表 2 - 5）都低。

表 2 - 5　　2002 年劳动力资源和劳动力成本山东与苏、沪、浙、粤的比较

指　　标	比较对象	山东	江苏	上海	浙江	广东	全国
总人口	年底数（万人）	9082	7381	1625	4647	7859	128453
	在全国的位次	2	5	25	11	4	
就业人口	年底数（万人）	4751.9	3505.6	742.8	2834.7	3966.7	73740.0
	在全国的位次	2	5	25	9	4	
职工平均工资（元/人）	合计	11374	13509	23959	18785	17814	10870
	农林牧渔业	9031	6974	17184	15967	7684	5741
	制造业	8763	11520	22083	13298	14701	9774
农民人均纯收入（元/人）		2947.65	3979.79	6223.55	4940.36	3911.90	2475.63

注：全国总人口包括现役军人数，分地区数字中未包括；全国数据未包括香港、澳门特别行政区和台湾省的人口数据；全国数据根据抽样和调查误差进行了修正。

资料来源：《中国统计年鉴（2003）》，中国统计出版社，第 98、125、154、368 页。

五   矿藏资源禀赋优势

山东矿藏资源有禀赋优势。山东矿产资源种类多，其中有众多矿种储量大，品质优良，分布广泛。黄金、金刚石、石油、菱镁矿、重晶石、铝土矿、石墨、石膏、耐火黏土、石英砂、大理石、滑石、矽藻土、煤炭等矿产久负盛名，在全国占有重要地位，其中，有的名列前茅是位于第一、第二位。在全国 31 个省、市、自治区中，矿产资源的绝对丰度位次和相对丰度位次山东（第 12 位和第 18 位）均高于江苏（第 21 位和第 24 位）、上海（第 26 位和第 27 位）、浙江（第 25 位和第 26 位）、广东（第 16 位和第 20 位）（表 1 - 2）。

六   海洋产业发展的比较优势

山东海洋产业的发展有比较优势。山东海洋资源有禀赋优势。山东有 13.6 万平方千米的相邻海域；长达 3121 千米的海岸线，居全国第 2 位，占全国的近 1/6；325 个海岛，总面积 136 平方千米；岛屿岸线 737 千米；有 3224 平方千米的滩涂资源。水产资源丰富。- 15 米等深线浅海居全国第 4 位，且系多宜性生态环境，造成海洋生物地方性种类较多，优质种类资源量大，便于常年利用。航运资源丰富。山东海岸线蜿蜒曲折，有千余处岬角，200 多处海湾。海岸 2/3 以上系山地基岩港湾式海岸，水深坡陡，具有优越的建港条件，是我国长江口以北具有深水大港预选港址最多的岸段。离岸 2000 米，水深 10 米可建深水泊位的港址有 51 处，居全国第 3 位，其中 10 ~ 20 吨级港址有 23 处，居全国第 1 位；5 万吨港址 14 处，万吨港址 14 处。锚地和航道条件也比较优越，尤其是胶州湾以水深域阔、避风无水、淤积极轻而著称。海洋旅游资源丰富多样。主要包括海洋人文和自然景观资源，气候资源，滨海运动游乐场所及其组合。山东半岛海岸地貌类型多样，雄山奇峰、平阔沙滩交错，作为"孔孟之乡"的齐鲁之邦有众多文化遗迹。山东海洋旅游资源的最大优势在其匹配性，从而增添了特有的魅力。青岛、蓬莱、成山头和黄河入海口等旅游景点已闻名海内外，盐卤资源丰富优质。山东是中国主要海盐产区之一。适于晒盐土地 0.274 万平方千米，居全国第 1 位，占 32.6%。东营地下岩盐偏重 5.88 亿吨。矿产资源丰富。山东沿海 7 市发现 101 种矿产，其中探明储量的 53 种，居全国前 3 位的有 9 种。渤海沿岸石油地质预测储量 30 亿～35 亿吨，探明储量 2.29 亿吨；天然气探明地质储量为 110 亿立方米；龙口煤田为中国发现的第 1 座滨海煤田，探明储量 11.8 亿吨；建筑石材约 200 亿立方米。金、钼等贵重稀有金属主要分布在胶东，重晶石、建材矿石等主要分布在东南沿海。

山东海洋经济发展的比较优势已经显现。山东海洋渔业、海洋交通运输业、滨海旅游业、海盐及盐化工业、海洋矿产业和其他海洋产业的发展在全国均有靠前的位次。山东沿海地区已成为全国经济发达地区之一，沿海 7 市 GDP 占全省的 50% 以上。2001 年山东海洋产业总产值达到 633.1 亿元，占全省 GDP 的 6%。建设"海上山东"已成为山东的两个重大工程之一。

山东海洋科教优势突出。山东具有县属以上的海洋科研教育机构 55 个，海洋科技人员万余名，高级专业人员 1100 多人，均占全国 1/4。青岛是中国著名的"海洋科技城"和海洋教育基地，中国科学院海洋研究所、中国水产科学研究院黄海水产研究所、国家海洋局第一海洋研究所闻名国内外，中国海洋大学是全国海洋的最高学府。全省现有海洋领域两院院士 11 名，博导 120 名，博士点 15 个，博士后流动站 6 个。

七　经济发展的区位优势

山东经济发展具有明显的区位优势。山东濒临黄渤两海，隔海与朝鲜、韩国和日本相望。海岸线北起冀鲁交界处的大口河河口，南到苏鲁交界处的锈针河河口。山东处于亚太经济圈西环带的重要地位，日照是新欧亚大陆桥乐部桥头堡群的重要组成部分；是东北亚和黄海国际经济圈中的重要地区；是沿黄经济协作带的主要对外窗口，山东半岛是国务院批准的全国五大开放地区之一，并拥有青岛、烟台两个首批开放的沿海城市，青岛、烟台两个经济技术开发区和威海高新技术开发区，龙口、羊口、烟台、威海、石岛、蓬莱、青岛、日照、岚山等一级开放港口；是环渤海经济圈的重要组成部分，而环渤海城市群则是当今中国三大城市群之一。

第三章　经济增长比较研究

一　经济增长的模型概述

经济增长理论主要研究经济活动中的宏观变量（例如产出）的变化趋势，它属于宏观经济中的动态理论，即以宏观经济量在时间坐标轴上的运行轨迹为研究对象，并且经济增长理论侧重于研究宏观经济变量动态特征中的长期性规律。

经济增长模型也就是选择影响经济增长的几个最基本的因素为变数，依据它们之间内在的必然联系，运用某种方法把它们结合起来，以此来表明经济增长的条件与制约关系，从而来表明在满足某种条件下可能达到经济增长情况。经济增长模型要求我们集中注意增长过程最基本的因素，即要素投入对产出的关系和相互之间的关系，以及技术进步的作用。由于模型中的变量反映的是事物发展所必须具备的根本要素及其内在的必然联系，因而，这种概括性的理论模型在一定意义上就可以使真实世界的景象清晰起来，成为现实本身的替代物，并可据以指导现实活动。

经济增长是一种长期行为，对经济增长的研究也是一项长期性工作。对经济增长问题的描述最早开始于英国古典经济学家的著作。尤其在第二次世界大战后，由于认识到"一方面，没有增长就不能达到充分就业；另一方面，日趋激烈的国际竞争使经济增长变成了生存的条件"，经济增长便成了经济学的核心问题之一，经济增长理论便有了长足的发展，各种理论相继出现。以下便对经济增长理论发展过程中出现的一些主要流派作一简要的介绍分析，以为后面的比较分析奠定理论基础。

1. 早期增长理论

古典经济增长理论可以说是现代经济增长的思想渊源，在古典经济学家中对经济增长问题论述较多的主要有魁奈、斯密、马尔萨斯、李嘉图等人，但在古典增长理论中真正具有代表性的是亚当·斯密和李嘉图所提出的增长理论。

亚当·斯密的经济增长理论主要有两个特点：一是引入了劳动分工；二是区分了"生产性"与"非生产性"两类劳动。斯密认为生产性劳动占全部劳动的比例以及因劳动分工引起的劳动生产率的提高是决定国民生产总值增长的主要因素。下面通过一个简单模型对斯密理论的结构框架作一简明概括。

设 X_t 为 t 时期的产量，L_t 是第 t 时期生产性劳动者人数。假定没有固定资本，资本存量 K_t 的唯一形式是"工资基金"。因此，

$$K_t = k_t X_{t-1} \qquad\qquad (3-1)$$

这里 $k_t < 1$，为第 t-1 时期的产量中用于雇佣下一期劳动者的比例。

设 P_t 表示劳动生产率，W_t 代表实际工资率，即：

$$W_t = K_t / L_t \qquad\qquad (3-2)$$

由 (3-1) (3-2) 两式可得：

$$X_t = (X_t/L_t) \cdot L_t = P_t(L_t/K_t)K_t = P_t(K_t/W_t) = P_t(k_t \cdot X_{t-1}/W_t)$$
$$= (P_t \cdot k_t/W_t) X_{t-1} \qquad\qquad (3-3)$$

由上式，则有：$X_t/X_{t-1} = P_t k_t / W_t$

因此，第 t 时间的经济增长率为：

$$g_t = X_t/X_{t-1} - 1 = (P_t \cdot k_t - W_t) / W_t \qquad\qquad (3-4)$$

由 (3-4) 式可知，经济增长速度取决于劳动生产率 P_t，实际工资率 W_t 及生产性劳动占总劳动的比例 k_t。要保证经济增长率为正，起码要求 $P_t k_t - W_t > 0$；即劳动生产率必须高于工资率；其次，生产性劳动占总劳动的比例 k_t，或劳动生产率 P_t 的数值越大，或实际工资率 Wt 越低，则经济增长率就越高。在以上三个因素中，斯密曾特别强调劳动分工对经济增长的促进作用。由于存在劳动分工，劳动生产率通过"干中学"会自动趋于上升，产出增长率跟着也趋于上升。但劳动分工既不是经济增长的充分条件也不是必要条件，另外 k_t 的内在变动，斯密没有给予很好的解

释。而其后李嘉图对此给出较好的解决。

李嘉图对增长理论的贡献主要有两点：一是经济增长最终将趋于停止；二是将收入分配与经济增长联系在一起，说明了国民收入分配在经济增长中的重要性。

总之，古典经济增长理论认为，投资和积累过程是经济增长的核心。但明显不足之处在于关于规模收益递减的假定。而其将经济增长的来源归于物质生产领域，并试图从生产过程和生产组织的改变中发现推动经济增长的因素，这一思路具有重大意义。

2. 凯恩斯主义经济增长理论——哈罗德—多马经济增长模型

古典经济学之后，关于经济增长的研究在相当长一段时间内出现空白，这一局面直到 20 世纪 30 年代凯恩斯经济学出现之后才有了转变。哈罗德与多马的研究就是在凯恩斯宏观经济模型的基础上进行的。他们所分析的核心问题是：一国经济要实现充分就业的长期稳定增长所应满足的条件。

哈罗德—多马的经济增长模型有如下几个方面的基本假设。

（1）单一产品（或单部门生产技术）。

（2）相对于工资的利率固定，模型假定生成此单一产品需要两种生产要求：一种是资本 K（t）；另一种是劳动 L（t）。

假定生产技术系数是固定的，每生产一单位产品要消耗掉 α 单位资本和 β 单位劳动，资本和劳动不能互相替代，Y（t）为总产出，则：

$$Y（t）=f（K, L）= \min \{K（t）/\alpha, L（t）/\beta\} \qquad (3-5)$$

（3）外生储蓄率：

总储蓄 S（t）是总产出 Y（t）的一个固定比例

$$S（t）=sY（t） \qquad (3-6)$$

其中 s 是外生常数，不随时间变化。

（4）劳动力供给速率不变，即

$$L'（t）/L（t）=n \qquad (3-7)$$

（5）资本积累：为方便起见，哈罗德—多马模型假定不存在资本折旧，资本存量的变动等于新增投资，即：

$$K'（t）=I（t） \qquad (3-8)$$

同时，经济达到均衡条件是储蓄等于投资，即：

$$S(t) = I(t) \tag{3-9}$$

由上假设，即可得到哈罗德—多马模型：

首先，假设资本始终不过剩，则：

$$Y(t) = K(t) / \alpha \tag{3-10}$$

两边取对数后，对 t 求导得：

$$Y'(t) / Y(t) = K'(t) / K(t) \tag{3-11}$$

因此，资本被充分利用的必要条件是产出与资本的增长速度必须相同。

均衡增长率被定义为劳动力与资本均得到充分利用时的经济增长率，故经济增长沿着均衡路径的条件是有保障的增长率与自然增长率必须一致，即：

$$s/\alpha = n \tag{3-12}$$

哈罗德—多马模型给出了经济稳定增长的条件，解释了经济中短期波动的原因，同时得到一个重要的结论：经济增长根本动力在于积累，积累越多，增长速度就越快。哈罗德—多马模型主要缺陷在于：固定比例技术系数生产函数的假设，为此后来的索路—斯旺模型放弃了这种生产函数，从而大大改善了模型的性质。

3. 新古典经济增长模型

（1）新古典经济增长模型与哈罗德—多马经济增长模型的主要区别，在于其三个假定：

①假定有资本和劳动力两个生产要素，这两个要素是能互相替换的，即能以可变的比例组合。

②假定在任何时候，劳动力和资本都可以得到充分利用，不存在生产要素的闲置状态。

③假定经济处于完全竞争条件下，资本与劳动力都按照各自的边际生产力而分得相应的产量。

新古典经济增长模型的公式及含义：

以 a 表示资本的收入在国民收入中所占的比例；b 表示劳动力的收入在国民收入中的比例；K 代表资金；L 代表劳动力，只需规模收益不变，则：

$$\Delta Y/Y = a\ (\Delta K/K)\ +b\ (\Delta L/L) \qquad (3-13)$$

根据假定 $a+b=1$，式（3-13）即为新古典一元经济增长模型，(3-13)式进一步推导可得：

$$\Delta Y/Y - \Delta L/L = Q\ (\Delta K/K - \Delta L/L) \qquad (3-14)$$

（2）二元经济增长模型

以上所考虑的经济增长，是以技术不变为前提，现把技术进步因素考虑在内，以表示技术进步，则有下列公式：

$$\Delta Y/Y = \lambda + a\ (\Delta K/K)\ +\ (1-a)\ (\Delta L/L) \qquad (3-15)$$

进一步整理可得：

$$\Delta Y/Y - \Delta L/L = \lambda + a\ (\Delta K/K - \Delta L/L) \qquad (3-16)$$

由此可进一步了解新古典经济增长模型的含义：经济增长不仅取决于资本增长率，劳动力增长率，而且还取决于技术进步。技术进步可以体现在物质资本之上，也可以体现于劳动者的技术水平的提高，只要技术进步是正数，它对经济增长总是有利的。

4. 新经济增长理论

任何一种新的理论都是在旧理论的缺陷上寻找突破口，新古典增长理论将技术进步这一长期经济增长最根本的决定因素归结为外生因素，没能说明技术进步又来自何处，这是不能令人满意的。

最早尝试将技术内生化的是阿罗在 1962 年提出的"干中学"模型。他认为技术上的进步不是自发产生的，也不是公共部门提供的公共投入品，它来自于私人部门的生产或投资活动，阿罗指出知识在某些部门的经济活动中产生，而知识又是非独享的产品。因此，任何部门的经济活动都能对其他部门带来好处，即外部经济性。外部经济性的存在，导致总体经济活动递增，阿罗的这一思想后来被罗默等人吸收成为"新经济增长理论"产生的萌芽。

罗默（1986）在阿罗增长模型的基础上，将经济增长理论研究带入一个新的发展时期，罗默最大的贡献是其强调经济外部性的作用，认为技术的外部性完全可以保证产出相对资本与技术的弹性大于 1，因而资本的边际收益由递减变为递增，这样一来，经济增长表现为发散的过程。

70年代，产业组织理论的发展及相应的垄断竞争模型成为罗默第二代增长模型的理论基础。在罗默第二代增长模型中，技术进步来自有目的的研究和开发活动，这种活动由事后的某种形式的垄断力量予以补偿。同时期阿格梅思、霍韦特、格罗斯曼与赫尔普曼也做出了重大贡献，在这些分析框架中，长期增长率与政府的行动相关，政府的税收、法律和秩序的维护，基础设施服务的供给，知识产权的保护以及国际贸易、金融市场和经济其他方面的规则都会产生影响。

新的研究还包括技术扩散模型，对发明的分析与技术领先的技术进步率相联系，对扩散的研究则涉及技术跟随型经济模仿这些技术进步的方式。最近研究的另一方面是，通过将生育选择分析结合进新古典模型，从而使人口增长内生化。

新的经济增长理论出现后，国际贸易作为决定经济增长的一个因素被提到一个很重要的位置，这是因为，在存在外部效应的情况下，国际贸易可以引起动态规模收益递增，从而改变经济增长的路径。

二 经济增长影响因素及长期趋势比较研究

20世纪90年代，中国经济发展水平和综合实力迅速提高。与此同时，尽管中国对优先发展战略进行了调整，提出了区域经济的协调发展和西部大开发的战略，但是中国经济发展水平的差异仍在进一步加大，这种差异不仅表现在经济总量上，更多表现为经济结构与经济发展力的差距。其中，同为沿海省份的山东、浙江、广东、上海、江苏也有不同程度的差异。存在这样的差异不仅仅是由省份之间格局及格局演变引起的，更主要的应该是由于影响经济增长的要素引起的。

关于影响经济增长的要素历史上给出很多的结论。其中，丹尼森的结构分析法得到了一致的认同，丹尼森认为影响经济增长因素主要有五个方面，其中属于生产要素投入量方面的有：

（1）劳动力在数量上的增加和质量上的提高；

（2）资本（包括土地）在数量上的增加；

属于生产要素生产率方面的有：

（3）资源配置的改善；

（4）规模的节约；

（5）知识进展和它在生产上的应用。

和其他新古典经济学家相同，丹尼森也将经济增长的要素分为资本的贡献，劳动的贡献以及除此以外的全要素生产率，也称为总投入生产率或单位投入的产出。

丹尼森作为一个分析体系，对经济增长进行要素分析时，总是将经济增长分解为几个层次，中国作为发展中国家，同时又是一个从计划经济向市场经济过渡的大国，统计指标体系和社会经济制度，与发达的资本主义国家有很大差异。因此，将丹尼森法用于中国时需要对其的指标体系作出取舍，并添加一些新指标，依据张军扩和陈建军的研究成果，对丹尼森模型的指标作以下调整：

（1）丹尼森在分析欧美 11 国经济增长时，其重点是围绕以制造业为中心的非住宅生产部门。在中国，工业仍然是 90 年代省区经济增长的主要推动力量，因此，我们研究过程中选取中国各省级单位的工业生产部门。

（2）劳动投入的计算是根据教育水平的不同计算出每个省的标准劳动力总量，其公式为：

$$L = L_1 + 6L_2 + 9L_3 + 12L_4 + 20L_5 \qquad (3-17)$$

其中：L 为标准劳动力总量，L_1 为工业劳动力中文盲和半文盲的数量；L_2 为小学文化劳动力数量；L_3 为初中文化劳动数量；L_4 为高中文化劳动力数量；L_5 为大专以上文化的劳动力数量。

（3）在资源配置的确定上，由于中国早期工业化带有很强的政府色彩，及中国户口制度的复杂性和农业人口的不稳定性，计算起来十分困难。利用产业结构的变动和单位固定资本的产出计测资源配置的改善。

$$K = [\ (t_1 + t_2 + t_3 + t_4 + t_5) \ / T + 1] \ k \qquad (3-18)$$

式中：K 为资源配置的指数；t_1 为石油加工业的固定资产；t_2 为黑色金属加工业固定资产；t_3 为交通运输设备制造业固定资产；t_4 为电子设备制造业固定资产；t_5 为化学工业的固定资产；T 为整个制造业的固定资产；k 为单位固定资本的产出。

（4）关于规模经济，考虑到中国的实际情况，采用工业企业的平均规模变化为指标来测算规模经济的状况。其公式如下：

$$G = S/N \qquad\qquad (3-19)$$

式中：G 为企业规模，S 为计测部门的总产值，N 为计测部门的全部企业数。考虑到中国目前很难将大量中小型企业完全统计，因此实际计算时 S 为计测部门规模以上工业的总产值，而 N 相应的为计测部门规模以上的企业数。

（5）用资本产出水平来表示资本效率，其计算公式为：

$$\theta = I/\ (0.25A + 0.75B + C) \qquad\qquad (3-20)$$

式中：θ 为资本效率，I 为计测部门的国民收入，A 为计测部门的固定资本净值，B 为固定资本原值，C 为流动资本，0.25 和 0.75 为权重值。

另外，劳动效率用劳动生产率来表示，其计算公式为：

$$\delta = I/M \qquad\qquad (3-21)$$

式中：δ 为劳动生产率，I 为计测部门的国民收入，M 为计测部门的劳动者人数。

将以上方法计测的各省经济增长的指标算法换成以 1990 年为基准年的数据，然后分别计算各省 1990～1999 年劳动投入、资本投入、资源配置、规模经济、资本效率和劳动率的年平均增长率。

分析表明，90 年代中国经济发展的要素增长也存在明显的地区差异，其规律与工业 GDP 的增长的地区差异基本一致，在影响 GDP 增长地区差异的 6 个主要要素中，劳动投入和资本效率的增长率的地区差异不明显，资本效率较高的地区主要位于中部地区，主要是因为这些地区工业生产活动不是很活跃，工业生产投资增长较慢，而位于东南沿海地区的广东其资本效率的增长率是 -5.46%，上海是 6.47%。广东主要是因为固定资产投资增长过快，超过 GDP 的增长速度，上海主要是由于产业结构的优化，第三产业不断加强，工业已经不是地区经济的第一推动力，工业 GDP 的比重下降；而同期的山东、浙江、江苏在此因素上没有太大的差异，对于山东省利用正特征矢量法，根据 1992 年投入产出表得到最优的投入（产出）结构，并将 1994 年、1995 年的经济实际运行情况与最优结构进行了比较。由分析得 1994 年、1995 年对第一产业、第三产业的投入相对不足，使得经济效益变化不大，而 1995 年后，优化了投入（产出结构）则使得山东省经济有了很大发展。由此，大力发展科学技术，提高经济效益和改善不合理的投入结构是促进山东省经济发展的关键。

资本投入、资源配置、规模经济和劳动效率的增长率的地区差异与工业 GDP 增长率的地区差异一致，大体上呈现出东南沿海较高，西部内陆较低的态势，其中广东的资本投入增长率最高达到 25.35%，山东的资源配置增长率达到 4.42%，广东的规模经济增长率达到 20% 以上，而劳动效率增长最快的是浙江，达到 17.75%，同期的山东省只有 6.23%。所有这些数据表明：山东与广东、浙江、江苏、上海之间还存在着差异。

所有数据显示中国 20 世纪 90 年代地区经济差异形成主要原因是技术进步和资源优化配置。而这两方面山东省都存在很大的增长空间。据统计，山东省企业科技活动经费虽然处于主导地位，但企业科技经费中"软件"经费仅占总支出的 8.8%，用于应用研究的支出为 0.88%，实际发展为 6.78%，生产性支出占 52.8%，科技资金和人力配置上基本以生产性为主，研究开发投入偏低。而技术创新是经济增长的根本源泉，所以山东省必须在此作出努力。

三　经济增长波动的比较研究分析

1. 经济增长的波动周期和幅度

古典的经济学家认为经济具有内在的稳定性，认为经济增长会沿着平衡的轨道增长，但各国不断出现的经济危机却否定了这一点。凯恩斯代表了宏观经济学的另外一种观点。他指出市场经济具有内在不稳定性。当产出、物价或者失业率稍有小的波动时，在市场这只"看不见的手"的作用下，这种波动极有可能被扩大，从而引发经济发展的波动。

经济周期波动是指经济运行过程中的由一个谷底，经过复苏、膨胀到峰顶，然后收缩、萧条到另一个谷底的经济起伏现象。其中"谷底"和"峰顶"分别表示两个阶段的转折点，在大多数的国家、地区和经济部门都普遍存在这种不断进行的经济扩张和经济收缩交替反复出现的阶段现象。一般来说，经济发展过程中出现这种反复是客观必然的现象。因而，如何减弱经济周期波动的影响，保持经济的发展就成为宏观调控与决策中重点研究的课题。

在中国，工业仍然是经济发展的主要推动力量，因而工业经济的波动势必会影响到整个中国经济的波动，同时，对应工业经济的波动所实行的措施，就保证了整个经济的持续发展。

2. 波动周期和幅度的比较与分析

经济波动的理论认为，经济波动周期可分为长、中、短三种类型。从中期波动角度考察，自 1952～1998 年的 47 年间，山东共经历了三次中长波期（见表 3-1）。第一个中波周期为 1952～1960 年，1960 年达到高峰，

表 3-1　　　　　　　　　　山东工业经济增长的波动

周期行号	区间（年）	周期类型	周期长度（年）	极差	收缩长度（年）	扩张长度（年）	平均位势（以增长率计算）（%）
1	1952～1955	增长型	4	23.95	3	1	16.791
2	1956～1957	增长型	2	33.57	1	1	25.90
3	1958～1962	增长型	5	103.52	4	1	5.17
4	1963～1969	增长型	7	26.71	3	4	14.46
5	1970～1974	增长型	5	58.08	4	1	7.27
6	1975～1976	增长型	2	42.09	1	1	37.29
7	1977～1979	增长型	3	14.85	2	1	12.51
8	1980～1981	增长型	2	3.66	1	1	6.34
9	1982～1986	增长型	5	5.84	1	4	14.56
10	1987～1990	增长型	4	20.57	2	2	22.16
11	1991～1998	增长型	8	20.32	5	3	19.3
平均值	1952～1998		4.27	32.11	2.45	1.73	15.38
	1952～1976		4.17	47.99	2.67	1.5	14.28
	1977～1998		4.4	13.05	2.2	2.2	16.64

其中扩张（增长）年份为 1952～1960 年，共 9 年；衰退期从 1961～1962年，共 2 年，周期总长度为 11 年。第二个长波周期为 1963～1974 年，1973 年达高峰，其中 1963～1973 年为扩张期，历时 12 年；衰退年份为1974 年，共 1 年，周期总长度 12 年。第三个中波周期为 1975～1998 年，

一直处于扩张期，整个八九十年代，工业经济增长的稳定性明显提高，不仅按年度衡量的负增长情况消失，而且高潮期峰值也大大降低，以 1976 年为限，1976 年以前山东工业经济波动的平均周期较短，收缩年份较长，扩张年份较短，并且收缩度，扩张度很大，但工业增长平均值却较低，工业经济波动起伏较大；1976 年后，工业经济波动的平均周期拉长，收缩年份缩短扩张年份加长，收缩和扩张平均长度相等，并且工业增速的平均值提高，工业经济波动的幅度趋向缓和。

比较可见，1952 年以来，山东和苏、粤及全国工业波动形态基本是一致的。

从波动周期看，山东和全国工业均经历了 11 个短周期波动，并且山东工业增长率与全国工业增长率的相关系数也高达 0.98。从波动形态看，1952 ~ 1997 年，山东工业的平均幅度比全国高 9.49 个百分点，但平均发展速度仅比全国高 0.43 个百分点，而由山东和全国工业波动状态比较会发现，山东工业的波动 11.14%，比全国工业（10.92%）的平均水平高 0.22 个百分点，同比期间，山东工业波动幅度比全国高 2.64 个百分点。1986 年后山东工业发展速度比全国工业平均发展水平高 1.99 个百分点，但波动幅度却比全国高 5.65 个百分点。所有这些都反映了经济波动给山东发展带来的危害要高于全国平均水平。

从与苏、粤两省工业经济波动的对比研究中可以发现，山东工业经济波动和江苏、广东的工业经济波动的形态基本一致。1978 ~ 1997 年的 20 年间，山东与江苏、广东的工业经济共有 4 次完整的短周期波动。与江苏相比，山东则在 1978 ~ 1982 年呈现"双峰"波动，而江苏为"单峰"波动，并且山东波谷位置提前 1 年，在 1987 ~ 1990 年山东的波谷位置拖后 1 年，1991 ~ 1997 年的波峰位置滞后 1 年，与广东相比，1978 ~ 1982 年广东也为"单峰"波动，并且山东波峰、波谷位置均提前了 1 年，在 1987 ~ 1990 年和 1990 ~ 1997 年的波谷位置均拖后 1 年，从波动状态看，在 1978 ~ 1986 年 9 年间，山东工业波位为 11.13%，分别比江苏（16.89%）、广东（14.24%）低 5.85 和 3.11 个百分点。这表明改革开放初期，山东工业起步晚，其发展落后于江苏和广东。1987 年后，山东有了较高速度的发展，但与江苏、广东相比还有一定差距，山东工业波位比江苏（22.55%）低 1 个百分点，比广东（26.52%）低 4.97 个百分点。

四 经济增长的预测分析

1. 经济增长的规律特征

卡尔多的《资本积累与经济增长》一文中列出了他认为反映经济增长过程中的典型的历史事实：

（1）人均产出随时间而增长，其增长率不存在下降的趋势；

（2）劳动力平均使用的物质资本随时间而增长；

（3）资本回报率基本保持不变；

（4）物质资本对产出的比率基本保持不变；

（5）劳动和物质资本在国民收入中的分配份额基本上保持不变；

（6）各国间单位劳动力产出的增长率存在很大的差距。

研究各国的经济数据会发现，第6点中，单位劳动力产出的确存在很大差异，发达国家的单位劳动产出往往远远高出不发达国家。第1、2、3、4、5点与发达国家的长期数据是相符合的，而卡尔多的第3点，即资本实际回报率的稳定性，是受英国经验的影响，根据英国的情况，实际利率似乎没有长期的变化趋势。然而，对大多数国家而言，这种假设是不成立的，而是随着经济的发展，资本回报率在一定范围内存在下降的趋势。

卡尔多关于增长率不存在下降的趋势也在发达国家的经济数据中得到验证，从目前16个发达国家在1870～1990年间的数据中可以看到其国内生产总值平均以1.9%的速率增长，在一些欠发达国家，如亚洲和拉丁美洲国家的经济数据，在1900～1987年之间，实际国内生产总值长期平均增长率为1.4%，也验证了这一规律。

中国经济发展的历史也验证了这一点，1978～1991年国内生产总值的平均增长率为9.04%；1992～2001年国内生产总值的平均增长率达到了9.77%；进入90年代，中国进入了新经济发展时期，新经济时期的中国经济表现的规律特征：

（1）经济增长率平稳下降。1979～1995年，我国国内生产总值年均增长率达到9.88%的高水平，成为世界上增长速度最快的国家之一，但"九五"计划期间，经济增长率出现不断下降的趋势。1996～2000年，中国GDP的年均增长率为8.26%，其中1996年为9.6%，2000年为8%。

（2）物价上涨转为物价平稳下降。1978～1995 年，中国商品零售物价指数年均上涨 7.76%，其中 1988～1989 年和 1993～1994 年期间分别达到了 18.1% 和 17.4%。1996～1999 年中国商品零售价格指数年均上涨为 0.26%，其中 1998～2002 年之间是绝对下降的。

（3）经济增长的波动幅度减小。1978～1995 年期间，GDP 增长率的落差最大达到几个百分点以上。1996～2000 年期间，GDP 增长率的落差缩小到 2.5 个百分点。

（4）经济增长的质量和效益提高。1996～1998 年间能源加工转换效率平均为 70%，比 1984～1995 年间的平均水平提高了 2.6 个百分点，全国国有及规模以上非国有工业企业工业成本费用利润率，1998 年为 2.35%，1999 年提高到 3.42%，规模以上工业企业实现利润 4262 元，达到 20 世纪 90 年代以来的最高水平。

由此看出，20 世纪 90 年代末中国经济增长步入低速波动区间，经济持续低速增长可能会吞掉中国过去 20 年的发展成果，导致长期发展战略损失，由此需要改变经济增长方式，由总量拉动增长转向提高生产素质推动增长，充分发挥人力资本的效应就成为未来经济增长的重要因素。

2. 经济增长的预测分析

在影响经济增长的要素中，劳动投入和资本投入的增长率通过加权平均计算出总投入增长率，对资源配置、规模经济、资本效率和劳动效率进行加权平均后即得到全要素生产率；武创在其文章中给出过各省份间的实证分析，分析结果表明，各省的 GDP 增长率与全要素生产率，规模经济增长率，资本效率的增长率和劳动效率的增长率有较强的正相关，与劳动投入有一定相关性，而与总投入要素生产率的增长率和资本投入的增长率不相关。由此，可以采纳各省份的与经济增长相关的因素作回归，从而得到经济增长率与各影响因素之间的线性关系，从而对下个时期的经济增长率作出预测。

通常情况下，在预测下个时期的经济增长率时，由于影响因素也是未知的，从而可能引起预测的准确性，为此我们选择 ARMA（自回归移动平均）预测方法，并运用 1978～2001 年鲁、苏、沪、浙、粤五省市国内生产总值作为原始数据进行增长预测。

分析各省历年来国内生产总值可见，数据本身的自相关系数，偏相关系数比较大。因此需要采用差分的方法来减小自相关与偏相关程度，因而采用混合自回归移动平均模型，即 ARIMA（3、2、3）模型作出预测，数据处理采用 TSP 统计软件。

结果表明，山东省的经济增长预测较合理地吻合了历史数据，而且其在 2004 年的国内生产总值为 14023.5 亿元，继续保持了经济持续增长的态势。这也反映了山东省在"九五"规划后，经济结构得到进一步优化，经济发展环境进一步得到改善，从而实现了经济的平衡增长。

相应地，苏、沪、浙、粤四省 2004 年经济增长的预测结果表明，广东省国内生产总值以 15969.6 亿元依然占据首位，其多年来作为中国第一经济大省的地位没有改变；上海国内生产总值为 6929.23 亿元，江苏国内生产总值为 13021.30 亿元，浙江国内生产总值为 9075.61 亿元，这一切也基本与目前各省在中国经济发展总格局中的地位相符合。

第四章 区域产业结构演进比较

一 产业结构演进的一般规律

1. 产业结构的划分

产业结构可以分为三类，产品直接取自自然界的部门称为第一产业，对初级产品进行再加工的部门称为第二产业，为生产和消费提供服务的部门称为第三产业。这是世界上较为通用的产业结构分类，但各国的划分不尽一致。

我国的三次产业划分为：第一产业——农业（包括种植业、林业、牧业和渔业）；第二产业——工业（包括采掘业、制造业、电力、煤气及水的生产和供应业）和建筑业；第三产业即除第一、第二产业以外的其他各业，主要包括运输业、通信业、仓储业、批发零售业、金融业、房地产业、科教业、新闻广播业、公共行政、国防、社会事务、娱乐和个人服务业等。

2. 产业结构理论演进的历史考察

产业结构理论是研究和调整产业结构的指导思想，它着重阐明经济的动态组合的基本理论。下面对产业结构理论的演进过程进行历史考察：

（1）英国经济学家威廉·配第（W. Petty）在《政治算术》中得到结论："比起农业来，工业的收入多，而商业的收入比工业多。"这一结论被后人称为配第定理，它揭示了产业结构演变的基本方向，同时也揭示了经济发展的基本方向。

（2）英国经济学家克拉克（J. Clark）在《经济进步的条件》一文中进一步揭示了人均国民收入水平与经济结构变动的内在关联。他得到的结论是：随着人均国民收入水平的提高，劳动力首先由第一产业向第二产业转移；当人均国民收入进一步提高时，劳动力便向第三产业转移，原因是劳动力的收入在各产业之间存在着相对差异。这也证实了配第定理。

（3）美国经济学家库兹涅茨（S. Kuznets）在《各国的经济增长》中，从劳动力结构和部门产值结构两个方面，深入分析了人均产值和结构变动的关系：在按人口平均产值的较低水平的组距内（70～300 美元），农业部门的份额显著下降，而非农业部门的份额大幅度地上升，但其内部（工业与服务业之间）的结构变动不大；在较高水平的组距内（300～1000 美元），农业部门的份额与非农业的部门份额之间的变动不大，但非农业部门内部的结构变化较大。

（4）德国经济学家霍夫曼（S. Hoffman）对工业结构演变规律作了开拓性的研究：在工业化进程中，消费资料工业的净产值和资本资料工业的净产值的比值（即霍夫曼比例）是不断下降的。这就是著名的霍夫曼定理。

（5）美国经济学家列昂惕夫（W. Leontief）开创性地运用投入产出表及其分析方法分析和研究国民经济各部门之间的投入与产出的数量关系、某一部门经济活动变化对其他部门的影响、为满足社会的最终需求各部门所需生产的产品数量、国民经济发展和结构变化的趋势，使之成为产业结构分析的一种重要的工具。

（6）美国经济学家钱纳里（H. Chenery）提出了著名的"发展模式"理论，他的"标准结构"对于揭示人均国民生产总值与结构变动之间的关系具有更大的价值。尤其是改进以后的模型，对产业结构变动过程中大量相互关联情形有了进一步揭示，并能描述不同类型国家产业结构变动过程的特征和差异性，大大深化了对产业结构变动及其一般趋势的认识。

3. 产业结构演进的一般规律

经济学家们通过大量的统计分析认为，经济增长不仅是总量增长的过程，而且也是一个产业结构的不断演变和成长的过程。纵观发达国家以及新兴工业化国家经济发展与产业结构演变和成长的关系，可以对产业结构演变和成长的规律作如下的概括：

（1）产业结构的演变是个动态过程，产业结构演变的实质是一个不断趋于高级化的进程，具有明显的阶段性和较强的有序性。

（2）从三次产业结构演变的历史进程来看，随着经济的发展（即人均国民生产总值的逐步提高），对应于不同的经济发展阶段，各国都大致经历了由"一二三"到"二一三"再到"三二一"的转变。

（3）产业结构的演变发展可以划分为三个阶段：农业化、工业化、信息化（后工业化）。其中工业化作为经济发展中极为关键的一个阶段，又可分为重工业阶段、高加工度阶段和集约化阶段。在工业化的初期，一般是农业和轻纺工业在经济发展中起主导作用，基础工业和基础设施得到一定的发展；在工业化的中期，产业结构明显向重化工业倾斜，石油、化工、电力、钢铁、机械制造业等成为经济生活中的主导产业，基础工业和基础设施迅速发展；在工业化的后期，以汽车、家用电器为代表的耐用消费品和以微电子技术、信息技术、航空航天、光电子技术、办公自动化设备、信息处理系统、生物工程、新能源和新材料为代表的新兴产业和高新技术产业得到飞速发展，并成为这一阶段的主导产业。

（4）在生产要素方面，从劳动密集型向资本密集型再向技术知识密集型产业转变；在产品的加工程度方面，由采掘产业向原材料产业、初加工工业再向深加工工业转变；在产业的技术含量方面，由传统产业向新兴产业、高新技术产业转变；在产业的附加值方面，由低附加值向高附加值再向更高附加值方向发展。

工业化国家的发展经验表明，不同国家产业结构的演进过程具有明显的阶段性和一致性的特点。这使后进国家有可能根据自身发展水平，结合产业结构的演进规律，制定出符合本国实际的产业长期发展规划，从而促进本国的产业结构比较顺利地向高级化方向转换。

4. 区域产业结构演进的一般趋势

当代区域产业结构演进呈现以下发展趋势：

（1）技术创新成为区域产业结构由低级向高级演进的先导和本源。在区域产业结构的演化过程中，技术创新是引起产业高级化的动因，是产业结构合理化的先导，是产业之间相互联系的本源。产业结构变动的方向性是由创新在某一产业内迅速、有效地积聚，并通过部门间的技术联系（投入—产出关系）发生扩散效应。

（2）第三产业成长是当代经济增长的基本动力。在当代区域产业增长过程中，第三产业在区域经济发展中异军突起，作为一个独立的产业走上自我发展的高级阶段，逐步成为区域产业增长的主要动力。商业、贸易、金融、证券、房地产和信息咨询等行业的蓬勃兴起，使工业制造业和农业对经济的贡献率逐步弱化，而第三产业则成为推动区域经济实现"质的提高"的主要力量。

（3）信息产业成为区域产业中的新兴主导产业，产业结构呈"软化"趋势。随着知识经济时代的来临，以无形的智力投入为主形成的特殊服务业——信息产业因其特殊的覆盖性和增殖性，与传统的有形服务产业产生日益强烈的离心趋向，其作为一个独立产业的鲜明特征也日益增强。

（4）产业群是区域产业结构合理化和高级化的组织元。产业群是指相互间具有密切的经济技术联系的同一产业或行业及相关产业在空间的集聚。它在宏观上表现为由主导产业、支柱产业及经济基础设施三要素构成的区域产业结构；在微观上则表现为行业或部门间的高度分工合作与专业化生产。

二　山东省与苏、沪、浙、粤产业结构演进比较

改革开放以来，山东省的经济有了长足的进步，国内生产总值（GDP）由改革之初1978年的225亿元增加到2003年的12430亿元，按可比价格计算，增加了近14倍，年均增长11.7%。在经济水平提高的同时，人民生活也有了很大的改善。这说明改革开放以来，山东省取得的成绩是巨大的。但与此同时还应该看到，与一些发达省、市相比，我们还有很大的差距，而且与一些省、市的差距还有日益扩大的趋势。以人均GDP为例，改革开放之初的1978年，山东为广东的1.17倍，浙江的1.34倍；而到了2003年，山东仅相当于广东的79.2%，浙江的69.3%。在20年稍多一点的时间里，相对水平正好颠倒过来。从绝对量上看，尽管山东省许多产品的产量名列前茅，经济总量很大，但人均水平不高，尤其与大多数沿海省份相比，山东省的相对经济水平还是较低的，2003年山东省人均GDP不仅排在上海、浙江、广东、江苏之后，而且还在福建、辽宁之后。因此，我们必须对山东省的经济现状有一个清醒的认识和合理

定位，在看到成绩的同时，也要正视存在的不足。

为了山东省经济不但走在全国前面，而且走在东部沿海地区的前面，我们必须在党的"十六大"精神的指引下，确立并完善山东的经济发展战略，抓住机遇，深化改革，实现山东经济的赶超。苏、沪、浙、粤分别属于我国经济最发达的长江三角洲和珠江三角洲，在全国经济中具有举足轻重的位置，并且在经济发展过程中积累了许多成功的经验，很值得我们借鉴学习。这里从产业结构层面将山东省与这四个发达的省、市进行对比分析和研究，以揭示我们存在的不足和制约因素，找到我们可以汲取的经验，这对山东省的产业结构调整和优化，进而实现全面赶超，无疑具有重要的意义。

1. 三次产业结构比较

产业结构是指各产业之间的联系，可以从量和质的规定性两方面去认识这种联系。量的规定性指的是各产业的产出与投入规模的比例关系。质的规定性的核心就是指产业结构的高度。所谓产业结构高度是指区域产业结构根据经济发展的历史和内在逻辑序列顺序在演进过程中所达到的阶段或层次。在区域发展过程中，这种序列的内容包括：产业结构中劳动密集型占优势的产业逐渐向资金密集型、技术密集型产业占优势的状态演进的水平；第一产业占优势的状况逐渐向第二、第三产业占优势的状态演进的水平；制造初级产品的产业占优势的状况向中间产品、最终产品的产业占优势的状况逐渐演进的水平。

三次产业结构可以反映区域伴随经济发展的资源分配结构以及经济发展的进程和水平。

由表1-4可以看出，山东省与苏、沪、浙、粤等地区的产业结构演进的基本趋势是相同的，呈现出两大特点：

（1）从增加值来看，第一产业对 GDP 的贡献一直在逐渐减少，第三产业对 GDP 的贡献一直在稳定地增加；从就业结构来看，第一产业从业人数逐渐下降，第三产业从业人数逐步上升；

（2）从增加值来看，第二产业的变化趋势是一条平缓的 U 形曲线，1985～1990 年是曲线的底部；从就业结构来看，第二产业的变化趋势是一条平缓的倒 U 形曲线，1990～1995 年是曲线的顶部。

尽管山东省与四省市的产业结构演进趋势基本相同，但还是表现出了一定的差异：

（1）山东省第一、第三产业的变化速度要明显慢于其他四省市，这表明山东的经济增长质量要低于其他四省市。这与山东是个农业大省相称，这一点从人口的就业结构也能看出，山东第一产业的就业人口比例最高，并且高于同期的全国平均水平，这进一步说明了山东省的经济发展落后于其他四省市。

（2）从产业结构的具体比例来看，上海主导产业已逐渐转向第三产业，形成了"三二一"的产值结构和就业结构，开始进入后工业化阶段。山东虽然与江苏、浙江、广东都是"二三一"的产值结构，第二产业占主导地位，都处于工业化中期阶段，但山东省第二产业产值份额才略高于50%，而第一产业就业劳动力份额高于50%，并且第三产业产值份额和就业劳动力份额都是最低的。这说明山东省产业结构的高度是低于其他四省市的。

2. 三次产业内部结构比较

（1）第一产业内部结构比较

第一产业结构，即为广义的农业结构，它是指在农业生产和再生产过程中，农业各组成部门间的内在联系和数量比例关系。它主要包括农业生产结构、农业技术结构、农业劳动力就业结构和农业生产关系结构等几个主要方面。

从总的趋势来看，农业结构不断走向合理化的进程，就是由传统农业向现代农业转化的过程。农业生产结构是第一产业的基本结构。从世界上已实现农业现代化的国家来看，第一产业正由种植业生产为主转向种植业、畜牧业和林业共同发展的结构。现代化农业生产结构具有以下几个基本特征：

①种植业（尤其是粮食）在具有较高生产水平的基础上，在农业中的比重有所下降。种植业由粮食为主的结构转向粮食作物、经济作物和其他作物共同发展的结构。

②畜牧业的比重提高，并逐步发展成为一个重要的产业部门，约占农业总产值的1/2以上。

③林业日益成为农业的重要部门，森林覆盖率一般约占国土面积的1/3以上。

④水产业将有较大的发展，成为取得廉价而又丰富的蛋白质的重要食物来源。

⑤副业的发展，则从依附于农业的地位转化为初级产品的加工工业。

由于第一产业的发展与各地区的自然条件有很大关系，农业地域差异特征突出，农业专业化生产方向多样，所以农业结构类型与经济发展水平并未表现出很强的相关性。表中所列的数据只能部分地反映出各省、市第一产业发展的质量状况。

根据现代化农业生产结构所具有的基本特征，从表2-1中可以看出，总体上五省市的第一产业结构均不太合理，主要表现在两个方面：一是畜牧业在第一产业中所占比重较低，而种植业在第一产业中所占比重偏高；二是林业在第一产业中所占比重普遍偏低，客观上反映出中国在经济发展过程中对环境保护的重视程度不够，因此，在第一产业结构调整和优化过程中，应该对林业的发展有所侧重。

（2）第二产业内部结构比较

按照世界上较为通用的产业结构分类标准，第二产业主要包括工业和建筑业。工业又包括采掘业、制造业、电力、煤气及水的生产供应业等。工业是地区经济的主体，其增加值占GDP的比重在50%左右，因此对工业结构的对比分析，基本上反映了区域第二产业结构比较研究的主要方面。

①支柱工业部门

支柱工业是指规模较大的工业部门。根据统计资料，以行业产值占工业总产值比重5%作为支柱工业的下限标准，判定五省市的支柱工业部门，如表4-1（由表2-2计算得出）所示：

表4-1　　　　　山东与苏、沪、浙、粤支柱工业部门的比较

山东	食品加工业（1）；纺织业（2）；化学原料及化学制品制造业（3）；电气机械及器材制造业（4）；非金属矿物制品业（5）
江苏	纺织业（1）；电子及通信设备制造业（2）；化学原料及化学制品制造业（3）；普通机械制造业（4）；电气机械及器材制造业（5）；交通运输设备制造业（6）；黑色金属冶炼及压延加工业（7）

续表

上海	电子及通信设备制造业（1）；交通运输设备制造业（2）；黑色金属冶炼及压延加工业（3）；化学原料及化学制品制造业（4）；电气机械及器材制造业（5）；普通机械制造业（6）
浙江	纺织业（1）；电气机械及器材制造业（2）；普通机械制造业（3）；化学原料及化学制品制造业（4）；交通运输设备制造业（5）
广东	电子及通信设备制造业（1）；电气机械及器材制造业（2）；化学原料及化学制品制造业（3）

由表4-1可以看出，长江三角洲的江苏、上海、浙江的支柱工业中，深加工、重化工业、轻纺业基本并重。江苏的七大支柱工业中，属于深加工业的四个，分别居于第2、4、5、6位；属于重化工业的两个，分别居于第3、7位；轻纺业位于第1位。上海的支柱工业以深加工和重化工业为主导，六大支柱行业中，属于深加工业的4个，分别居于第1、2、5、6位；属于重化工业的部门2个，分别居于第3、4位。浙江的五大支柱产业中属于深加工业有3个，分别位于第2、3、5位，重化工业为第4位，轻纺业则居第1位。广东的支柱工业中，以深加工为主，分别居于第1、2位；此外，有一个重化工业，居第3位。山东有五大支柱工业，重工业1项，占第5位；深加工业有1项，居于第4位；重化工业有1项，居于第3位；轻纺业2项，占第1、2位。通过以上的比较可以看出，上海、广东的支柱工业多以科技含量、附加值率水平较高的深加工行业为主；江苏、浙江、山东则主要以综合加工业、轻纺业等行业为主，尤其是山东的轻纺特点更为突出，科技含量、附加值率水平较低，结构重复率较高，竞争率较低。

②专业化工业部门

当某工业部门在全国的区位商大于1，且行业产值占工业总产值的2.5%以上时，即可认为其为该区域的专业化工业部门。根据统计资料，计算山东与苏、沪、浙、粤地区的各行业的区位商，进而得出了各省、市的专业化工业部门，如表4-2（由表2-2计算得出）所示：

表 4 - 2   山东与苏、沪、浙、粤专业化工业部门的比较

山东	煤炭采选业、石油和天然气开采业、食品加工业、纺织业、造纸及纸制品业、化学原料及化学制品制造业、非金属矿物制造业、普通机械制造业、专用设备制造业、电气机械及器材制造业
江苏	纺织业、化学原料及化学制品制造业、金属制品业、普通机械制造业、专用设备制造业、电气机械及器材制造业
上海	石油加工及炼焦业、黑色金属冶炼及压延加工业、金属制品业、普通机械制造业、专用设备制造业、交通运输设备制造业、电气机械及器材制造业、电子及通信设备制造业
浙江	纺织业、造纸及纸制品业、化学纤维制造业、金属制品业、普通机械制造业、专用设备制造业、电气机械及器材制造业
广东	金属制品业、电气机械及器材制造业、电子及通讯信备制造业

从表 4 - 2 中可以看出：

①山东与苏、沪、浙、粤的专业化工业部门都较多，分别为 10、6、8、7 个，广东则较少，为 3 个。

②山东的专业化工业行业中有 3 个重工业、3 个机械制造业、1 个化工业、3 个轻纺业；江苏的专业化工业行业中有 3 个机械制造业、1 个化工业、1 个重工业、1 个轻纺业；上海的 8 个专业化工业行业中有 3 个机械制造业、1 个化工业、1 个电子工业、3 个重工业；浙江的专业化行业中有 3 个机械制造业，1 个化工业、2 个轻纺业、1 个重工业；广东的专业化工业行业中有 1 个机械制造业、1 个电子业、1 个重工业。因此相比之下，山东的专业化工业行业较为分散，主要集中于轻工业，以劳动附加值低、科技含量低、高投入低效益工业为主。

③主要工业产品

由表 4 - 3 我们可以看出，在这 34 个工业产品中，山东排在全国第一位的有 12 种，具体是啤酒、家用电冰箱、家用洗衣机、原煤、水泥、硫酸、纯碱、烧碱、农用氮磷钾化肥、大中型拖拉机、木制纸及纸板和原盐，进入前五名的有 24 种；江苏排在全国第一位的有 7 种，分别是化学纤维、纱、布、成品钢材、化学农药、塑料和天然气，进入前五名的有 26 种；上海排在全国第一位的有 1 种，是集成电路，进入前五名的有 10 种；

表4-3

山东与苏、沪、浙、粤主要工业产品的比较

产品	山东	江苏	上海	浙江	广东
化纤万吨	49.23 (4)	23.92 (1)	49.67 (3)	222.3 (2)	47.82 (5)
纱万吨	119.2 (2)	155.3 (1)	21.39	51.93 (5)	19.56
天然气亿立方米	43.39 (2)	62.87 (1)	3.33	38.32 (3)	31.48 (4)
丝万吨	0.71 (3)	1.98 (2)	0.02	1.39 (1)	0.08
木制纸及纸板万吨	561.2 (1)	337.7 (5)	51.32	499.7 (2)	390.6 (4)
原盐万吨	891.7 (1)	328.3 (2)	—	33.97	46.92 (3)
糖万吨	12.86	5.10	—	1.64	83.25 (3)
啤酒万吨	298.5 (1)	92.54	36.21	165.8 (3)	170.9 (2)
成品钢材万吨	840.9 (5)	1877 (1)	1677 (3)	361.6	577.1

产品	山东	江苏	上海	浙江	广东
原油万吨	2668 (2)	157.0	58.93	—	1238 (4)
布亿米	43.39 (2)	62.87 (1)	3.33	38.32 (3)	31.48 (4)
发电量亿千瓦时	1104 (2)	987.4 (3)	574.8	734.9 (4)	1417 (1)
生铁万吨	793.9	454.7	1469 (4)	125.1	253.8
平板玻璃万重量箱	1809 (4)	2224 (3)	755.8	1004	571.6
卷烟万箱	172.6	117.5	130.8	105.2	185.0
水泥万吨	7287 (1)	5246 (3)	433.7	4791 (5)	6018 (2)
钢万吨	722.6	898.2 (5)	1874 (2)	182.5	356.0
木材万立方米	107.3	26.42	—	198.8	255.3

续表

产品	山东	江苏	上海	浙江	广东
纯碱万吨	156.9 (1)	135.4 (2)	5.9	8.99	24.61
房用空调器万台	335.5 (2)	239.6 (3)	237.2 (4)	181.8 (5)	848.5 (1)
家用洗衣机万台	314.5 (1)	230.1 (3)	74.75	232.1 (2)	181.7 (4)
化学农药万吨	7.37	22.42 (1)	2.61	11.73 (2)	1.13
原煤亿吨	0.08 (1)	0.25	—	0.01	0.05
塑料万吨	139.6 (3)	199.6 (1)	108.3 (4)	31.8	157.7 (2)
金属切削机床万台	3.64	0.89 (2)	0.23 (4)	8.00 (1)	1.52
汽车万辆	1.18	10.85	29.00 (2)	2.13	5.57

产品	山东	江苏	上海	浙江	广东
硫酸万吨	289.7 (1)	259.9 (2)	43.18	63.03	136.4
家用电冰箱万台	357.5 (1)	157.4 (4)	43.44	21.05	282.5 (2)
彩色电视机万台	373.7 (2)	318.6 (3)	108.7	17.35	1593 (1)
氮磷钾化肥万吨	420.9 (1)	193.7 (5)	14.1	62.67	2.17
烧碱万吨	120.6 (1)	108.2 (2)	37.4	42.86 (5)	1.13
拖拉机万台	0.87 (1)	0.56 (4)	0.61 (2)	0.40 (5)	—
微型计算机万部	39.00	42.65 (5)	47.13 (4)	4.25	228.7 (1)
集成电路万块	133	129995 (3)	225315 (1)	37760 (4)	174668 (2)

注：括号内为各省、市主要工业品在全国的排名。

资料来源：《中国统计年鉴（2002）》，中国统计出版社。

浙江排在全国第一位的有 2 种，具体是金属切削机床和丝，进入全国前五名的有 13 种；广东排在全国第一位的有 4 种，进入全国前五名的有 16 种。

与其他四省、市相比，山东最突出的差距体现在汽车和集成电路这两项上，山东这两项几乎是空白，山东汽车产量是上海的 4.07%、江苏的 10.86%、全国的 0.50%；集成电路产量上，山东是上海的 0.06%、江苏的 0.10%、全国的 0.02%，这充分反映了我省在资本、技术密集型产业上发展的滞后。

通过以上的分析和对比，我们认为山东省第二产业发展存在以下几个问题：

首先，地区产业发展层次不高。目前，山东工业特别是制造业占主导地位的是劳动密集型产品。这些产品参与国际市场竞争主要不是依靠自己研究开发的核心技术，而是建立在廉价劳动力和政策优惠基础上的低生产成本让产品的市场开拓具有较大的依赖性，一些高新技术产品也大多停留在劳动密集型的加工装配环节。

其次，企业核心竞争力不强。近年来，在山东尽管涌现出一批知名企业，比如海尔、海信、兖矿、济钢等，但总体上来看，能与世界著名跨国公司相抗衡的具有较强国际竞争力的大企业很少。

最后，近年来尽管高新技术有所发展，但真正拥有自主知识产权的核心技术和产品并不多见。此外，由于企业规模小、科技人才缺乏、研发经费投入不足，大部分企业缺乏科技创新能力，只能停留在装配水平上，企业发展主要依靠产品的仿制和"克隆"。由于熟练的操作工人严重缺乏，不少企业存在"一流设备、二流管理、三流产品"现象。

（3）第三产业内部结构比较

在现代经济中，第三产业比重的大小已经成为国家和区域经济发达水平的标志。鲁、苏、沪、浙、粤五省市的第三产业比重平均已达 40.56%，最高的上海 50.7%，最低的山东为 36.3%；从总量上讲，五省市的第三产业状况有非常大的相似性，但从第三产业内部结构来看，既存在较大的相似性，也存在较大的差异性（其分布状况见图 4-1）。

首先看该五省市的相似性。鲁、苏、沪、浙、粤五省市的农林牧渔服务业、地质勘查水利管理业、科研和综合技术服务业及其他第三产业规模

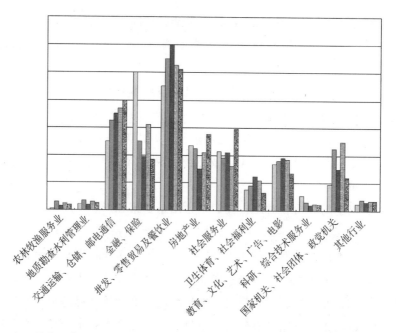

注：柱状图中依次表示沪、苏、浙、鲁、粤的第三产业各行业占该地区第三产业总产值的比重。

资料来源：《中国统计年鉴（2002）》，中国统计出版社。

图 4 - 1　山东与苏、沪、浙、粤第三产业各行业比重比较

较小，比重较低；前两项基本都低于 1%，后两项在 1% 左右。其次，交通运输仓储及邮电通信业、批发零售贸易及餐饮业所占比重都较大；前一项在 20% 左右，后一项在 30% 左右，平均达 26.88%，上海较低为 21.93%，浙江较高达到 35.05%。

其次，看五省市的差异性。在其他 7 个行业中，五省市各自比重相差较大，形成明显产业内结构差异。金融、保险业上，上海优势地位十分突出（占到 24.70%），几乎是其他四省的 2～3 倍（江苏为 12.795%，广东为 8.58%，山东和江苏较为接近，分别为 13.59% 和 12.79%）；房地产业以上海和广东、江苏、山东四省市较相似，而浙江欠发达（5.64%）；社会服务业则是山东欠发达（6.37%），与江苏较为接近，其他三省市比重都超过 10%；卫生体育和社会福利业上浙江（4.20%）和山东（3.90%）较发达，而上海、江苏、广东较接近（2.76%～2.96%）；教育文化艺术及广播电影电视业上海、江苏、浙江、山东四省市较为接近

（6.54% ~7.28%），而广东相对落后（4.61%）。

通过以上的分析可以看出，上海在为生产服务的软件方面（如金融、保险业、科技研究和综合技术服务事业）具有明显优势，在为居民生活服务方面（房地产和社会服务）虽不及广东，但也较为发达；江苏在第三产业中没有明显的优势行业，较为平均；浙江在商业发展方面（批发、零售贸易及餐饮业）及居民生活保障方面（卫生体育和社会福利）具有明显优势，而在为居民生活和生产服务方面（金融服务业、房地产业）具有明显劣势；山东的第三产业结构中也没有明显的优势行业，在为生产服务的软硬件方面（金融保险业、交通运输仓储邮电通信业）及居民生活精神愉悦服务方面（教育文化艺术广播影视业）较为发达；广东的优势行业在为生产服务的硬件方面（交通运输仓储邮电通信业）和为居民生活服务方面（房地产业和社会服务业），明显劣势在于为生产服务的软件方面和居民生活保障、精神愉悦方面。

考虑到全国平均状况，只有房地产业一项5省市均高于全国平均水平（5.6%），而在地质勘查水利管理业和教育文化艺术及广播电影电视业两项，5省市均低于全国平均水平（8.0%），其余几大行业则各有优劣。上海有4个行业（金融保险业、房地产业、卫生体育和社会福利业、科学研究和综合技术服务业）高于全国平均水平，江苏有6项（农林牧渔服务业、交通运输仓储及邮电通信业、批发和零售贸易餐饮业、房地产业、卫生体育和社会福利业、其他行业）高于全国平均水平，有6项低于全国平均水平；浙江有4项（交通运输仓储及邮电通信业、批发和零售贸易餐饮业、房地产业、卫生体育和社会福利业）超过全国平均水平，而有8项低于全国平均水平；山东有6项（交通运输仓储及邮电通信业、批发零售贸易餐饮业、房地产业、卫生体育和社会福利业、国家机关党政机关和社会团体、其他行业）高于全国平均水平，而有4项低于全国水平；广东有4项（交通运输仓储邮电通信业、房地产业、社会服务业、其他行业）高于全国平均水平，而其他8项低于全国平均水平。

因此，相比之下，沪、浙、粤的第三产业结构特色更加明显，如上海的金融保险业、科学研究和综合技术服务业，浙江的批发零售贸易和餐饮业及广东的交通运输仓储邮电通信业、社会服务业等不仅高于其他各省市，更高于全国平均水平，而山东、江苏的第三产业各行业发展比较全面，均衡性更强，既没有明显的优势行业，也没有明显的劣势行业。

三　关于山东省产业结构的调整和优化

1. 山东省产业结构调整与优化的历史进程总结

山东省的产业结构调整是从 20 世纪 70 年代末开始的，这个大背景与中国其他地方整体是一致的。20 世纪 70 年代末到 80 年代后期，山东省以提高农业生产力、加大轻工业为主题，进行了改革开放以来第一次产业结构调整，适时进入了买方市场形成时期。这个时期内，山东省通过增加投入、扩大生产能力等调控手段，解决了温饱和供应短缺问题。到 20 世纪 90 年代初，山东省的商品短缺问题基本解决，一般工业品出现阶段性、结构性剩余。在此背景下，20 世纪 80 年代末到 90 年代中期，山东省开始了以突出基础产业和基础设施发展、解决"瓶颈"制约为重点的又一轮产业结构调整。这一时期，借助有力的政策推动，集中力量发展起能源、原材料、运输等基础产业，有效缓解了能源、交通、重要原材料等基础产业和基础设施的制约难题山东省的公路运输、电力、化工、建材等基础产业的生产能力与产量均进入全国前列。同时，家电产业出现了突破性发展，海尔、海信、澳柯玛等大型家电企业在不断满足市场需求的前提下，开始将目光投向名牌战略高地，"山东制造"因之轮廓初显。但山东省也出现了大部分产品生产能力利用率降低、生产设备开工不足等严重结构性问题。

这些新的结构性矛盾标志着以数量扩张实现经济增长为主的发展阶段必须结束，而代之以提高经济素质、推进产业升级、增强市场竞争力为特征的战略性调整阶段已经来临。90 年代中后期以来，山东省始终将这个新任务作为主攻方向，致力于第一产业中林牧渔业比例的提升，壮大农业产业化龙头企业规模。第二产业方面，以产业升级和技术进步为手段，形成了一批有影响力的优势企业和名牌产品。与此同时，第三产业占 GDP 比重继续提高，已成为支撑经济发展的重要力量。这些积累如果按照国际通用的经济发展阶段理论测算，发展到目前，山东省的经济发展正处于工业化中期的重化工业向高加工度工业过渡阶段，在这个时间阶梯上，山东省新一轮结构调整又面临着新挑战——农业比重过大，劳动力生产率低，来自种植业的收入均高于苏、沪、浙、粤，工资性收入与四省市差距较大，分别在 600～1300 元区间内；工业层次不高，仍以能源型（采掘业、原材料业超过 60%）、初加工型和粗放型为主（以农产品为原料的工业占 70%），技术创新力不足（高新技术产业仅占 20% 左右），劳动生产率和产品附加值偏低；国有经济战线过长、比重太大、资源配置效率低下（国有及控股企业资产占工业企业的 76% 以上）；服务业依然以交通运输、邮电通信、批零贸易、餐饮业和房地产等传统行业为主；城市化滞后于工业化，城市的辐射带动功能不强等问题。

但是，上述调整更多强调自身调整的能动性，对外部环境因素考虑不多，而新形势下，特别是加入 WTO 后，给山东省的新一轮经济结构调整增加了巨大变数。根据国内外经济发展趋势，今后十几年山东省经济结构调整面临着双重任务，一方面要遵循产业发展的一般规律，完成工业化中期阶段以重工业为主的合理的产业格局构建；另一方面又要跟踪经济全球化和高新技术产业的发展，使之能在未来的市场竞争中占一席之地。

2. 山东省与苏、沪、浙、粤在区域产业结构方面的差距

改革开放初期，山东半岛与长江三角洲、珠江三角洲相比，在总体经济水平上基本一致。20 多年来，伴随着中国对外开放自南向北梯次推进，珠江三角洲的广东和长江三角洲的江苏、上海、浙江得到了超常规、跳跃式发展，目前无论从经济总量还是经济运行质量上，山东省都存在比较大的差距。主要表现在以下方面：

（1）上海已基本完成了山东省即将开始的目标，形成了汽车、钢铁、成套设备、生物制药等具有明显优势的主导产业；广东以高新技术和外向型经济带动发展的格局基本形成，深圳在发展民营高科技产业方面走在了全国前列；浙江民营经济活力十足，后劲惊人，对整个 GDP 贡献度已起支撑作用；苏南企业改制后地方财力出现倍增效应，企业自身的市场跟踪与开发效率已经赶超国际步伐。

（2）山东省优化产业结构的目标是 2005 年三次产业比例调整为 15：50：35，但上海已于 2002 年就将该比例调为 1.7：47.6：50.7；江苏调到了 10.6：52.1：37.3；浙江调到了 8.8：51.2：40。

（3）山东省结构调整的主要目标是大搞加工业基地，打造制造业强

省，但上海提出的打造以装备制造业为重点的四大产业基地（东部信息产业基地、南部石化产业基地、西部综合性产业基地、北部钢铁精品产业基地）已经实现了推动工业从调整中发展向发展中调整的良性转变；浙江以提高国际竞争力为目标建设的国内先进制造业基地，已经发展起了机械、电子、化工、医药四大产业，并出现块状经济特色，成为推动当地产业升级与经济增长的主力军。

（4）山东省所有制调整目标是 3 年内公有制经济与非公有制经济比例要达到 58：42，但浙江温州的民营企业数量已经占全市工业企业总数的98.8%；江苏的苏州已确定到今年 10 月前，国有资产将从企业和生产经营性事业单位基本退出，在一般性竞争领域中，企业的国有资本比重普遍降到 20% 以下。

（5）山东省正在构建的"东部进一步提高，中部加快崛起，西部快速发展"等区域结构调整战略，其中半岛城市群虽已轮廓初显，但内部产业同质竞争、重复建设现象严重，没有差别竞争、错位发展优势；而以济南为中心的中部大城市辐射作用尚未显现，其以高新技术产业带动周边发展的目标还很遥远；我们的西部尚处于"资金、项目、人才进去，劳动力出去"的政策引导期，而广东、江苏在解决南北地区之间缩小差距、协调发展问题上，已经早超越了对口帮扶的传统行政方式轨迹，形成了一套战略性和市场化的治本之策，并且成效已加速显现出来。特别是，以粤、港、澳产业互动为特点的珠三角，已经充分发挥出了广东的制造业能力、香港的金融航运优势、台湾的资金技术优势，成为中国最大的加工出口及三资企业基地；以上海为龙头的长三角超级城市群呈现出持续发展态势，这些先我们一步发展起来的优势使山东既看到了机遇，又感到了紧迫与压力。

3. 山东省产业结构调整和优化的政策建议

为了实现山东省产业结构的合理化和高级化，提升产业层次和技术水平，提高产业的整体素质，就必须加快产业结构的调整与优化，也就是要继续加强第一产业，调整和提高第二产业，加快发展第三产业。具体来讲，我们提出以下政策建议：

第一，大力调整农村经济结构，加快非农业的高级化和农业现代化。

在确保粮食产量稳定增长的前提下，积极发展优质高效经济作物，使种植业结构逐步向粮食作物—经济作物—饲料作物三元结构转变；构筑以区域绿化为主体，路域、水系绿化为框架，城乡绿化美化相配套的林业生态体系；加快品种改良，稳步发展生猪和鸡的生产，大力发展食草型、节粮型畜禽，推进规模化、集约化经营；大力发展海淡水养殖，加快发展远洋捕捞，搞好水产品的综合开发利用；发展非农产业，努力提高农副产品加工深度以及实施农业产业化龙头带动战略。

第二，大力发展主导产业，加快改造传统产业，着力培植新兴产业。调整的重点是：主导产业，重点发展机械、电子、石化等三大产业；传统产业，重点改造造纸、食品、化肥、建材、纺织、塑料、农机、冶金、能源等九个行业；利用"后发优势"，加快高新技术产业发展。在电子信息、生物技术及制药、精细化工、机电一体化、新材料、环保节能等六个重点领域进行突破。通过结构调整，培植机械装备工业、化学工业、纺织工业、家电工业、汽车工业、建材工业、食品工业和造纸工业八个优势产业，其产品国内市场占有率达到15%～20%；从中选择培植30～50个龙头企业和名牌产品。

第三，大力发展第三产业，进一步提高第三产业的层次和水平。从现代产业的发展要求来看，我省第三产业仍然处在较低层次的发展阶段，金融、房地产、信息咨询、旅游等新兴产业与先进省份差距较大。我省第三产业结构调整总的思路是：以服务设施建设为基础，以新兴产业为先导，加快发展商品流通业、社区服务业、交通邮电业、房地产和市政服务业、科技教育事业，重点开拓生产服务领域，加速发展信息服务业、金融保险业和旅游业，建立起能带动和促进山东国民经济持续快速健康发展的第三产业体系。

第四，优化企业组织结构，形成大中小企业分工协作、相互促进的企业组织体系。今后15年山东省企业组织结构调整应遵循既要保护竞争，又要促进产业的资本集中、实现规模经济的原则展开，最终形成以大企业为核心，中小企业与之专业化协作的分层竞争的企业组织形态。

第五，调整和完善所有制结构，推动多种经济成分共同发展。

综上所述，山东第一产业结构优化与升级的主要任务是调整、优化农业与农村经济结构，推进农业向质量效益型转变，使农业现代化建设登上新台阶，商品化、专业化、产业化的程度明显提高，综合生产能力和抗御自然灾害的能力显著增强。要调整农产品内部结构，使农、林、牧、副、渔业协调发展。第二产业的结构升级，要注意解决低附加值、低技术含量带来的低效益、高污染的问题。加快传统工业和老工业基地的技术改造和设备更新，加速淘汰落后设备和工艺压缩过剩生产能力，在生产技术、物质消耗水平、劳动生产率、产品品种和质量等方面缩小与先进地区和国家的差距，加快高新技术开发和产业化，积极推进经济和社会信息化，以信息资源开发利用为重点，加快信息化、网络化、数字化步伐；积极发展生物工程及新材料、新能源等高新技术，努力培育新的经济增长点。第三产业结构升级的重点是加快发展新兴第三产业，采取更加宽松的政策和有效的扶持措施，促进信息、文化、教育、旅游、社区服务和法律、审计、会计、咨询等中介服务组织的发展。

第五章　农业发展比较

山东依然是个典型的农业大省。农业的发展对于山东农村经济的发展乃至整个经济和社会的发展有着十分重要的影响。充分比较山东与沪、苏、浙、粤在农业生产条件、农业经济总量、农业主要综合指标、农民收入和农民人均消费水平等各方面的状况，并相应提出针对性的发展对策，对山东经济社会的健康、快速发展有十分重大的意义。

一　农业发展的比较

1. 农业生产条件状况比较

表 5 - 1　　　　　2002 年五省市农业生产条件

省　　份		浙江	江苏	广东	上海	山东
农业机械总动力		2053.2	2983.9	1779.4	126.9	8155.6
大中型拖拉机	数量	6117	55600	4100	6408	172863
	动力	15.7	172.5	16.3	23.9	546.4
小型拖拉机	数量	228414	897498	328006	8425	1577311
	动力	194.5	792.0	250.8	7.6	1347.4
有效灌溉面积		1406.0	3886.0	1425.0	270.4	4797.4
化肥施用量		91.9	337.5	196.4	17.7	433.9
水库数		3910	916	6624	NA	5570
水库总库容量		378.0	189.2	583.2	NA	191.2

注：动力单位为万千瓦，数量单位为台，有效灌溉面积单位为千公顷，化肥使用量单位为万吨，水库总库容量单位为亿立方米；NA 代表数据不详。

资料来源：《中国统计年鉴（2003）》，中国统计出版社。

　　山东长期以来都非常重视农业的发展，对农业的投入力度比较大。因此，从总体上讲，山东省的农业生产条件在五个省份中是综合条件最好的，绝大多数指标都要遥遥领先其他四个省份，只是由于山东的年降水量与其他四省市相比相对较少，因此水库总容量要低于浙江、广东两省，这个自然条件的劣势可能成为将来制约山东经济发展的一个不利因素。

2. 农业经济总量状况比较

　　从表 5－2 可以看出，2002 年山东省农林牧渔业总产值为 2526.05 亿元，较浙江、广东、江苏、上海分别多 1389.75 亿元、761.25 亿元、514.55 亿元、2292.45 亿元，遥遥领先于其他四个省份，可见山东省农业第一大省的地位已经稳固确立；但从农业发展速度上来看，山东省 1.1％的增长速度，只高于浙江的 0.7％，远低于广东 7.5％的发展速度，并且据近几年的发展状况看，未来的发展速度也不容乐观。

表 5－2　　　　　　　　2002 年五省市农业总产值　　　　单位：亿元；%

省份		浙江	江苏	广东	上海	山东
合计	总量	1136.3	2011.5	1764.8	233.6	2526.05
	增速	0.7	3.8	7.5	3	1.15
种植业	总量	532.2	1165.5	841.8	97.2	1420.88
	增速	−2.3	2.3	9.4	0.3	1.37
	比重	46.8	57.9	47.7	41.6	56.2
林业	总量	74.5	36.3	57.1	7.7	48.25
	增速	2.5	15.7	−2.8	145.5	2.1
	比重	6.56	1.8	3.2	3.3	1.9
牧业	总量	205.1	456.0	449.7	83.5	698.44
	增速	4.2	3.9	5.9	−4	6.3
	比重	18	22.7	25.5	35.7	27.6
渔业	总量	324.5	353.7	416.3	45.1	358.48
	增速	2.4	8	6.5	12.9	2.3
	比重	28.6	17.6	23.6	19.3	14.2

　　资料来源：《中国统计年鉴（2003）》，中国统计出版社。

分项目看：尽管山东农业经济结构的调整步伐在不断加大，但种植业占农业的比重除了和江苏差不多外，比其他三省都要高 10%，山东农业经济结构调整可谓任重而道远；牧业不论从总量、发展速度还是占农业的比重来看，山东都处于比较领先的位置；山东渔业总量和浙江、江苏、广东大体处于一个水平线上，但是 2.3% 的低速发展，与其他四省相比，特别是与上海的 12.9% 的速度相比，山东已经落在后面。

3. 农业主要综合指标比较

从表 5—3 可以看出，山东省拥有耕地面积 7689.3 千公顷，具有其他四个省所没有的土地资源丰富的绝对优势，占据全国 9.22% 的农产品产值，均位居第一位，这些数据都充分说明了山东农业在全国农业的重要地位。但从农业增加值占 GDP 的比重看，山东省占 13.2%，是五个省中最大的，表明山东的总体经济实力还有待于进一步的提高；从平均每公顷土地产值上看，山东省仅有 19110 元/公顷，分别比浙江、江苏、广东低 9440、4630、8630 元/公顷，差距十分巨大，如何提高土地利用效率、增加每公顷土地产值将是山东省需要向其他四个省市学习的一个非常重要的内容。

表 5 - 3　　　　　2002 年五省市农业主要综合指标比较

省　份	浙江	江苏	广东	上海	山东
耕地面积（千公顷）	2125.3	5061.7	3272.2	315.1	7689.3
平均每公顷产值（元/公顷）	28550	23740	27470	30847	19110
农业总产值占全国比重（%）	4.15	7.34	6.44	0.85	9.22
农业增加值占 GDP 的比重（%）	8.9	10.5	8.8	1.6	13.2
农业总产值在全国的位次	10	3	4	31	1

　　注：平均公顷产值的计算公式：农业和林业产值之和除以耕地面积。

　　资料来源：《中国统计年鉴（2003）》，中国统计出版社。

4. 农民收入状况比较

表 5 - 4　　　　　　　　2002 年五省市农民人均收入比较　　　　　单位：元；%

省份		浙江	江苏	广东	上海	山东
纯收入	总量	4940.36	3979.79	3911.90	6223.55	2947.65
	增速	7.8	5.2	3.8	6.0	5
工资性收入	总量	2437.42	1993.74	1714.11	4920.43	1056.70
	增速	8.7	8.7	10.9	8.7	9.5
家庭经营收入	总量	2075.34	1781.40	1869.56	764.52	1728.52
	增速	3.6	− 0.0001	− 4.6	− 26.5	1
纯收入在全国的位次		3	5	6	1	8

资料来源：《中国统计年鉴（2003）》，中国统计出版社。

据表 5 - 4 可以看出，2002 年山东省农民人均纯收入 2947.65 元，位居全国第 8 位，排在其他四个省市后面，是五个省份中唯一一个没有超过 3000 元的，而其他四省市已经超过或接近 4000 元，山东省分别比浙江、江苏、广东、上海低 1992.71、1032.14、964.25、3275.9 元，上海甚至是山东的 2.11 倍，增长速度也比浙江、江苏、上海低，山东省的农民人均纯收入已经远远被其他四省抛在后面，而令人担忧的是这种差距有可能会越拉越大。

从收入的两个主要构成部分工资性收入和家庭经营收入来看，山东省人均家庭经营收入为 1728.52 元，虽然比浙江、江苏、广东三省分别低 346.82、52.88、141.04 元，但差距并不是很大，而且在广东、上海农业家庭收入负增长的情况下，还有 1% 的恢复性增长；由于浙江、江苏、广东、上海等省市的私营经济比较发达，农民非农就业的机会比较多，工资性收入已经成为农民纯收入的主要组成部分，而且浙江、江苏、上海的工资性收入已经占农民纯收入的 50% 以上。相比较而言，山东农民人均工资性收入为 1056.70 元，分别比浙江、江苏、广东、上海低 1380.72、937.04、657.41、3863.73 元，占农民人均纯收入的比重也只有 35.8%，山东农民的工资性收入已经全面落后于其他四省市。借鉴其他四省市的经验，为我们进一步发展农业提供了一个新的思路——大力发展私营经济，加大农村剩余劳动力转移力度，积极引导农民就业。

5. 农民人均消费水平比较

表 5 - 5　　　　　　　2002 年五省农民人均消费比较　　　　　　单位：元；%

省份		浙江	江苏	广东	上海	山东
人均消费支出		3692.89	2620.29	2825.01	5301.82	1997.83
食品	金额	1507.85	1045.17	1345.00	1870.86	838.26
	比重	40.8	39.88	47.6	35.3	41.96
衣着	金额	206.98	137.63	107.94	226.22	130.34
	比重	5.6	5.3	3.8	4.3	6.5
居住	金额	576.95	552.73	441.24	1383.98	335.65
	比重	15.6	21.1	15.6	26.1	16.8
文教、娱乐	金额	439.58	327.11	302.44	664.48	256.28
	比重	11.9	12.5	10.7	12.5	12.8
平均消费倾向		74.7	65.8	72.2	85.2	67.8
边际消费倾向		55.5	103.3	81.8	146.4	63.0

资料来源：《中国统计年鉴（2003）》，中国统计出版社。

2002 年山东人均消费支出 1997.83 元，占其收入的 67.8%，平均消费倾向比较低，仅比江苏高一些，比浙江、上海、广东都要低，比上海甚至低 17.4 个百分点，边际消费倾向更是远远低于江苏、广东、上海，积极鼓励并合理引导农民进行消费、更新农民的消费观念是山东政府下一步的主要任务。从消费结构看，尽管山东居民的消费水平比较低，但消费结构和其他四省市基本差别不大，不过山东省的农民的恩格尔系数明显偏高，而上海的恩格尔系数已经下降到了 35.3%。

二　加快山东农业发展的对策

通过与浙江、江苏、上海、广东这些经济强省的比较分析，我们可以清醒地认识到山东省农业目前的发展状况和在全国的地位：从数量上来说，山东省是中国农业第一大省，但从质量上来说，山东省还不是农业第一强省，在很多方面山东已经落后于浙江、江苏、广东、上海等这些农业强省。我们要认识并承认这种已有的巨大差距，借鉴他们的发展经验，埋头苦干，把山东省的农业竞争力提高到一个崭新的高度，做一个名副其实的农业强省。

1. 统筹城乡经济社会发展，把解决"三农"问题作为各项工作的"重中之重"

所谓统筹城乡经济社会发展，也就是改变过去那种就城市论城市，就农村论农村的传统思路和做法，把城市和农村的经济和社会发展作为一个整体来统一规划，通盘考虑；把城市和农村存在的问题及其相互因果关系综合起来进行研究，统筹加以解决。统筹发展，不是平均用力，而是根据不同时期、不同情况，抓住主要矛盾，选择重点，加以倾斜和解决。统筹城乡经济社会发展，应该按照国务院总理温家宝同志提出的要求，"在制订国民经济发展计划、确定国民收入分配格局、研究重大经济政策的时候，把解决好农业、农村和农民问题放在优先位置，加大对农业的支持和保护，发挥城市对农村的带动作用，使城市和农村相互促进、协调发展，实现全体人民的共同富裕"。

2. 切实增加对"三农"的投入，使国民收入分配关系向"三农"倾斜

从山东省支援农业的支出看，1981 年占地方财政支出的 11.2%；1986 年降至 7.3%；1991 年降至 4.6%；1996 年下降到 2.1%。近几年，山东省的财政支出有所增长，2000 年上升到 6.7%；2001 年为 6.2%。但从实际支出看，农、林、水利、气象等部门的事业费支出占了一半以上，实际用于支援农业、农村生产的支出仅占地方财政支出的 3.2%。

农业是弱质产业，对农业进行支持和保护是政府的重要责任。当代工业化国家一般都给农业以高度保护，如美国对每公顷土地直接补贴 100 ~ 150 美元，欧盟为 300 ~ 350 美元。对农业和农村发展的投入一般都占财政支出的 10% 以上。但我国可能是世界上少数负保护水平最高的国家之一。每公顷土地向农民收取的税费接近 300 美元。这种国民收入分配格局如果继续持续下去，"三农"问题的解决是没有希望的。从一些国家和地

区的成功经验看，人均国民生产总值超过 300 美元之后，即开始转向保护
农业。人均国民生产总值达到 1000 美元时，基本完成从掠夺农业向哺养农
业的转变。目前山东省人均 GDP 已达到 1200 美元，指导思想和基本政策应该
有一个根本的转变，就是从提取农业剩余转向保护支持农业。为此建议：

（1）落实《农业法》关于农业投入的规定，国家财政每年对农业总
投入的增长幅度应当高于国家财政经常性收入的增长幅度。

（2）逐步建立农业支持保护体系。建议国家出台政策对农民用于农
业生产的燃油、用电、贷款等进行优惠，至少恢复到原来的价格水平。中
央政府要按经济发展的不同水平，分别逐步建立政策性的农业保险机制，
以及对农民、低收入者的直接补贴制度。要用足用好入世谈判中我国所争
取到的对农产品直接补贴的政策。

（3）调整农产品价格支持方式。在深化农产品流通体制改革的基础
上，调整农产品支持和补贴结构，逐步减少对农产品流通环节的补贴，增
加对生产环节的补贴，如市场信息服务与预警、农业教育与培训、农业技
术推广、农业保险等，让农民直接受益。

**3. 大力推进农业、农村经济结构的战略性调整，以提高农业的综合
素质和整体效益**

山东省作为东部沿海农业比较发达的省份，又是重要的农业大省，今
后 5 到 10 年应通过结构优化推进农业产业升级。根据以上分析，基本思
路可确定为：以建设现代农业为总抓手，以发展产业经济为目标，以增强
农产品市场竞争力和促进农业产业升级为重点，以发达的农产品加工业体
系为主攻方向，以改革、创新为动力，全面提高农业产业整体素质和竞争
能力，对传统农业进行彻底改造，发展外向型农业经济。

（1）以国内和国际市场为导向，调整农业产业内部结构

第一，继续搞好粮食生产，优化和调整种植业结构。①应确保粮食稳
定增产。粮食供求平衡是农业结构调整的基础和前提。小麦、玉米、甘薯
是山东省三大粮食作物，种植面积和产量分别占全省粮食播种面积和粮食
总产量的 90% 以上，这在客观上限制了其他粮食作物和经济作物的合理
发展，今后应适当减少三大粮食作物的种植面积，优化调整现有粮食作物
的品种结构，积极发展名优特杂粮生产。②将传统的粮食和经济作物的

"二元结构"逐步向粮食、经济作物和饲料作物"三元结构"转变,实现人畜分粮、粮料分流。③积极调整种植业及其品种结构。近年来,山东省粮食种植比例继续下降,经济作物种植比例持续上升,种植业结构不断得以优化。山东省的水果、蔬菜等产量多年保持全国第一,已经成为全省最主要的经济作物,产值已跃居全省种植业首位,今后发展水果、蔬菜业要面向国内外市场,以提高产品质量为主,引进和培育名优特产品,并将生产、运输、储藏、保鲜和加工等结合起来,提高其出口附加值。

第二,加快发展畜牧水产业,促进农产品转化增值。①大力发展畜牧业,优化畜牧业品种结构。农业发达国家或地区的畜牧业产值在农业经济中的比重一般超过60%,有的甚至达到70%~80%。虽然山东省畜牧业发展也有了较好的基础条件,但总的发展水平仍滞后于粮食生产,发展层次也较低,应该鼓励和支持农民积极发展畜牧业,优化畜牧业生产结构。②挖掘水产养殖业潜力,搞好渔业生产经营。山东省是沿海省份,渔业总产值约占农林牧渔总产值的15.5%左右,水产品产量和产值多年来一直保持全国第一,但渔业结构调整仍有较大的空间。

(2) 调整农业生产布局,充分发挥区域比较优势

依据资源禀赋理论和区位比较优势、产品比较优势,对山东省的农业结构进行战略性优化调整,实现有利于农业现代化、国际化的合理格局。

①东部沿海。山东省沿海地区有着悠长的海岸线,应该充分利用这个比较优势,大力发展海淡水、名优特新品种养殖和远洋渔业、水产加工业,提高水产品的质量和附加值。同时建成具有比较优势的蔬菜、花卉、林果为主的无公害生产和出口基地,发展具有国际竞争力的外向型、高科技、高附加值农业。

②黄淮平原。应该充分利用农业资源丰富的比较优势,优化粮棉品种和品质结构,发展加工转化和产业化经营,把粮棉产业做大、做强,建成山东省的优质粮棉生产基地。

③鲁中南山区。应该充分开发利用和保护山地资源,减少粮食种植,把广种薄收的农田和山坡地退出来,封山绿化,植树种草,扩大林业种植和畜牧业养殖,建成具有山区特色的林、农、牧重点基地和产区。

4. 大力推进农业产业化经营

山东省的农业产业化经过近十年的发展,已经取得了较大的成绩。据

不完全统计，到 2001 年底，全省农业产业化经营规模以上龙头企业发展到 2628 家，其中年销售收入 500 万~5000 万元的企业 1946 家，0.5 亿~1 亿元的 459 家，1 亿~10 亿元的 201 家，10 亿元以上的 22 家。2001 年度龙头企业实现销售收入 1077 亿元，创利润 68 亿元，上缴税金 36 亿元。龙头企业通过合同、契约等各种方式带动农户 710 万户，占全省农户总数的 35.5%；龙头企业从业人员 216 万人，占全省农村劳动力总数的 5.3%。龙头企业带动农户新增收入 68.9 亿元，户均增收 972 元，占农户新增收入的 73%。今后农业产业化发展的重点是：

（1）抓好生产基地建设，建立并强化龙头企业。生产基地的布局和规划，应坚持因地制宜的原则，立足于当地的资源优势和市场需求，发展各具特色的优势产业和优势产品，形成区域优势和产业优势。建立并强化龙头企业，是推进农业产业化经营的关键。在龙头企业的发展上，可实行投资主体多元化，县、乡、村、户四个轮子一齐转，集体、个体、私营、股份一齐上，坚持"大"即规模大、"高"即附加值高、"外"即外向型、"新"即新产品、"名"即创名牌的发展路子。

（2）完善利益连接机制，促进产业化健康发展。健全的运行机制和管理体制，是农业产业化经营健康顺利发展的重要保障，合理的利益机制是能有效地调节农业产业化经营过程中各经济实体之间经济利益关系的机制。目前实践中迫切需要建立健全三种机制。一是利益分配调节机制。本着"利益均沾，风险共担"的原则，恰当处理龙头企业、生产基地和农户间的利益分配关系，实现龙头企业和生产基地农户双赢。二是行为规范约束机制。按照市场经济法则，采用合同、订单、契约、入股联营等多种经济和法律手段，严格约束各利益主体的经济行为。三是风险保障机制。建立风险保障金制度，在加工、流通环节按一定比例提取风险保障基金，用于调节丰歉年际间农户收入和抵御市场风险。

5. 积极促进农村富余劳动力的转移，以拓宽农民的就业空间来增加农民收入

2002 年末山东省农村劳动力总数为 3695.2 万人，其中从事第二、第三产业的为 1324.1 万人，占 35.8%。当年转移农村劳动力 104.8 万人，比上年增长 8.6%。1998 年到 2002 年五年间，全省转移到非农产业的农村劳动力为 233.14 万人，平均每年转移 46.63 万人。但由于山东省农业剩余劳动力人口基数太大，劳动力转移仍面临巨大的困难。目前，制约农村富余劳动力向城镇和第二、第三产业转移的最大障碍，就是农民素质不高，就业途径狭窄。为此，山东省亟须在全省实行农民素质工程。并把农民培训作为政府提供的公共服务来对待。一方面，要继续抓好农村义务教育，切实提高农民的科学文化素质；另一方面，各级政府要加大投入，把农民的职业技术培训切实抓好。山东省在教育资源的配置上要适应市场需求，城市可扩大高中办学规模；职业高中、中专、高职则要面向农村，为扩大农村劳动力的就业提供职业技术培训。政府的补贴要重点支持欠发达地区的农民，降低他们的入学门槛。

6. 大力推进农村城镇化

第一，取消以户籍制度为代表的对农民变更身份的限制，取消不必要的行政命令对劳动力流动的人为干扰。户籍管理要从原来的以出生地管理为主转变为以居住地管理为主的管理方式，要鼓励各级政府在条件许可的情况下逐步降低农民进入城市的门槛。根据"先易后难、逐步放开、分类管理"的原则，把已在城镇工作多年的农民尽快转为市民，对在中小城市、县政府驻地镇及以下小城镇有合法固定住所、稳定职业或生活来源的农民，均可根据本人意愿转为城镇户口，并在子女入学、参军、就业等方面享受与城镇居民同等待遇。

第二，尽快建立和形成城乡统一的劳动力市场。首先要完善和规范政府对劳动力市场的管理。目前需要建立一整套既能覆盖全国范围，又能适应不同地区特点；既能保护人口迁入地区的利益，又能维护迁入者合法权益，促进农村人口跨地区合理流动的法规和制度体系。其次，大力发展多种形式的劳动就业中介组织，建立健全就业服务体系。最后，应建立完善的劳务输出服务体系。

第三，加快小城镇建设步伐。积极发展小城镇，并不意味着要走以小城镇为主导的分散型的城市化道路，继续增加小城镇的数量，而应把小城镇发展的注意力放在提高现有小城镇的质量上，重点支持和发展县城和部分基础条件好、发展潜力大的建制镇，使之尽快成长壮大为城市，使农村人口向县城和中心镇集中，从而加快农村人口城市化进程。

第六章　工业发展比较

一　工业发展条件、优势、水平和阶段

1. 工业发展面临的外部环境条件

苏、沪、浙、粤、鲁工业发展的外部环境条件是没有差异的，都面临着以经济全球化和知识经济为特征的国际环境和以"三重"过渡为背景的国内环境。

从国际环境看，各国经济目前都在走向开放、走向市场化，世界经济趋向于一定程度的一体化，各国经济相互依赖的程度大大提高，国际贸易成为发展经济的重要因素。经济全球化的产生主要涉及到国家经济体制、跨国企业的趋利动机与技术进步等因素。首先，世界各国经济体制的趋同消除了经济全球化的体制障碍。当今世界，越来越多的国家认识到，只有选择市场经济体制，才能加快本国经济发展的速度、提高本国经济的运转效率和国际竞争力。封闭经济由于缺少外部资源、信息与竞争，而呈现出经济发展的静止状态；计划经济则由于存在信息不完全、不充分、不对称和激励不足问题，而导致资源配置与使用的低效率。所以，不管是传统的封闭经济，还是起源于苏联的计划经济都不约而同地走向了市场经济转型的道路，由此带来各国在经济体制上的趋同，消除了商品、生产要素、资本以及技术在国家与国家之间进行流动的体制障碍；其次，微观经济主体即跨国公司的趋利动机推动了经济活动的全球化。由于商品和要素的价格在世界的不同地区不可能完全相等，这种地区性差价造成了所谓的"区位优势"，从而为跨国公司提供了进行全球性套利的空间，于是便有了对外投资、技术转让以及跨国公司生产过程的分解与全球配置；再次，信息技术的进步促使全球经济循环中的交易成本急剧下降。跨国公司的活动半

径是与其所能控制的距离成本呈负相关的，即：远距离控制的成本低，跨国企业的活动半径就大，从而经济全球化的程度就高；反之，则相反。远距离成本主要是信息成本，多媒体技术的发展与网络经济的诞生，使得这种成本大幅度下降，所以，对于一家有能力进行全球扩张的企业来说，它的活动范围可以达到世界的任何地方。

同时，在当代科学技术革命迅猛发展的时代背景下，科技产业化和知识经济化正在世界范围内催生着一种冠以"知识经济""信息经济""网络经济""智能经济"等不同称谓的新经济形态。其实质内涵就是，科学技术这个曾经被视为经济增长"外生变量"的因素，已经成为一种"内生性"的增长变量，由一般的非生产性的服务要素，上升为首要的"第一生产力"因素，也就是说，在价值生产与价值创造的过程中，历史上被长期忽略的脑力劳动、知识性劳动正在取代简单的直接的体力性劳动和技能性劳动，成为价值生产、价值创造与价值增殖的巨大源泉。

从国内环境看，五省市面临着以"三重"过渡为背景的国内环境。

"一重"过渡是指中国经济体制的转轨。即：从传统的计划经济向市场经济的过渡。20世纪80年代末90年代初，无论在中国还是在苏联和东欧各国，传统的计划经济体制先后被否定了，市场经济成为经济改革的基本方向。但是我国的体制转轨与苏东各国有着根本的区别，苏联、东欧国家的"大爆炸"式的改革是整体的、全面的、根本的和急剧的，而且完全抛弃了社会主义制度，这被称作"激进式"的改革；而我国的改革是分阶段有节奏逐步进行的，而且必须在坚持社会主义制度的前提下进行，这被称作"渐进式"改革。尽管中国的经济体制改革是"渐进式"的，但出乎某些西方经济学家意料的是，十几年来，中国的经济并没有停滞，市场化改革也没有萎缩，相反，中国经济获得了持续高速的增长，市场化进程取得了突破性进展，"渐进式"的体制转轨取得了明显成就，而苏联和东欧各国的经济却陷入持续的停滞和衰退之中。

"二重"过渡是指中国产业结构的转型与调整。产业结构的调整是中国在国际经济一体化的背景下加快工业化的必然要求。目前，全球经济增速明显回落，国际经济结构调整和产业重组步伐加快。与此同时，中国已经步入工业化中期阶段，按照一般规律，经济发展进入了结构换代升级的急剧变动期。为加快发展，提高经济增长的质量和效益，中国正在充分利用这一有利时机,建立适应经济全球化的生产和服务体系,进一步改善资源配置效率,促进资源向高效率部门转移,加快结构调整和产业技术升级,不断增强国际竞争力。在继续发挥劳动密集和资本密集产业领域比较优势的同时,有选择、有重点地加快发展一些新兴工业和高新技术产业,并利用当今高新技术和先进适用技术来提升新兴工业的层次。

产业结构调整不是一般意义上的适应性调整,而是由新技术革命带动的、以提高国民经济整体素质和竞争力为目标的调整。既要大力发展电子信息、生物工程和新材料等高新技术产业,加快现代服务业发展,形成新的经济增长点,又要用高新技术加快改造传统工业,把工业化和信息化结合起来,以信息化带动工业化,推动经济结构优化升级,全面提高中国经济的效益和竞争力。

"三重"过渡是指中国加入世贸组织后的过渡期。过渡期内,依托WTO 国际平台,充分利用国内国际两个市场、两种资源走开放型工业化道路。中国传统的工业发展道路是在高度集中的计划经济体制下,片面强调自力更生的封闭型工业化道路。改革开放以来,尤其是 2001 年中国正式成为 WTO 成员国以后,中国经济发展的国际空间拓展了,中国继续搞工业化的国际环境改善了。中国实施的是"引进来"和"走出去"相结合,全面提高对外开放水平的战略性举措,必将大大促进中国的新型工业化,作为中国沿海发达地区,苏、沪、浙、粤、鲁理应在推进新型工业化方面走在前列。

2. 工业发展的比较优势

英国古典经济学家大卫·李嘉图在 1817 年首次提出比较成本理论。这一理论认为,世界各国生产同类产品的成本只要存在着相对差异,就可以进行国际分工,每个国家可以生产具有比较优势的产品,然后通过国际贸易,获取比较利益。比较优势的存在是生产力发展水平不同的国家之间进行贸易的客观基础,也是价值规律在国际竞争中的另一种表现形式。比较成本或比较优势理论的提出距今已将近 200 年了,国际贸易的规模、范围和方式都发生了深刻变化。但是,比较优势的机制仍然在当代国际分工和国际贸易中发挥着规律性的作用。发展中国家与发达国家之间经济结构上的差异性决定了双边经济上的互补性,进行双边和多边贸易,可以获得比本国生产成本更低的产品，从而实现互惠互利。

如果从工业生产技术发展水平来比较，五省市工业与发达国家之间的差距，至少要落后 20 年，特别是在资本密集型和技术密集型产业领域，不具有竞争优势。在国际分工中，处于较为不利的地位。但是由于五省市较好地发挥了比较优势，对外贸易的规模却迅速扩大。在分析中国工业竞争力的时候，国内外学者一致认为中国具有劳动力便宜的比较优势，五省市在对外贸易和对外劳动力输出方面较好地发挥了这种优势。此外，五省市在海洋资源、港口资源、亚太经济圈区位、对外开放等方面具有相似的比较优势。

与苏、沪、浙、粤四省市相比，山东的工业发展还在以下几个方面具有明显的比较优势：一是电力和交通等基础产业的超前发展优势。近几年，山东发电量年均增长速度居五省市前列，交通货物周转量增长速度和弹性系数大大地高于其他沿海省市，各等级公路总里程和公路密度居五省市之首；二是劳动力资源有禀赋优势，劳动力成本最低。山东是中国人口大省，劳动力资源在五省市中是最丰富的，同时，山东职工平均工资、特别是制造业职工平均工资以及农民人均纯收入是最低的；三是矿藏资源有禀赋优势。山东资源种类多，其中有众多矿种储量大，品质优良，分布广泛。矿产资源绝对丰度和相对丰度位次均高于其他四省市；山东工业发展的区位优势有很大潜力。山东濒临黄、渤两海，隔海与韩国、日本相望，是国际制造业转移的核心地段，承接制造业转移的区位优势潜力巨大。

当然，发挥比较优势还需要一些环境条件。以劳动力比较优势为例，在世界上，还有一些劳动力成本很低的国家，那里的工业尤其是加工制造业并没有发展起来。国内不同的地区也存在着这种情况。发挥劳动力成本低的比较优势，还需要适宜的社会经济和人文环境。一是要有产权明晰、并具有内在推动力的微观制度安排；二是形成适应市场经济要求的运行机制；三是具有适应社会化大生产的基础设施和工业配套条件；四是有一支素质较高的产业工人队伍；五是有一大批勇于开拓创新和善于经营管理的企业家；六是有以服务为本和高效率的政府。改革开放以来，沿海省市地区工业高速增长，出口规模迅速扩大，成为新兴的工业化地区。有的同志认为主要是由于中央政府对这些地区实行优惠政策的结果。我们不否认有这方面的因素。但是除了优惠政策外，更重要的是这些地区不断创造和完善上述六个方面的条件，在这些因素的综合作用下，使劳动力成本低的比较优势由潜在的条件转化为现实生产力和竞争力。

3. 工业发展水平的指标体系及评价

由于苏、沪、浙、粤、鲁在不同的工业经济指标方面有不同的优势，从种种纷繁复杂的指标上进行单个比较很难评价工业的发展水平，因此我们必须建立一个能反映工业发展水平的指标体系。

目前，理论界比较认可的看法是，区域竞争力是区域经济发展水平的综合反映。当我们比较经济发展水平时，只要比较一下区域竞争力就可大致反映区域经济发展的水平。所谓区域竞争力，是指区域内各主体在市场竞争的过程中形成并表现出来的争夺资源或市场的能力。这种能力只有通过市场竞争才能够形成和展现，并且在动态的竞争过程中不断发生变化。也就是说，竞争才有竞争力。当然，这里所指的竞争，主要是指区域对资源或市场的争夺，如资源开发、技术创新、人才争夺、环境改善、产业发展、区域营销等，一个区域的竞争力主要表现在其产业竞争力方面，而这种产业竞争力是宏观层次的区域比较优势和微观层次的企业竞争优势综合作用的结果，二者之间相互联系、相互影响，由此构成了一个区域竞争力的基础。

显然，区域竞争力是竞争主体在争夺资源或市场的过程中表现出来的一种综合能力。这种能力表现在诸多方面，既包括现实的生产力如市场占有率、资源配置效率等，也包括潜在的竞争能力如创新能力、结构转换能力等。就地区工业竞争力来说，它是区域工业发展水平的综合反映，决定于单个企业的核心竞争力及其群体优势，并主要体现在市场影响力、工业增长力、资源配置、结构转换与创新力上。这五个方面共同构成了一个地区的工业竞争力（也即工业综合实力）的基础。由此，我们可以构筑如下函数关系：

工业发展水平＝地区工业竞争力＝F（M，G，D，T）。公式中 M、G、D、T 分别代表地区工业的市场影响力、工业增长力、资源配置力、结构转换与创新力，F（.）代表函数关系。

（1）市场影响力

市场影响力是地区工业最现实的竞争力。市场影响力越强，就越有能力来影响市场和市场上的竞争对手，对市场的支配程度就越大，因此也就越有可能占领和扩大市场，从而又进一步增强了市场影响力量。而且，市场影响力越强，就越发可能成为市场中的支配者。市场的支配者和接受者在市场竞争中的地位是完全不同的，前者是竞争的主导者，在竞争中处于主动地位，后者只能是跟随者，甚至只能被动挨打。因而市场影响力是地区工业竞争力的重要组成部分和主要决定性因素之一，它的大小直接影响和反映着地区工业竞争力的大小。

考虑到统计数据的可得性，在实际应用中，可以用地区工业产品销售收入占全国工业产品销售收入的比重（市场占有率）来衡量地区工业市场影响力。

（2）工业增长力

工业增长力反映了地区工业壮大和发展的能力，它是地区工业竞争力的重要表现。如果地区工业具有较强的竞争力，通常会呈现出较好的增长势头；反之，如果地区工业竞争力较弱，则一般增长速度缓慢甚至会出现衰退迹象。在分析中，我们采用地区工业总产值的增长率来反映工业增长力。

（3）资源配置力

资源配置力是指地区配置和使用各种经济资源进行工业生产活动以求得最佳经济效率的能力。一般说来，地区资源配置力越强，就越能有效地利用地区所能争取和控制的各种经济资源，使得地区工业的经济效率和技术效率都很高。这样，该地区工业就越有可能实现低成本、高利润的目标，从而在市场竞争中立于不败之地。因此，提高地区工业的资源配置力将有利于提高地区工业的竞争力。这里，我们采用工业销售利润率（地区工业利润总额与总销售收入之比）来衡量地区工业资源配置力。

（4）结构转换与创新力

任何一个地区的工业都是由多个工业行业和部门有机构成的整体，它处于不断发展、调整和演进之中。地区工业发展的过程也就是其结构不断优化和升级的过程。一个地区的工业竞争力越强，就越能表现出较强的结构转换能力。分析中，我们用"三资"企业工业总产值占地区工业总产值的比重的指标来反映地区工业的转换能力。同时这个指标也能反映一定程度的工业制度创新，因为制度创新主要体现在国有企业改制、建立现代企业制度和民营经济发展等方面，"三资"企业的比重大，企业改制程度一般也较大，因此这个指标反映了工业的结构转换与创新两方面的内容。

对于地区综合实力函数 F，我们取以上指标加权平均，权数由全国GDP 对全国各指标绝对值的弹性比例决定，即如果求得 GDP 对各指标绝对值的弹性为 n_1、n_2、n_3、n_4，那么各指标的权数就是：

$n_1/(n_1 + n_2 + n_3 + n_4)$、$n_2/(n_1 + n_2 + n_3 + n_4)$、$n_3/(n_1 + n_2 + n_3 + n_4)$、$n_4/(n_1 + n_2 + n_3 + n_4)$。

经过计算，$n_1 = 0.608$，$n_2 = 0.608$，$n_3 = 0.9$，$n_4 = 0.433$，我们对四个指标所赋予的权数即是 0.24，0.24，0.35，0.17，从而得出各省工业综合实力系数如表 6-1。

当然，反映工业综合实力的指标有许多，考虑数据的可得性，我们选取了几个重要指标，可大致反映工业发展的综合水平。根据上面的测算，在五省市中，我省的工业发展水平与其他沿海发达省份仍有差距。

表 6-1　　　　　　　鲁、苏、浙、粤工业发展综合水平比较

指　　标 ＼ 比较对象	山东	江苏	浙江	广东	上海
省区工业产品销售收入／全国工业产品销售收入	0.097	0.12	0.083	0.148	0.077
工业总产值增长率	0.128	0.124	0.193	0.125	0.168
工业销售利润率	0.062	0.037	0.059	0.0429	0.062
省区"三资"企业工业总产值／省区工业总产值	0.149	0.284	0.181	0.547	0.558
工业综合实力系数	0.101	0.120	0.118	0.174	0.175

资料来源：《中国统计年鉴 (2003)》，中国统计出版社。

4．工业发展阶段

按照产业结构的演进规律，工业化发展分为如下阶段：前工业化时期、工业化初期、工业化中期、工业化后期和后工业化时期五个阶段。在前工业化时期，第一产业占主导地位；第二产业有一定发展；第三产业的地位微乎其微。在工业化初期，第一产业产值在国民经济中的比重逐渐缩

小，其地位不断下降；第二产业有较大发展，工业重心由轻工业主导型逐渐转向基础工业主导型，第二产业占主导地位；第三产业也有一定发展，但在国民经济中的比重还比较小。在工业化中期，工业重心由基础工业向高加工度工业转变，第二产业仍居第一位，第三产业逐渐上升。在工业化后期，第二产业比重继续下降，第三产业继续快速发展，其中信息产业增长加快，第三产业比重在三次产业中占有支配地位，甚至占有绝对支配地位。在后工业化阶段，产业知识化成为主要特征。工业的发展就是沿着这样的一个发展进程由低级向高级走向高度现代化的。近十几年，五省市第二产业产值占 GDP 比重均超过了第一、三产业产值所占比重，且目前五省市的工业重心明显转向了高加工工业，根据产业结构演进规律判断，五省市正处于工业化中期阶段。

二　重要工业经济指标分析

与同为沿海开放省份的江苏、浙江、上海、广东相比，山东规模以上工业生产总量和销售总量连续几年来均低于江苏、广东，居全国第三位，在工业生产总量中，苏、沪、浙、粤、鲁的轻工业与重工业比值分别为 43.4：56.6、32.5：67.5、57.2：42.8、51.2：48.8、49.8：50.2，基本符合工业化中期的比例结构。盈利总量高于江苏，列广东之后，居第二位。浙江、上海、江苏虽然盈利总量低于山东和广东，但增长速度和盈利水平却明显高于上述两省，呈现出较强的发展势头。以下是 2002 年山东与其他四省市几个重要工业经济指标的比较。

1. 利润和税金总量对比

（1）实现利润低于广东，居第二位。2002 年，山东省规模以上工业实现利润 621.89 亿元，比广东少 147.2 亿元，比上海、江苏、浙江分别多 77.26 亿元、67.67 亿元和 15.78 亿元，居第二位。实现税金低于江苏、广东，居第三位。山东省规模以上工业实现税金 540.04 亿元，比江苏、广东分别少 34.32 亿元和 71.1 亿元，居第三位。其中本年应交增值税为 416.2 亿元，比江苏和广东分别少 40.67 亿元和 68.84 亿元；产品销售税金及附加为 123.84 亿元，比广东少 2.26 亿元。

表6-2　　　　　鲁、苏、沪、浙、粤几个重要工业经济指标比较

指标 \ 比较对象		江苏	上海	浙江	广东	山东
轻工业产值/重工业产值		43.4∶56.6	32.5∶67.5	57.2∶42.8	51.2∶48.8	49.8∶50.2
利润（亿元）	总计	554.22	544.63	606.11	769.09	621.89
	国有控股工业	118.14	317.99	97.45	224.66	266.71
	私营工业	64.33	27.11	125.58	40.19	46.94
	"三资"工业	210.3	300.79	130.97	525.26	94.64
税金（亿元）	总计	574.36	435.59	477.51	611.14	540.04
	国有控股工业	218.66	301.67	156.93	258.86	300.88
	私营工业	85.57	14.69	101.57	50.49	38.35
	"三资"工业	116.45	190.67	63.23	259.49	63.88
产品销售成本（万元）		11669.43	6436.78	8223.33	13822.71	9234.6
人均工资（元）	总计	11601	21993	12481	14103	8973
	国有控股工业	14629	24771	20093	20854	12048
	采掘业	11673	22464	12658	11549	13064
	制造业	11302	22083	12071	13742	8037

　　注：以上数据由山东省统计局提供。

　　（2）采掘业利润最高，制造业差距较大。2002年山东省采掘业实现利润为江苏、浙江、广东的25.5倍、105.1倍和2.7倍；税金为江苏、浙江、广东的29.2倍、123.7倍和2.5倍；制造业实现利润仅为江苏、浙江、广东的83.0%、74.3%和75.2%；税金为80.5%、64.8%和65.3%；山东的制造业无论利润还是税金与其他省市相比都有较大差距。

　　（3）国有控股工业利润和税金均占较大优势，但税金优势明显小于利润优势。2002年，山东省国有控股工业实现利润比江苏、浙江、广东多125.8%、173.7%和18.9%，实现税金分别多37.6%、91.7%和16.2%。虽然利润和税金均占较大优势，但与利润优势比，税金优势明显偏小。

　　（4）"三资"工业利润和税金总量明显小于江苏、上海、广东。2002

年广东"三资"工业利润总量最多,税金最大,实现利润、税金分别达525.26 亿元和259.49 亿元;位居第二的上海达300.79 亿元和190.67 亿元,位居第三的江苏也达210.3 亿元和116.45 亿元;而山东省利润总量和税金总量仅有江苏的一半,尚不足广东的四分之一。

(5)私营工业与江苏、浙江差距较大。2002 年,山东省私营工业与发展较好的江苏、浙江相比,也有较大差距。实现利润仅占江苏、浙江的73.0%和37.4%,税金占江苏、浙江的44.8%和37.8%。

2. 盈利能力对比

(1)资产、销售利润率浙江最高,山东省居第二。2002 年,浙江资产和销售规模均最小,但盈利能力最高。百元资产实现利润6.3 元,山东为5.22 元、江苏为4.18 元、广东4.64 元。百元产品销售收入实现利润6.23 元,比山东省高0.6 元,比江苏、广东分别高2.14 元和1.5 元。

(2)单位平均利润山东省最高。2002 年,山东省规模以上工业平均每一企业实现利润462 万元,比江苏、浙江、广东分别高出204 万元、185 万元和122 万元。其中制造业单位盈利335 万元,比江苏、浙江、广东分别多95 万元、70 万元和75 万元,山东省制造业30 个大行业中有食品加工业、纺织业、电气机械及器材制造业等13 个行业单位盈利居四省首位。

(3)人均利润仅高于江苏。2002 年,山东省规模以上工业人均盈利11178 元,比浙江、广东分别少3508 元、757 元,比江苏多754 元。其中国有控股工业人均盈利13033 元,仅为浙江、广东的二分之一。

(4)"三资"工业人均利润山东省最低。2002 年,山东省"三资"工业人均实现利润12095 元,比江苏、浙江、广东分别少7354 元、4851元和1504 元,盈利能力山东省最低。

3. 利润、税金增长情况对比

(1)规模以上工业实现利润、税金增幅最低。2002 年与2000 年相比,山东省规模以上工业利润增长14.3%,比最高的浙江低57.2 个百分点,比江苏、广东也分别低35.5 个百分点和21.9 个百分点;税金增长17.8%,分别比江苏、浙江、广东低6.1 个百分点、25.3 个百分点和9.7

个百分点。

（2）轻重工业利润、税金增速均较低。山东省轻工业利润、税金增幅分别为 22.0% 和 17.8%，利润增幅比江苏、浙江、广东分别低 28.5、40.8 和 37.0 个百分点；税金增幅分别低 4.3、26.0 和 8.4 个百分点；山东省重工业利润、税金增幅为 10.6% 和 17.8%，利润增幅比江苏、浙江、广东分别低 38.7、70.9 和 16.0 个百分点；税金增幅分别低 7.5、24.6 和 10.9 个百分点。

（3）制造业盈利与其他省市的距离进一步拉大。与 2000 年相比，2002 年山东省的制造业利润增长了 37.1%，比江苏、浙江、广东分别低 17.0 个百分点、33.1 个百分点和 28.0 个百分点，在 30 个制造行业中，有 1/2 的行业增幅低于其他三省。由于增幅较低，山东省制造业较弱的状况不仅没有得到改善，而且与其他省市的距离进一步拉大。2002 年，制造业利润占江苏、浙江、广东三省的比重由 2000 年的 93.3%、92.2% 和 90.6% 下降为 83.0%、74.3% 和 75.2%。

4. 各项成本、费用对比

成本、费用的高低是影响盈利总量大小、盈利水平高低的一个重要因素。山东省规模以上工业成本、费用与江苏、浙江、广东三省比，总量较少，占销售收入比重较低。2002 年，山东省规模以上工业成本费用合计比江苏、广东分别少 2622.15 亿元和 5123.71 亿元；成本费用占销售收入的比重为 93.6%，比江苏、广东低 2.1 个百分点和 1.5 个百分点，比浙江高 0.1 个百分点。

（1）产品成本比重低。2002 年，山东省产品销售成本占销售收入的比重为 83.7%，比上海略高，比江苏、浙江、广东分别低 2.5、0.8 和 1.4 个百分点。其中固定资产折旧提取明显少于其他三省。山东规模以上工业本年折旧率为 5.15%，分别比江苏、浙江、广东低 0.72 个百分点、1.12 个百分点和 0.93 个百分点。若按江苏折旧率计算，山东省折旧应多提取 56.7 亿元。如果这样，山东省实现利润将减少 56.7 亿元。

（2）广告宣传费用最少。2002 年山东省规模以上工业广告费用支出比江苏、浙江、广东分别少 2.1 亿元、11.5 亿元、51.2 亿元，占销售收入的比重为 0.24%，比浙江、广东分别低 0.16 和 0.24 个百分点。

（3）财务费用支出最多、利息负担最重。2002 年，山东省规模以上工业财务费用比江苏、浙江、广东分别多 6.8 亿元、49.4 亿元和 11.1 亿元，其中利息支出比江苏、浙江、广东多 14.0 亿元、43.9 亿元和 28.3 亿元。若按江苏销售费用率计算，山东省财务费用应减少支出 40.4 亿元，如果这样，可增加利润 40.4 亿元。

（4）职工教育费用较少。山东省规模以上工业人均职工教育费用为 85.7 元，比江苏、浙江分别少 31 元和 35 元。其中国有企业人均职工教育费用为 111 元，比江苏、浙江、广东分别少 54 元、69 元和 115 元；私营工业人均职工教育费用为 46 元，比江苏、浙江、广东分别少 25 元、50 元和 9 元；"三资"工业人均职工教育费用为 48 元，比江苏、浙江分别少 68 元和 60 元。

5. 劳动报酬对比

劳动报酬高低，也是影响盈利总量大小、盈利水平高低的一个非常重要的因素。与其他四省市相比，山东省工业劳动报酬明显偏低。

（1）总体人均水平低。2002 年，山东省规模以上工业人均工资为 8973 元，而工资水平最高的上海，人均工资已达 21993 元，为山东省的 2.45 倍，广东、江苏、浙江人均工资也分别比山东省高出将近 60%、30% 和 40%。山东省人均福利费为 1084 元，比江苏、浙江、广东分别少 599 元、472 元、192 元。

（2）各经济类型工业均低。山东省各经济类型工业工资水平与其他四省相比，特别是与工资水平较高的上海、广东相比，均有较大差距。2002 年，山东省国有控股工业比上海、广东分别低 11723 元、8806 元，私营工业、"三资"工业人均工资分别比广东低 3324 元、5103 元。

（3）行业间差距大。山东省采掘业人均工资仅低于上海，制造业则远远低于其他四省，劳动报酬行业间差别较大。2002 年，山东省采掘业人均工资比上海低 9418 元，比江苏、浙江、广东分别高 1373 元、388 元和 1497 元，居五省市第二位。制造业劳动报酬却远远低于其他四省。上海制造业人均工资是山东省的 2.7 倍，山东省制造业人均工资比广东、江苏、浙江也分别低 42%、28.9% 和 33.4%。人均福利费仅为江苏、浙江、广东的 61.2%、66.5% 和 82.7%。30 个制造行业，除了黑色金属冶炼及压延加工业和木材加工及竹、藤、棕、草两个行业略高外，其他28个行业山东省人均工资均为五省市最低。山东省工资水平较高的烟草加工业和医药制造业，人均工资还不到广东的1/2，化学原料及化学制品制造业人均工资7929元，仅为广东的40%。

　　通过上述对比分析，可以看出，山东省的盈利总量高于江苏、上海、浙江，资产盈利能力和销售收益能力也均好于江苏、广东，说明山东省具有一定的优势。但同时存在一些不容忽视的问题，一是工业人均盈利水平不高；二是盈利的结构性矛盾较突出；三是税金相对小于利润；四是盈利的增长幅度远远低于其他四省市。目前山东省工业的高盈利主要是建立在低成本、低费用、低劳动报酬的基础上。如果山东省劳动报酬达到江苏水平的话，实现利润将减少180亿元，盈利总量仅有443亿元，则比江苏要少111亿元；如果山东省整个成本、费用按江苏水平计算的话，利润将减少232亿元，盈利总量仅有340亿元，比江苏少164亿元。适当降低成本、费用，可以提高盈利水平和盈利能力，但企业的发展需要足够的必要投入。提高固定资产折旧、广告宣传费用、职工教育费用和劳动报酬等费用是保证固定资产不断更新、提高企业和产品知名度、提高职工素质、劳动积极性、吸引人才、留住人才的必要投入，而与江苏、浙江、上海、广东相比，山东省上述投入明显不足。长期必要投入不足，势必会影响企业的发展后劲，影响整个工业经济的发展。上述问题应引起有关部门的高度重视，积极采取有效措施，从根本上提高山东省的盈利水平和盈利能力，以确保山东省工业经济的健康发展。

三　山东支柱产业、主导产业和战略优势产业的选择

　　为了实现"大而强、富而美"的新山东，实现向经济强省的跨越，山东必须以经济结构战略性调整为主线，把结构调整和产业创新放到更加重要的位置，变局部调整为全局性和开放性调整，不断优化产业结构，促进经济增长方式的转变。因为经济发展的过程就是产业结构不断调整和升级的过程；只有通过产业结构的不断调整和升级，才能推动经济和社会的不断进步，经济发展的历程已经证明了这一点。但是，山东究竟如何进行经济结构的战略性调整，充分利用现有各种资源，取得最大化的社会经济

效益呢？有理由认为：山东宜优先发展、重点培植、扶持支柱产业、主导产业和战略优势产业，因为这三类产业代表着产业升级的方向，体现着先进的生产力水平，是经济快速发展的"爆发点"，是经济结构调整、优化、升级的"驱动器"，有利于我们充分发挥后发优势，实现经济的跨越式发展，使山东在沿海省市的工业发展中处于前列。如何选择支柱产业、主导产业和战略优势产业则是目前山东经济结构调整关键性的第一步。

1. 支柱产业、主导产业和战略优势产业的含义、选择标准

（1）支柱产业

支柱产业是指在当前的产业结构系统中具有举足轻重地位的产业。从产业的生命周期看，支柱产业一般都是处于成熟期的产业。因为一个产业只有到了成熟期，社会对它的需求和它的市场占有份额才能达到最大，才有长期和稳定的产出与收入。

支柱产业"举足轻重"的地位，可能是该产业的产出占整个产业结构系统产出的比重大所致；也可能是该产业的收入占整个国民经济收入的比重大而导致；也有可能是由于该产业的就业系数较高，因而在该产业就业的人数占全部就业人数的比重较大，从政府宏观经济政策的角度而言，该产业就被视为支柱产业；甚至对一些外汇紧缺的国家和地区来说，有时将其主要的外汇创收产业也称之为支柱产业。但是在一般的场合下，支柱产业多是指产出或收入所占比重较大的产业。

（2）主导产业

目前一般将主导产业定义为：在经济增长过程中起主要的先导作用的产业部门，它率先采用新技术，本身具有较高的经济增长率，它的发展能够带动其他产业部门和整个国民经济的发展，本身的发展状况在很大程度上决定整个产业结构系统未来的发展模式。

主导产业的主要选择标准有：一是产业关联度标准。产业关联度是指某一产业对整个国民经济的影响程度，其含义是选择能对国民经济的相关产业部门产生带动和推动作用（即前瞻影响、后顾影响和旁侧影响大）的产业作为经济发展中的主导产业。具体衡量指标有：①感应度系数，是反映当国民经济各部门均增加一个单位最终使用时，某一部门由此而受到的需求感应程度。也就是需要该部门为其他部门的生产而提供的产出量，

也称为前瞻影响（关联）系数。某一部门感应度系数大于1，说明该部门在国民经济各产业部门之间的前向感应之中，容易受影响的程度较大，超过社会平均水平。②影响力系数，是反映当国民经济某一部门增加一个单位最终使用时，对国民经济各部门所产生的生产需求波及程度，也称为后顾（后向）关联系数。影响力系数大于1，说明该部门在国民经济产业部门之间的后顾影响之中，具有重要作用，超过社会平均影响水平。③中间投入率即中间投入占总产出的比重、最终需求生产诱发系数（最终需求增加1个单位对其他部门的完全需要量）等计算指标。二是需求收入弹性标准。需求收入弹性是指人们对某一产业产品的需求量的变动对收入变动的敏感程度，是需求增长率与 GDP 增长率之比。需求收入弹性高的产业才能作为经济发展中的主导产业。三是生产率上升率标准。生产率上升率是指某一产业部门的要素生产率与其他产业的要素生产率的比率，一般用全要素生产率比较。全要素生产率的上升主要取决于技术进步，生产率上升率高的产业即是技术进步迅速的产业部门，技术进步迅速的产业部门才能作为经济发展中的主导产业。

（3）战略优势产业

战略优势产业是在当前的经济总量中占有一定的份额，运行状态良好，资源配置基本合理，资本营运效率较高，在一定空间区域和时间范围内有较高投入产出比率的产业。与支柱产业、主导产业不同，在产业寿命周期曲线中，优势产业一般处于成长的中后期到成熟期这一区间。战略优势产业强调资源的天然禀赋、资源的合理配置以及经济的运行状态。只有当它们都得到了比较好的结合，才有可能形成战略优势产业。

目前，对战略优势产业尚无明确的选择标准，根据统计资料的可得性，我们在选择战略优势产业时，可综合考虑资本产出率、单位平均实收资本、单位资本销售收入、资本利润率等反映投入产出比率的指标，依据 GDP 对各指标的弹性比例赋予相应的权数，对以上指标加权平均。

2. 三类产业选择的意义

选择好三类产业对带动产业结构调整、优化、升级，进而提高产业竞争力具有十分重要的意义，三类产业是通过以下几种效应连锁发挥作用的：①后顾效应，即三类产业对那些向其提供投入要素的产业的影响。三类产业在高速增长过程中，会对各种要素产生新的投入要求，从而刺激这些投入品生产部门的发展。②旁侧效应，即三类产业对地区发展的影响。三类产业的兴起会引起它周围地区的一系列变化，三类产业的出现常常会改造它影响所及的整个地区。③前瞻效应，即三类产业对新技术、新材料、新能源、新工业出现的诱导作用，以便解决生产中的"瓶颈"问题。随着三类产业存流量的急增，与产业相关联的前承后续部门，也会伴随三类产业的扩张而迅速发展，这就容易形成以三类产业为中心，具有强烈极化效应和扩散效应的"发展极"，这种"发展极"的形成将不断诱导和激发整个旧式产业结构的调整、升级、优化。

3. 山东三类产业的选择

依据三类产业的含义和选择标准，对山东的支柱产业、主导产业和战略优势产业作出下面的选择。

（1）对选择三类产业相关指标的计算。

①产出或收入比重（主要用于选择支柱产业）

根据 2003 年山东统计年鉴，目前山东占工业总产值和工业销售收入比重在前十位的部门有：食品加工业 10.3% 和 9.9%，纺织业 7.5% 和 7.5%，电力、蒸汽、热水的生产和供应业 4.5% 和 7.6%，化学原料及化学制品制造业 6.7% 和 6.5%，非金属矿物制造业 5.4% 和 5.1%，普通机械制造业 4.6% 和 4.2%，专用设备制造业 4.7% 和 4.5%，交通运输设备制造业 4.7% 和 4.6%，电气机械及器材制造业 6.5% 和 6.4%，电子及通信设备制造业 3.9% 和 3.9%。

②影响力和感应度系数（主要用于选择主导产业）

根据投入产出模型计算，目前山东影响力系数大于 1 的部门有：煤炭采选业 1.088、金属矿采选业 1.134、非金属矿采选业 1.11、纺织业 1.121、服装皮革羽绒及其他纤维制品制造业 1.229、木材加工及家具制造业 1.204、造纸印刷及文教用品制造业 1.093、化学工业 1.104、非金属矿物制品业 1.14、金属冶炼及压延加工业 1.187、金属制品业 1.34、机械工业 1.155、交通运输设备制造业 1.265、电气机械及器材制造业 1.178、电子及通信设备制造业 1.198、仪器仪表及文化办公用机械制造业 1.256、机械设备修理业 1.404、其他制造业 1.26、煤气生产和供应业 1.751、建筑业 1.16。

感应度系数大于 1 的部门有：农业 2.203、煤炭采选业 1.812、金属矿采选业 1.195、食品制造及烟草加工业 1.379、纺织业 1.288、造纸印刷及文教用品制造业 1.051、化学工业 2.627、非金属矿物制品业 1.276、金属冶炼及压延加工业 1.211、金属制品业 1.728、机械工业 2.752、货物运输及仓储业 1.117、商业 2.687、金融保险业 1.474。

影响力系数及感应度系数均大于 1 的部门有：煤炭采选业、金属矿采选业、纺织业、造纸印刷及文教用品制造业、化学工业、非金属矿物制品业、金属冶炼及压延加工业、金属制品业、机械工业。

③生产率上升标准（主要用于选择主导产业）

根据技术进步计算公式测算，技术进步较快的部门有：机械工业 14.56、金属制品业 12.85、电子及通信设备制品业 11.23、化学工业 9.89、建筑业 6.81、交通运输设备制造业 4.51。

④需求收入弹性（主要用于选择主导产业）

通过有关数据分析，山东消费结构目前正酝酿第三次转型。前两次具有明显标示性的转型是：第一次，1985 年前后，居民消费结构中出现了粮食消费比重下降、服装消费比重上升的现象，由此对广大农村的多种经营和服装生产产生强烈的拉动力，带动了第一轮经济增长高潮；第二次，1987 年前后。居民对家用电器消费需求的快速增长，由此对家电制造行业生产产生强烈带动，带动第二轮经济增长高潮；目前，人民生活水平总体达到小康，消费结构第三次转型已基本酝酿成熟，新的消费将向多样化、多层次化发展。尤其是与第三次产业相联系的消费，将成为增长最快的消费领域和新的促进消费增长的因素，这十分有利于促进产业结构升级和经济持续快速发展。这与居民在解决了温饱、达到小康水平生活后，注重提高生活档次相一致，也与工业化进程中，恩格尔系数持续降低的规律相符合，通过对近几年山东居民消费需求弹性的测算，消费弹性排列顺序为：交通通信、居住、用品、衣物、食品。因此可以看出，今后一个时期，随着居民收入水平的提高，消费需求增长最快的将是交通通信和住房，最慢的为食品和衣着，日用品居中。主导产业也就应从与交通通信需求、住房需求、高档家用电器需求、农副加工产品需求直接相关的产品群中选择，只有这样，生产的产品才具有广阔的市场前景，居民的消费欲望和现实购买力才能支持相关产业的高速成长。

⑤效益比较优势（主要用于选择战略优势产业）

依据加权的投入产出比率综合指标测算，山东经济增长效益和资本营运效率名列前茅的部门是：电力及蒸汽、热水生产和供应业、机械工业、交通运输设备制造业、电气机械及器材制造业、建筑业、食品加工及制造业。

⑥区域及经济发展前景的分析（主要用于选择战略优势产业）

山东位于环太平洋经济带，环太平洋经济带是全球经济最活跃的地带。山东位于中国东部沿海较发达的地区，地理环境优越，有着漫长的海岸线、优良的港口，丰富的石油、海洋资源及矿产资源，适宜的气候条件；从全国的经济发展趋势看，国内经济增长有"重心北移"的趋势，对拥有发展重化工业的煤炭、石油等资源优势的山东极为有利，环渤海地区的逐步崛起，山东有着直接受益的机会。

（2）三类产业的选择

从前面的相关分析中可以得出结论，总的来看，山东已进入了工业化中期阶段，处于工业化中期向工业化后期转变阶段，近十几年来，化工、冶金、机械等产业的发展表明，工业化进程基本遵循了工业化中期阶段的一般演进规律。山东的工业化中期发展已经历了 10 年左右，从经济发展的现状看，中期阶段的任务尚未完成，这一阶段也许还将再延续 10 年左右的时间，化工、机械等还将是我们重点发展的产业。部分发达国家的工业化进程中，工业化的中后期，三类产业部门主要是石油化工、钢铁、电力、机械制造、建筑业、汽车、耐用消费品工业、电子工业、信息基础产业等。根据现代发展经济学理论和国际经济发展的一般经验，当一个国家和地区经过以轻纺产业发展为主的工业化初级阶段，进入工业化中期阶段后，一般有一个 15 ~ 20 年的重化工业快速发展的时期，资金密集型的化工、冶金、汽车等行业为经济发展的先导，第三产业的发展也非常快，这一阶段在新兴工业化国家也称为经济起飞阶段。然后将进入以电子、信息产业为代表的技术密集型产业发展阶段，也称为后工业发展阶段。

但目前山东处于工业革命和信息革命、工业化和信息化的重叠之中，工业化的路尚未走完，又要迎接信息化的挑战。能否以最新科技革命的成果加速工业化进程，能否跟上世界经济信息化步伐，这将成为决定山东这一次经济结构战略性调整成败的重大因素之一。当今世界，任何国家或地区都不可能也没有必要再重走传统工业化的老路，信息化使得知识传播的速度加快，数量迅速膨胀，而成本却大幅下降，这就使我们有可能借助后发优势，把工业化与信息化有机地结合起来，信息化推动工业化，工业化支持信息化，改造传统产业与发展新兴产业并举，实现产业高新技术化、高新技术产业化，充分利用后发优势，积极消化、吸收世界工业化、信息化的优秀成果，争取实现生产力的跨越式发展，抓住缩短与发达国家差距的千载难逢的机遇。

综合以上比较分析，山东的支柱产业目前应是：食品加工及制造业、电力蒸汽热水的生产和供应业、机械设备制造业（包括普通机械制造业、专用设备制造业、交通运输设备制造业、电气机械及器材制造业、电子及通信设备制造业等）。主导产业可选择：机械工业、石油化学工业、电子信息及通信设备制品业、汽车制造业、建筑业。同时积极培育高新技术产业，作为信息化时代的主导产业。高新技术产业体现着最新的科技成果，是未来经济发展的战略制高点，其发展水平已成为评价一国或地区综合实力的重要标志。而战略优势产业目前可选择：机械工业、石油化学工业、食品加工及制造业、电气机械及器材制造业和电子及通信设备制造业，这与省政府确立的四大战略优势产业（农产品精深加工业、电子与电气产业、机械与装备制造业、石油与化学工业）基本相符。

4. 对所选几个主要产业的优势分析

由于以下几个产业既是支柱产业，又是主导产业，还是战略优势产业，故此作重点分析。

（1）机械工业

机械工业尤其是工业设备制造业是目前吸收各种技术成果最敏锐、最广泛的领域之一，其比重上升本身就意味着产业结构的高级化，因而发展机械工业是提高整个工业装备水平和技术水平、推动产业结构转换升级最重要的切入点。机械工业一直是山东省的一个重要产业部门，具备三类产业的一般特征如需求弹性高、需求规模大、产业关联度大、带动性强等，影响力系数1.155，感应度系数2.752，技术进步水平为14.56。机械工业同时也是山东省的重要出口创汇部门。

加入 WTO，山东省机械工业面临巨大挑战，一些发达国家具有绝对优势的机械产品很快会占去我们相当的市场份额，我们要正视山东省机械工业存在的生产集中度低、规模效益差、产品品种小、技术含量低、质量不稳定、技术装备水平低、开发能力弱等问题。我们要积极把握好世界机械工业的发展趋势：节能、高效、可靠、环保、自动化和智能化。利用信息技术来改造我们的机械工业，提高科技含量，促进机械工业的产业升级，使其真正成为为国民经济各部门提供现代生产手段的主要部门。

（2）石油化工

石油化工一直是山东省的传统产业部门，产值大、利润高，对山东省的经济影响也比较大。影响力系数和感应度系数都超过社会平均水平，分别为 1.104 和 2.627，技术进步也达较高水平，为 9.89。山东省位于祖国的东端，有着丰富的地上和海下石油资源和海洋资源，发展化学工业有着得天独厚的条件。

山东省石油化工虽然具有较好的物质基础和良好的发展前景，但与国际先进水平尚有一定的差距。加入 WTO，山东省石化工业同样面临严峻挑战，"入世"后纯碱、无机盐、胶鞋、低档染料等产品，由于具有资源优势和劳动力成本优势，出口将会增加；石化、化肥、轮胎、合成树脂等一直受到资金和技术的制约，由于我国石油开采成本较高，入世后国家虽采取一定措施，在一定程度上不会由于同类产品进口立即造成对石油生产的巨大冲击。但从长远看，外商具有资本、技术优势，胜利油田、齐鲁石化将会受到巨大影响。农药及染料多为仿制的老产品，无法与国外高效低毒的新产品竞争，必须加快自主开发享有知识产权的产品能力。

（3）电子信息及通信设备制造业

电子信息及通信设备制造影响力系数为 1.198，技术进步水平为 11.23，需求弹性系数位居前茅，是当代高技术产业群中最活跃、渗透力最强的产业，是以现代技术为基础的新兴产业。随着数字信息技术的发展。电子工业已在国民经济技术进步中起到支撑和主导作用，其技术进步速度远远超过其他部门。加之电子技术与各产业发展的关系十分密切，对推动整个工业产品不断更新换代、降低能源消耗和生产成本、提高产品性能、实现工业结构的高级化具有重大意义。

近十年来，美国汽车工业充分利用计算机、电子信息等技术，进行技术更新，使美国汽车业的竞争力又登全球榜首，电子系统现在可以占到一辆高级轿车总成本的 70%，普通轿车的三分之一。发展电子工业，加强对传统产业的技术改造，是解决当前我国产业结构升级中技术瓶颈的根本之所在。

目前，山东省电子产品已具有一定技术物质基础，家用电器目前已经发展到了一定规模，家用电器已形成一批国内龙头产业如：电冰箱行业的海尔集团和青岛澳柯玛集团；家用洗衣机行业的小鸭集团、海尔集团；空调器行业的海尔集团和海信集团；家用电脑行业的浪潮集团、海信集团和海尔集团。在国内外市场上占有一席之地，具有较强的竞争力，具备了在市场上同国内外产品进行竞争的实力，将耐用消费品培植成山东省主导产业和战略优势产业，具有现实可行的物质技术基础条件，加入 WTO 对山东省的家电行业产生了巨大的机遇，有利于扩大出口，扩大国际市场份额。

对于通信设备制造业，随着全国性信息基础设施建设的全面展开，传统产业的信息化改造和新兴服务产业的崛起，电话通信和数据通信在城乡的普及，数字光缆传输、数字微波和卫星通信具有广阔的市场前景。目前，关键要搞好高新技术产品的开发和升级换代，结合信息化的要求，提高山东省通信产品的竞争力。

5. 发展三类产业应注意的几个问题

（1）发展三类产业，必须改善宏观经济调控环境，以市场为导向，使市场真正对资源配置起基础作用，把政府对国有资产的所有者职能和对经济的管理职能区分开来，尽量减少对企业经营活动的干预，充分运用经济手段、法律手段，来调控山东省经济的运行。政府主要立足于战略的角度，对优化经济结构和发展三类产业，制定政策性的、导向性的措施，充分发挥市场的作用，增强宏观调控的艺术性。

（2）建立多元化、多层次、多渠道的投融资体系，保证发展三类产业资金需求。按照"企业自主决策、银行独立审贷、政府宏观调控、发展资本市场、完善服务体系"的改革目标，建立起适应社会主义市场经济体系的融资体系，政府发挥投资导向作用，引导社会各种资金投向。

（3）加大对三类产业的投资力度，优化投资结构，增加投资效益。

产业结构的战略性调整、升级、优化，其中一个重要的前提是投资结构的调整、优化。围绕结构调整，以市场为导向，以促进三类产业发展、产业结构升级为目标，合理分配和引导资金流向，加大对三类产业的扶持力度，使其尽快形成龙头产业，并带动存量资产的调整，形成规模优势。

（4）加强社会保障体系的建设，解决企业和职工的后顾之忧。社会保障水平要与经济发展水平相适应，这是社会发展的客观要求。目前，山东省的社会保障机制虽取得了较大发展，但与社会发展的客观要求很不适应，保障资金的预筹积累机制、管理机制还很不完善，下岗再就业机制、养老保险机制、医疗保障机制等还在积极的运作当中，企业和职工的后顾之忧尚未根本解除。因此，必须加强社会保障体系的建设，减轻企业的负担，解除职工的后顾之忧，使山东省企业运行有一个良好的社会经济环境。

另外，发展三类产业要与国有企业发展、国有资本重组结合起来，以资本为纽带，建立跨地区、跨部门、跨所有制、跨国经营的大集团；要与科技进步结合起来，以高新技术促进三类产业的发展；要切实加强人才建设，要树立以人为本的思想，因为经济的发展归根到底靠人才；要切实减轻企业负担，坚决禁止向企业乱摊派和收取不合理的费用。

三类产业是产业结构的重要组成部分，代表着产业升级的方向，三类产业的发展必将带动经济结构的调整、优化，对国民经济整体素质的提高产生重大影响，有助于充分利用后发优势，建设"大而强、富而美"的新山东。

第七章　服务业发展比较

服务业或第三产业既是引导产业结构升级的内生变量，也是经济发展的趋势导向。正确认识并大力发展服务业，对增加就业、扩大内需、增加财源，促进山东经济持续健康发展，全面建设小康社会具有最要意义。

一　服务业发展的综合比较

1. 总量小，比承低，贡献率低，潜力大

2002 年，山东第三产业占 GDP 的比重为 36.5%，比 1995 年的 32.4% 上升了 4.1 个百分点，但仍比江苏、广东、浙江的 37.3%、41.06% 和 39.96% 分别低 0.80、4.56 和 3.46 个百分点。如果按照山东目前平均每年增长 0.2 个百分点的速度计算，要赶上苏、粤、浙三省目前的水平，那么分别大约需要 4 年、23 年和 17 年的时间。当然，在工业化发展到一定程度后，服务业的发展有一个快速增长期，苏、粤、浙三省目前的状况正是这一过程的具体反映。根据山东省的情况，第三产业必将有一个快速发展期，那么，山东省赶上其他三省的时间要比上述预期缩短许多。从国际上看，服务业占 GDP 的比重，目前绝大部分发达国家为 60% ~ 80%，大部分发展中国家也接近 40%。2001 年，山东省第三产业对 GDP 的贡献率为 37.7%，低于江苏的 39.6%、广东的 42.8% 和浙江的 39.7%。因此，目前山东省服务业发展的比重偏低，发展的潜力依然巨大。

2. 投资力度明显加大，但投资与效益不同步

山东的投资结构与 5 年前的 1996 年相比，其变化有如下特点：一是

对第三产业投资额增长较快，投资总量由 1996 年的 637 亿元猛增到 1361 亿元，增加了 724 亿元，仅次于浙江的 852 亿元。5 年间增长 113.66%，高于江苏的 56.82%、广东的 56.10% 和浙江的 88.86%。二是对金融、保险业和房地产业的投资增长速度高于苏、粤、浙的水平，也高于全国平均水平。1996~2001 年间，山东对金融、保险业的投资上升了 6.17 个百分点，江苏、广东和浙江分别上升了 2.76、4.96 个百分点；三是在与江苏、广东、浙江的比较中，第三产业投资占全社会投资的比重，由 1996 年时的最低上升为基本接近，并且超过了浙江的比重。

尽管如此，山东第三产业产值（投资效益）的增长慢于投资额的增长。1995~2002 七年间山东第三产业产值年平均增长 11.36%，低于江苏的 12.08% 和浙江的 11.38%。由于广东省第三产业的快速发展期在 1995 年以前就已实现，因此，与苏、粤、浙等较发达的省份相比，山东第三产业产值增长速度较慢，特别是由于对金融保险业和房地产业的大量投资比较晚，投资效益还没有显现，因此其增长幅度明显偏低。其中金融保险业比江苏、广东、浙江分别低 1.69、1.08 个百分点和 2.98 个百分点。房地产业比江苏、广东、浙江分别低 5.13、1.25 个百分点和 6.41 个百分点。

3. 投资差距在缩小，投资总量偏低

虽然山东第三产业投资增长较快，占全社会投资的比重不断上升，但与江苏、广东、浙江三省相比，投资总量仍然偏低。从绝对数看，1996 年，山东第三产业投资 637.1 亿元，低于江苏的 1004 亿元、广东的 1597 亿元和浙江的 958.3 亿元，山东第三产业投资分别只是上述三省的 63.46%、39.89% 和 66.48%。到 2001 年，山东第三产业投资为 1361 亿元，低于江苏的 1575 亿元、广东的 2494 亿元和浙江的 1810 亿元，分别达到上述三省的 86.41%、54.57% 和 75.19%。从相对数看，1996 年，第三产业占全社会投资额的比重，山东为 29.42%，分别比苏、粤、浙低 4.43、10.91 个百分点和 7.87 个百分点，也比全国平均低 6.46 个百分点。2001 年，服务业占全社会投资额的比重，山东为 48.81%，分别比苏、粤低 6.98 个百分点和 22.75 个百分点，比浙江高 9.84 个百分点，但仍比全国平均低 14.83 个百分点。可见，山东与其他三省相比，投资额及其所占比重的差距都在缩小，但仍存在不小的距离，值得我们注意。

4. 产业内部投资结构尚欠合理

与全国平均水平和相关省份的比较可以看出，2001 年山东在第三产业的投资结构趋于合理，如对教育、文化艺术及广播电影电视业务投资要高于其他三省，但仍低于全国平均水平。对科学研究和综合技术服务业，地质勘查业、水利管理业的投资高于其他三省，也高于全国平均水平，这是值得肯定的。但是，从对新兴行业的投资来看，山东还有一定差距，如对房地产业、金融、保险业和社会服务业的投资仍然偏低。由于历史的原因，山东对传统行业的投资一直偏高，如在服务业总投资中，商业，国家机关、政党机关和社会团体的投资占 18.88%，比江苏、广东和浙江分别高 1.38、7.16 个百分点和 4.7 个百分点，比全国平均水平高 4.17 个百分点。国家机关、政党机关和社会团体人员大部分在吃财政饭，这部分人员过多，不符合市场经济发展的一般规律，是不合理的。尽管近年来山东服务业投资明显加快，但从总量来看，在四省中仍是最少的，也低于全国平均水平，当然，这与山东是农业大省，对农业的投资要高于其他三省等因素的影响有关。从一定意义上说，对新兴行业的投资是决定产业结构调整的关键因素，对产业结构的发展变化具有很强的导向作用，因此，山东仍应继续调整投资结构，进而从根本上调整产业布局，从而使产业结构更趋合理。

二　主要服务业行业比较

1. 房地产业发展比较

房地产投资总量扩张明显，增势强劲。"九五"时期，山东房地产开发投资 737.7 亿元，是"八五"时期的 2 倍，平均每年增长 13%，特别是在住房制度改革的推动下，山东房地产开发建设于 1998 年开始驶入快车道，当年投资增速达到 22.4%；到 2001 年房地产开发总量达到 297.35 亿元，创我省历史最好水平，增速达到 33.2%。山东房地产业呈现出"总量扩张明显，增势强劲"的良好发展势头。但是，与有关省份相比，山东房地产投资主要存在以下差距：

（1）房地产开发总量的差距较大。1995 年，山东房地产投资总量为

120.8 亿元，在全国处于第 7 位，而同期广东、江苏、浙江的投资量分别达 562.02 亿元、240.85 亿元和 246.26 亿元，分别为山东的 4.7 倍、2.0 倍、2.0 倍。从 1996 年开始，差距稍有缩小，到 2001 年，山东省房地产投资总量达 297.35 亿元，在全国上升为第 6 位，而同期广东、江苏、浙江的投资量分别达 972.34 亿元、414.36 亿元和 544.91 亿元，分别为山东的 3.3 倍、1.4 倍、1.8 倍。山东与各省人均可支配收入的差距，造成了城镇居民的购买力不足，再加之山东房改步伐较慢，从而使房地产产品销售差距拉大。2001 年，山东商品房的销售额为 204.45 亿元，而广东、上海、江苏、浙江分别是山东省的 3.7 倍、3.4 倍、1.7 倍、1.8 倍。

（2）房地产开发总量占全部投资的比重较小。山东房地产投资占全社会投资的比重基本在 6% ~11% 之间，与国际通常 20% ~30% 相比，比重较低；与国内其他省市相比，也有一定的差距。1995 年，山东房地产投资总量占全社会投资的比重为 9.1%，比全国平均数的 15.7%、广东的 24.3%、江苏的 13.6% 和浙江的 16.6% 分别低 6.6、15.1、4.5 和 7.5 个百分点。1997 年后，山东房地产投资总量占全社会投资的比重有所上升，到 2001 年达到 10.6%，但仍比全国平均数的 17.0%、广东的 27.9%、江苏的 14.7% 和浙江的 19.2% 分别低 6.5、17.3、4.1 个和 8.6 个百分点。

（3）外资及股票、债券的筹集差距很大。从房地产开发投资资金到位构成看，绝大部分是国内贷款、定金及预付款、自筹资金，而利用外资和股票的比重很少。2001 年，山东省利用外资总额仅为 2.71 亿元，比重为 0.7%，而同期广东、上海、江苏、浙江分别为山东省的 13.2 倍、9.4 倍、2.4 倍、0.6 倍。目前，全国房地产上市企业达 42 家，而山东省至今为零。

2. 旅游事业发展比较

旅游业蛋糕越做越大，刺激了经济增长。1996 年以来，山东旅游事业呈稳步发展势头，省内旅行社总数由 1996 年的 4252 个发展到 2001 年的 10532 个，增加 1.47 倍；旅行社职工人数由 1996 年的 8.76 万人增加到 2001 年的 19.24 万人，增加 1.2 倍；接待国内外游客越来越多，旅游总收入由 1996 年的 1740.38 亿元增长到 2001 年的 3700.28 亿元，5 年间增长了 1 倍多。旅游业的发展，有效地刺激了经济的发展。

山东是人口大省，与苏、粤、浙相比，山东旅游业不仅总量少、规模小，而且人均数据更小。从外汇收入看，山东 2001 年为 3.82 亿元，分别只有江苏、广东、浙江的 46.47%、8.52% 和 54.65%，这与山东人口大省和经济大省的地位极不相称。从发展速度看，1990 年至 2001 年的 11 年间，山东增长 9.6 倍，江苏、广东和浙江分别增长了 10.6 倍、5.3 倍和 11.9 倍。因此，山东仍可以通过大力发展旅游业来促进经济的增长。事实上，由于经济条件的限制，山东旅游接待的条件也有一定差距，如从星级饭店个数来看，2001 年，山东为 342 个，而江苏、广东和浙江分别为 565 个、640 个和 610 个，山东的数量少，规模小，影响和制约了旅游业的大力发展。各地区接待国际旅游人数，2001 年山东为 82.87 万人次，分别是江苏、广东和浙江的 45.11%、6.41% 和 56.41%。因此，山东旅游业发展的潜力仍然巨大，对经济增长的贡献可以更多。

3. 出口贸易比较

"九五"以来，山东出口贸易虽然受到亚洲金融危机、美国"9·11"事件的冲击，发展速度出现了剧烈波动，但从总体来看，山东对外贸易保持了较好的发展势头，以年均 14.2% 的速度增长，超过全国平均水平 4 个百分点，所占全国比重也由 1995 年的 5.5% 提高到 2001 年的 6.8%。

从总量上看，除 1995 年、1996 年和 1997 年山东的数量比浙江稍高以外，其他年份均是低于其他两省。2001 年，山东的贸易出口为 181.3 亿美元，分别只有江苏、广东和浙江的 62.78%、19.0% 和 78.89%。特别是由原来的比浙江多变为少，这是值得深思的。与其他三省的差距越来越大。从速度上看，1995~2001 年间，山东的发展速度为 2.2 倍，而江苏、广东和浙江分别达到 2.95 倍、1.68 倍和 2.99 倍。因此，大力发展贸易出口，促进山东经济快速增长，也是发展经济的重要战略措施之一。

4. 教育科技发展比较

根据 2001 年资料，山东研究生招生人数为 5231 人，分别是江苏、广东和浙江的 39.29%、73.10% 和 98.66%。山东是人口大省，如果从每十万人招生数据看就更低；普通高校和成人高校招生虽然总量不是最低，但每十万人拥有数量仍是最低。

招收和培养高层次学历人才能力大小，不仅直接反映服务业发展状况，而且反映了这个地区的发展后劲。从四省比较看，山东的人口最多，具有初中和高中文化的人口也最多，基础教育成果明显，但是由于高等院校和研究生学历招生的数量少、规模偏小，当地高校的规模效益不能很好地发挥。一般来讲，一个地区高层次人员的多少，除了受当地经济、社会环境、人文地理环境的影响，还与研究生、博士生等高学历基地能否吸引人才有关。在这方面，山东高校的优势还远远没有发挥出来。

山东科技投入也明显不足。据统计，2001 年，山东科技经费支出为 18.57 亿元，分别是江苏、广东的 24.54 亿元、27.35 亿元的 75.67%、67.90%。R&D 支出占 GDP 的比重为 0.65%，低于江苏的 0.97% 和广东的 1.29%。科技活动人员、科学家工程师数量也明显偏低，科技转化为生产力的能力相对不足，这也制约了山东经济的快速发展。

三 制约山东服务产业发展的障碍分析

1. 从需求角度看发展的制约因素

服务业的发展是在产品有了剩余的基础上发展起来的。这里的剩余就个人来讲，是指有钱和有闲。人们有了钱和时间才能对生活服务的服务业有需求，从这一点来讲，山东存有以下障碍：

一是旧思想包袱太沉重。（1）旧文化的影响太深。我们的文化底蕴是"重义轻利、重农抑商"，这给人们在生活行为方式上形成强约束。而江浙一带的则不同，以温州的永嘉学派为代表提倡的是"义利并重、工商皆本"，这两种不同的思想对第三产业的发展产生了前者抑制、后者促进的不同结果。（2）资源大省的包袱。资源本来是发展的条件，但在旧思想的约束下，就成为影响经济发展的桎梏。在现实中有这样一种现象，不管是在世界上，还是在国内，大凡资源少的国家或地区，在市场经济条件下，经济发展都快。如日本、浙江等。原因首先"穷则思变"，带来创新的动力；其次流动，"流水不腐，户枢不蠹"，易接受新事物；最后促进提高技术水平和服务水平。这三点与市场经济发展的要求可谓一脉相通，而山东是资源大省，使人们形成了"靠山吃山，靠海吃海"的思维定式，第三产业发展就受到影响。（3）需求和消费观念落后。攒钱过日子，服务消费被认为是奢侈等。这些旧思想的存在都不利于第三产业的发展。

二是农业大省的制约。服务业的发展在一定意义上是以城市化为基础的。城市规模大，可以产生多样化的需求，导致分工细化，高附加值的新兴服务业也可以发展起来。山东农村人口占总人口的比重大大高于苏、粤、浙，也高于全国平均水平，到2001年底，山东省按实际居住地划分的农村人口占总人口的比重达62.3%。这种较低的城市化水平是第三产业发展的重大制约。这就是说，山东第三产业的规模和结构，是由长期以来的低城市化水平这一特殊省情决定的。

三是收入水平较低的限制。改革开放以来，随着国民经济的高速发展，城乡居民生活80年代实现了从贫困到温饱的转变，90年代实现了从温饱到小康的跨越。但总体上我国人均收入水平较低，目前人均GDP尚不足1000美元，山东人均GDP为1267美元，这属于下中等收入国家地区的平均收入水平。2001年，山东城镇居民人均可支配性收入7101.08元，而广东、上海、江苏、浙江分别为10415.19元、12883.46元、7375.10元和10464.67元，分别是山东省的1.5倍、1.8倍、1.04倍和1.5倍。山东省农村居民家庭人均纯收入2001年刚达到2084.51元（全国居第八位）。人均可支配收入的差距，造成了城镇居民的购买力不足。受收入水平的限制，城乡居民消费以工农业产品特别是家庭生活用品为主，对娱乐、休闲服务业的需求有限。就农村居民来讲，由于生活方式和收入水平的限制，对服务业几乎没有需求。许多偏远山区的农民一辈子没到过县城，没见过飞机，也没坐过火车。也就是说，目前山东省服务业的发展主要是为满足占总人口不足40%的城镇居民的需要。

四是生活习俗的制约。我国北方有史以来的生活习俗就是"日出而作，日落而息"，在经济发展的今天仍延续着。在工作时间上，我们存在着加班加点、不计报酬的优良传统。甚至在工作之外，不能做一些与本职工作不相关的工作。在沿海的其他省份早已打破了这一计划经济条件下的工作习性。浙江等地的党政工作人员业余时间到私营企业去兼职，他们既增加了收入，同时也为私营企业在信息、政策、中介等方面提供了服务，促进了当地私营企业的发展，进而也推动了当地整个经济的发展。还有，山东省传统的自给自足经济，养成了靠自己来满足需要和需求的习惯，缺乏扩大服务消费的社会氛围。

五是传统工业、国有企业比重大的制约。从生产需求来看，山东传统产业比重大，产品科技含量低，重工业比重大，国有企业比重大，也制约了第三产业的发展。据统计资料分析，2001 年山东第二产业的增加值相当于上海、江苏、广东、浙江的 197%、95%、88% 和 135%，但主要来源于工业的增值税仅相当于上述四省市的 90%、76%、58% 和 98%；这种现实说明了山东第二产业的链条短，链条短意味着服务业介入得少；山东第三产业的增加值相当于上海、江苏、广东、浙江的 136%、97%、81% 和 133%，但来自第三产业的营业税仅相当于上述四省市的 48%、85%、29% 和 91%。这说明山东现有的服务业的发展是微利的，在这种情况下，第三产业难以起到吸纳劳动力的作用。

六是许多服务项目价格高、质量低，抑制了消费的增长。山东第三产业的许多服务项目不仅质量低，而且价格高，这对扩大消费是很不利的。相比之下，上海的饮食服务不仅门类齐全，而且质优价廉。广州的休闲娱乐业不仅发达，而且价低。许多新兴服务业项目我省价格也偏高，这都影响了消费的增长。

七是制度上对服务业产生了抑制。比如说职务灰箱消费。按理处在某一特定职务的公务人员在履行公务时，确需要一定消费，无可厚非。但人们往往假公济私，而且有一部分经费，只能用于吃饭、住宿、交通等方面，这样促进了一部分产业，同样也抑制了一部分产业。工作时间和休假制度也不利于消费的扩大。

2. 从供给角度看发展的制约因素

一是服务的产业意识淡薄。在绝大多数工农业产品长期供不应求的市场环境下，企业形成了重生产轻服务的观念。市场环境变化以后，市场竞争激烈，利润下降，但多数企业尚没有把服务业作为企业发展的新增长点加以重点培育。这一点与发达国家的企业存在明显差异。以通用电气公司为例，去年，这家工业巨头的大部分收入都来自金融服务部门。正因如此，无论是《财富》还是《福布斯》，都把通用电气归为服务业。山东省各地普遍存在服务是"公益型、福利型"事业的观念，服务业的许多领域被当作非生产活动，可以商业化经营的领域，被当作公益型、福利型的事业，导致政企不分、政事不分、营利性机构和非营利性机构不分。对教科文卫体过于看重其公益性，对广电通信过于看重其意识形态功能，对卫生医疗、公用事业、城市交通、住宅过于看重其社会福利性，对金融等过于看重其需要政府管理的功能。观念上的落后，必然导致服务业过于依赖政府。在人们的从业观念中，看不起服务业，或者有偏见。一些部门，如城建、工商、公安，有时对服务业也另眼相看，管理和执法中服务少，限制多，管理严、乱执法较为普遍。

二是存在垄断行为，市场化程度低。在第三产业的主要领域，如银行、保险、教育、医疗、保健、交通、通信等行业，政府出于经济安全、行业规范、行业管理等多种考虑，往往设置种种进入障碍，或限制外资企业进入，或限制非国有企业进入，有些领域甚至其他行业的国有企业也难以进入。其结果是国有垄断企业的既得利益得到保护，在没有竞争压力的情况下行业发展的活力与动力丧失，导致供给能力扩张不能满足需求。除直接垄断以外，通过国有企业间接垄断较为普遍。长期以来不把服务业当成实体，生产和生活服务业都放在企业内，这为企业提供了保护伞。这是导致服务业的有限供给、低质量、低效率和高价格的重要原因。

三是改革、开放步伐相对缓慢，社会专业化程度低。国有企业改革相对缓慢，直接约束了山东服务业的发展。据省财政厅资料，在资产存在方式上，以独资企业方式存在的国有资产仍占很大比例。2001年山东在7807户企业中，国有独资企业有5435户，占总数的70%，在其余30%国有企业中，国有资产也大都居于绝对控股的状态。而且大量国有资产至今仍存在于非公司制企业中。截至2001年底，仍有3351户企业还未进行公司制改造，占企业总数的43%。而国有企业一个明显的特征，就是"大而全""小而全"，企业的一些附属服务不能剥离成社会化的服务，直接影响了服务业的发展。

四是缺乏竞争和自我发展机制，规模和效益不高。由于直接垄断和间接垄断的存在，有些市场中介机构仍依附于政府部门，有些服务业价格收费仍由物价部门管制，市场准入限制多，管理严，竞争就不充分，自我发展机制就不健全，影响了服务业提高效益，增强竞争力和强化整体素质。

五是投资单一，服务项目缺少开发。由于服务业投资主体主要是国有经济，民营经济介入得晚，强度不够，导致许多项目开发不够。我们都知道犹太人经商只挣占人口 28% 有钱人的钱，就是这部分人我们的服务开发也不够。一个企业家曾说过，我现在不知道想买什么，我也不知道到哪里去玩。这一方面说明供给不足；另一方面说明供给的质量和名气不够。服务业的品牌、促销不及发达省市。而大众化的服务业也存在缺陷，适合大众消费的项目一方面少；另一方面水平低，如餐饮卫生较差，路边店不规范等等。

六是生活环境较差。从生活空间来说，以济南为例，晴天一身灰，雨天一身泥。面对这样的生活环境，人们即便有时间也不愿出来休闲，同时，也可能给旅游者留下不好的印象。从城市建设来看，济南缺少休闲空间，一些居民小区公共活动场所被挤占，而且照明条件也不好。从一些服务业本身来看，缺少服务意识，基础设施不完善。如公共汽车的运营时间较短，商场、银行、餐饮业、娱乐场所关门时间较早。服务方式唯一，缺乏应急手段（如银行出现微机短路，营业就要停止），甚至在这样的服务设施条件下，一些方便人们生活的设施被另作他用，如厕所成为弹棉花的场所等。

七是人才缺乏，流失较为严重。我们山东人有自己的特点，很多方面不利于服务业的发展。劳动技能低是一个方面；另一方面是与市场经济不太融合。如爱面子，脾气大，不细腻、不圆滑，做生意不愿出远门，脏活累活怕丢人。讲应酬、好复杂，不计效益和效率。除山东人的自身特点外，政府抓职业教育、素质培养也落后于服务业的发展。高素质的人才既缺乏，又存在人不能尽其才的现象。一些城市不允许有专业技能的大中专学生落户，使各城市之间人才供给不平衡。山东人才流失也很严重。"九五"期间各级各类专业技术人才流失年均递增 9.3%。山东大学（新山大）共引进具有硕士学位以上高层次人才 71 名，流失 228 人，流失达同期引进的 3 倍还多。

八是对先进科技手段和管理方式的运用不够。山东政府各部门的网站能够提供给社会的信息量相对于沿海其他省市显得不足，山东的一些信息的传播，在一定意义上仍采取传统的传播方式，像印小册子、其他宣传品等，钱花了，但作用却不大。甚至有可能影响整个经济的发展。比如，作为一个外商，到我省投资，急需知道的是客户、竞争对手情况，进行市场分析，可是我们网上很少有关于全省的投资项目的这部分资料，其他省有这方面的资料，外商有可能到其他省去投资。

九是缺少制度创新，吸引力减弱。制度安排是随时代变迁而变迁的。改革就是制度变迁。谁变革的快，谁受益大。谁变革的慢，谁受益就小。山东变革慢，正呈现出凝聚力减弱，吸引力小的趋势。比如一些企业总部已经迁移或准备迁移到上海和北京或其他省份（中建八局、浪潮）。同时，外企来山东投资或发展也慢于其他省市。沃尔玛进入济南是国内第30家连锁企业。其他国际大企业也有这种现象。许多是排在20位以后，这与山东的地位很不相称。

四 加快发展山东第三产业的思路及对策

根据中共山东省委工作会议精神和山东省"十五"发展规划的指导，结合服务业发展的规律和山东经济发展的实际，山东省服务业的发展思路应该是：把握周边国家产业结构转换和我国加入 WTO 后服务业发展的机遇，结合山东经济发展的特点和服务资源的优势，从大处着眼，小处做起，以"深化改革、放宽政策、提升改造、优化环境"为着力点，以城市信息化建设为依托，以信息、住宅、社区服务、非义务教育培训、旅游、电子商务、中介、文化产业为重点，兼顾传统服务业，按照"市场化、产业化、品牌化、规模化、国际化"的方向和途径，实现服务业的跨越式发展，其目标力争到 2010 年使山东形成体系完整、布局合理、品牌众多、手段先进、辐射面广、外向度高的现代制造服务业基地。

1. 正确认识新兴服务业，树立大服务观念

在现实中，一谈到发展第三产业（服务业），就认为是发展商业、餐饮业，建市场，结果有场无市，或者是，发展服务业是为了解决就业或者安排下岗职工问题，固然服务业是今后吸纳劳动力的主要产业，但随着经济的发展，服务业绝不是吸纳低素质劳动力的筐。比如我们上面提到的第二、第三层次服务业的内容，属知识密集型行业，它需要受到一定教育、有一定技能的高素质劳动力。再有一个指导思想就是发展服务业是为了调整产业结构比例，为数字而数字，或者是为产值而产值等等，都对服务业

内涵认识有失偏颇。我们认为，服务业是整个经济发展的链条，产业间的黏合剂。所以发展服务业，树立以下观念：

一是根据社会发展和山东实际，摒弃资源优势大省观念，树立市场观念、需求观念，来确定服务业的发展。

二是树立整合的大服务观念。现代服务业不是孤立的一个新兴产业，它与工业、农业之间高度融合，用一篮子鸡蛋的比喻是再好不过了。美国的IBM（国际商用机器公司）最早是造机器的，但它现在说我不是制造业企业，我是一个服务业企业。还有一个例子，美国有一个专门做打洞机的企业，人家认为它是生产打洞机的，但它的老板却说，它们是提供打印服务的企业。这种说法更高明，因为如果认为你是生产打洞机的，那么你关注的竞争对手也是打洞机生产企业，但事实上顾客并不一定要打洞机，它关心的是如何打洞。因此，现代服务业不是一个单一产业，而是对其他产业进行整合的产业。

三是服务创新观念。发展现代服务业，现在已经很难有什么国家的特殊政策，到2006年，中国入世承诺全部兑现，已经很难有什么特殊政策。我们省要做的就是领风气之先，敢作敢为，大胆创新，科学求证，而不是等别人告诉你，你可以做什么，别人不可以做什么。比如在金融领域，2008年的世界，国际金融服务会有哪些趋势和方向，我们就是要让思维跳跃到那一刻，把那些趋势和方向变成2008年的现实。比如，到2008年，能不能在奥运会上实现一卡通，拿着一张卡，可以去五星级的酒店，也可以去上收费的其他场所？这就是创新。现在就可以开始做起来。

2. 深化国有企业改革，提高服务业供给能力

深化国有企业改革，使国有资本退出竞争领域，是为了还市场经济条件下国有资产的本色，真正发挥国有资产在市场条件约束下的职能，即进入私人不愿干、或者干不了的领域，协调经济社会的发展。更为重要的是建立起一个完善的新体制，为服务业发展提供有效条件。国有资产退出，对服务业发展的促进至少表现在以下几个方面：

一是国有企业退休人员将由"单位人"转化为"社会人"。职工在办离退休手续后，其管理服务工作与原单位相分离，养老金实行社会化发

放，人员由街道、乡镇和社区管理，并由社区服务组织提供相应的服务。目前我省企业退休人员有 160 多万，实行社会化管理服务的人数为 50.6 万人，社会化管理率为 31.3%，远低于全国平均水平 54.2%，今年年底达到 85%。这不仅推进社区服务业，而且将推进与之相关保险业、医疗卫生、文化、体育健身等行业的发展。

二是国有企业下岗职工将得到基本保障。他们是改革中利益受损最多的群体。为使他们减少损失，接纳国有企业的单位将为下岗职工提供必要的保障，或是由政府提供相应的生活保障，这有利于我国社会保障体系的完善。

三是国有企业的退出过程中，采取市场化运作，有利于中介、租赁、金融等市场的形成，进而使山东省市场经济体制得到完善。

3. 科学选择重点，分步骤有效推动。服务业涵盖广泛，且内涵不断发生变化。对不同类型的服务业，应该有不同策略

对在计划经济条件下就已存在的传统服务业（商业、餐饮、交通、旅馆等），山东省已有了较为成功的经验，今后要做的是，根据市场经济发展要求，对既有条例进行清理和修正，促进传统服务业进行改造，同时引导商业进行功能结构、网点结构和经营业态调整，重点发展适应城市要求、增强辐射功能的商业和提高居民生活品质的服务业。制定实施有关规定（ISO 9000 质量标准，ISO 14000 环境质量体系）措施，保证服务质量提高，向国际化标准看齐。

对我国改革过程中才出现的现代服务业（如银行、证券、信托、保险、基金、租赁、律师业和休闲服务业等）和由信息技术推动成长的新兴知识密集型服务业（如综合物流、电子商务、互联网通信等）的推动，一方面可以学习国外的成功经验；另一方面加强研究。

我们认为，今后重点发展信息、科技、会计、咨询、法律服务等行业，带动服务业整体水平提高。积极发展新兴服务业，主要是需求潜力大的 IT 服务、房地产、物业管理、旅游、社区服务、教育培训、文化体育等行业，形成新的经济增长点。当前应着手抓的是住宅、社区服务、电子商务、非义务教育培训、信息、旅游、物流、文化产业等行业。理由是：

（1）山东是一个农业大省，大量农村劳动力需要从农业中有效转移出来，根据山东 2010 年要实现城市化水平达到 50% 的目标来计算，每年需要转移农村人口 140 万～150 万人，以山东 139 个县市区计，平均每年每个县市区需转移农村人口 1.1 万以上。再加之我国城镇居民在"十五"期间人均住宅建筑面积达 23 平方米，农村住宅中砖混结构比重提高到 80% 。（世界各国的经验表明，在人均住房面积达到 30～35 平方米之前，会保持比较旺盛的住房需要），这将刺激住宅业和消费市场的发展。住宅业的发展前向带动建筑、建材、钢铁、水泥、评估等行业，后向带动社区服务业等的发展，现在房地产界流行一句话：昨天的客户买房子，今天的客户买绿化，明天的客户买文化。将住宅与文化相结合，营造良好的社区文化气氛正成为住宅业发展的新潮流。

（2）教育培训产业更是前景广阔，比如农村劳动力的转移，再就业等都需要接受教育培训。再如我国房地产市场不断开放与成熟，吸引着大批国际投资者的目光，但缺少相应的高素质房地产投资人才已成为国外房地产投资进入中国市场的"瓶颈"。为此，对外经贸大学引进美国注册商业投资师 CCIM 资格认证教育课程，就备受中高层房地产经理人的欢迎。随着中国加入 WTO，各种与国际接轨的洋证书培训认证将越来越热，由此带来巨大的市场商机。

（3）文化产业要与人们消费水平呼应。信息产业、物流、旅游等也要加快发展。

4. 积极鼓励具有一定专业知识的人才创办产业实体

目前山东省服务业从业人员中，国家机关、政党机关和社会团体占了较大比重。这部分人员大多有一定专业知识和经验，其中也不乏有经营管理才能的"能人"，只是由于思想观念或外在创业环境条件等原因而不能解放出来。这部分人员在机关中是人才的浪费，如果给他们创造一定的优惠条件，按照"三个有利于"的原则，鼓励其到社会上去创办实体，不仅能分流部分人员，减轻财政负担，而且能大大提升第二、三产业管理人员的文化素质和经营管理素质，提高第二、三产业的持续快速发展能力，促进产业结构向高层次转化。

5. 近期抓好几项具体工作，创造服务业发展的优良环境

一是在思想上，应树立市场化运作观念，建立"阳光政府"。比如济南市经十路拓宽工程采取市场化运作，就取得了好的效果。经十路的不同地段拆迁房屋实现了不同价格，在一定意义上实现了"以质论价"，减少了纠纷，政府省心，群众满意，而且发展了中介服务业。二是加强大众化服务的基础配套建设。比如关于马路市场的问题。马路市场不光取缔，而是规范和疏导。马路市场的基础建设，应与城市建设、居民休闲结合起来，同时又要方便生活，与居民的需求结合起来，不管是商业街、小吃街，还是步行街，不结合就不会火起来。三是延长公交车和银行、餐饮业、娱乐服务的时间。四是通过立法惩治生活陋习，提高餐饮业卫生质量。五是鼓励个性化或是"人性化"服务，比如当前出现的"月嫂"、陪练等。六是全面提升信息服务业的地位基础上，发挥政务信息网的示范作用，争取在短时间内建成"电子政府"，实现政府各部门政策性和公益性信息全部上网。

第八章 对外经济发展比较

一 山东与苏沪浙粤对外经济发展比较研究的意义

在经济全球化不断推进的背景下，经过 30 多年的改革开放，我国东部沿海地区已形成长三角、珠三角、环渤海三个颇具规模的经济带，引领着中国经济的发展。三大经济带的各个省市结合其自身特点，如地理位置、经济基础、历史人文等因素，采用了各具特色的发展战略，抓住有利的机遇，实现了跳跃式发展。一方面，各地区的经济发展表现出了经济快速发展、对外依存度迅速提高、所有制结构日趋合理化、产业结构升级换代、制度较为规范完善、往往以重点城市为龙头等发展共性；另一方面，各省市的发展又具有鲜明的地方特色。

长三角的苏沪浙三省市与珠三角的广东省是中国经济最有发展活力的地区。珠三角是广东经济社会发展的龙头和主体，也是中国区域经济中最具生机活力的重要增长极之一。进入 80 年代，珠三角在港澳外部因素和区域内改革力量的合力驱动下，经济发展实现了历史性的腾飞。长三角则主要在乡镇企业的带动下，以区域内城乡自我积累为支撑，经济获得了快速发展。20 世纪 90 年代，以上海浦东开发开放为标志，长三角跨入一个重振雄风、引领潮流的崭新发展时期。上海以浦东为龙头，以建立国际经济、金融、贸易中心为目标，抓住历史机遇，经过 10 年拼搏进取，高新技术产业得到迅猛发展，产业结构高度不断提升，整个城市发生了历史性变化，基本完成由工商业城市向经济中心城市的重大转变。出于经济发展的客观需要，各个地区主动参与国际竞争和国际经济合作，积极发展外向型经济，利用外资的规模不断扩大，数量不断提高，利用外资已经成为中国经济发展的重要组成部分。中国经济将继续保持较高增长速度，国内市场的扩张将为外国投资者提供更多机会。高新技术产业、服务业以及参与国有企业改造，将成为外商投资的重点领域。信息技术、通信、批发零售、专业服务、银行、证券等，都是吸引跨国投资最具竞争优势的行业，外商投向这些行业的份额将逐渐增加。近年来，长三角各省市着力营造良好的设施环境、政策环境、社会环境和市场环境，吸引了一大批国际著名跨国公司纷纷进入投资办厂，项目的档次、质量和规模不断提高，呈现出良好的发展势头。而广东省也努力把握 CEPA 实施的大好机遇，力求实现香港、澳门与珠三角的整合，来取得进一步的发展。

位于环渤海经济带的山东省也取得了骄人的发展成绩，但与长三角和珠三角地区的经济发展相比，山东半岛的市场化程度较弱，尤其外向型经济还存在相当大的差距。从外贸方面来看，2002 年，长三角地区出口为920 亿美元，出口依存度达 39.8%，高于全国平均水平 13.5 个百分点。珠三角地区出口 1125 亿美元，出口依存度高达 98.8%，其中半数以上城市超过 60%。2002 年，山东半岛 8 市出口 187.6 亿美元，出口依存度仅为 22.1%，低于全国 4.2 个百分点，比长三角和珠三角分别低 17.7 个百分点和 76.7 个百分点。从引进外资看，山东也与长三角和珠三角地区差距较大，2002 年长三角地区实际利用外资 182.8 亿美元，是山东半岛 8市总量的 3.5 倍，珠三角实际利用外资 149.2 亿美元，是山东半岛 8 市总量的 2.8 倍。

山东与苏沪浙粤五省市均为经济快速发展的东部沿海经济强省（市），有很多可以相互借鉴的地方。它山之石，可以攻玉，客观而具体地分析苏沪浙粤各省市的发展战略和特色，找出山东与长江、珠江三角洲的差距，进一步明确发展思路，对于推动全省经济发展，增强整体竞争实力，加速山东省的现代化进程，全面建设小康社会，都具有重要意义。

二 各地区的外资、外贸发展状况及其特色

1. 上海、江苏、浙江

我国成为世贸组织成员，为区域经济一体化创造了新的机遇，由苏浙皖沪三省一市构成的"泛长江三角洲地区"，已经成为我国经济增长速度最快的地区，也将成为全球高成长经济区之一。其面积 36 万平方公里，

占全国的 3.6%，人口 1.94 亿，占全国的 15.3%，2001 年实现国内生产总值 24500 亿元，占全国的 1/4 以上，经济基础雄厚，且具有地理发育的延展性、产业结构的差异性和发展水平的梯度性，与美国太平洋沿岸经济区、巴西东南经济区等世界主要经济区的特点极为相似。目前，这一区域在国际上已得到一定的认同，在 39 个国家驻沪总领事馆中，有 27 个领区地域范围是"泛长江三角洲"三省一市。长江三角洲地区以上海为中心的 16 个城市，将全面合作力求在较短时间内倾力打造出让世人瞩目的又一个世界城市群。这将是继美国东北部城市群、加拿大多伦多城市群、日本东京城市群、英国伦敦城市群和法国巴黎城市群之后，最具活力的世界第六大城市群。

（1）上海

①经济特点

长三角 15 个城市一体化的核心，即是"靠拢上海，接受辐射"。当上海成为金融和服务中心城市之后，周边城市不约而同地希冀于将自己打造成上海的后花园、上海的郊区或者是上海的腹地，去享受大上海的一切服务便利，使自己成为 500 强的制造中心。聚焦上海、抢滩上海、投资上海、盈利上海，正成为世界各国越来越多外商的选择和追逐的目标。随着这座发展中的国际大都市的综合经济实力、综合服务功能、综合发展环境、综合创新能力、综合管理水平和市民综合素质的不断提高和发展，上海这张"名片"对世界各国的吸引力正与日俱增。

从产业基础看，上海已培育了一批具有高成长性的支柱产业，基本建立起了新型的、互补性强的现代化产业体系。具体来说，工业中的电子信息产品、汽车、石油化工及精细化工、精品钢材、成套设备、生物医药制造业等六个重点发展行业将继续成为经济发展的增长点。到 2010 年，六大产业将形成世界级制造中心，其中前四个产业的产值有望冲击 1000 亿元。同时，实施 OEM、ODM 生产方式的企业越来越多，由于其产值庞大、增长迅速，将有力地促进工业生产的增长。金融、房地产、商贸、旅游、会展、物流、医疗、文化、咨询等现代服务业迅速发展，将使上海服务业的对外辐射能力大大提高，成为上海经济快速增长的稳定动力。

从外资的流入看，2010 年世博会的申办成功以及上海对 SARS 的成功控制加大了外资对上海的信心。跨国公司尤其是大型跨国公司纷纷看好上海，并大规模地将制造基地转移到上海。"173"计划更是强化了外资的进入，外资的大量进入对上海经济的发展有很大促进作用。

总而言之，上海的优势主要体现在九个方面：政府职能的不断转变；社会诚信体系的建设；社会稳定和治安环境良好；国际化程度较高；法治化建设程度；信息化推进水平；对高端人才的吸引和积聚；文化环境的不断提升；门类齐全的产业结构。

②对外贸易

上海市外贸出口主要有四个特点：一是外贸出口规模、增速不断创新高；二是各类企业出口全面增长。外商投资企业是上海市出口的主力军，国有集体企业出口增强明显回升，民营企业出口迅速增加；三是出口商品科技含量提高。全市高新技术产品、机电产品出口高速增长，纺织服装出口稳定增长；四是不同贸易方式、对新老市场出口同步增长。

通过积极实施促进外贸出口的政策措施，推进出口加工建设，上海的外贸出口实现了高速增长。全年外贸进出口总额1123.97亿美元，比上年增长54.7%。其中，进口总额639.15亿美元，增长57.4%；出口总额484.82亿美元，增长51.2%。在外贸出口总额中，内外资企业出口共同发展。全年外商投资企业出口308.13亿美元，比上年增长60.8%，占全市出口总额的63.6%；国有企业出口151.88亿美元，增长26.6%；集体企业出口6.46亿美元，增长14.8%；私营企业出口18.18亿美元，增长4.6倍。

出口产品结构进一步优化，高新技术产品出口增势强劲，全年高新技术产品出口163.61亿美元，比上年增长1.2倍，占全市外贸出口总额的比重由上年的23.3%提高到33.7%。机电产品出口继续保持快速增长。今年机电产品出口292.52亿美元，比上年增长73.8%，占全市外贸出口总额的比重由上年的52.5%提高到60.3%。

出口市场多元化战略效果明显，主要市场和新兴市场外贸出口保持同步增长。在主要出口市场中，对亚洲出口217.87亿美元，比上年增长34.7%；对欧洲出口106.15亿美元，增长84.5%；对北美洲出口127.63亿美元，增长63.1%；对拉丁美洲出口14.49亿美元，增长39.2%；对大洋洲出口10.08亿美元，增长49%。在新兴出口市场中，对东盟出口38.64亿美元，比上年增长36.3%；对俄罗斯出口1.81亿美元，增长 71.8%。

③吸收外资

上海以现代制造业、现代服务业、高新技术产业为发展重点，加大招商引资力度，提高引资质量。2003 年批准外商直接投资合同项目 4321 项，比上年增长 43.5%；吸收外资合同金额 110.64 亿美元，增长 23.5%；实际到位金额 58.5 亿美元，增长 30.1%。

a. 工业吸收外资增速加快，比重提高。全年批准工业吸收外资合同项目 1896 项，比上年增长 18.8%；吸收外资合同金额 71.67 亿美元，增长 30%，增幅比上年提高 5.1 个百分点。

b. 全年工业吸收外资合同金额占全市外商直接投资合同金额的比重为 64.8%，比上年提高 4.7 个百分点。服务贸易领域吸收外资不断增长。

c. 全年第三产业吸收外资合同金额 37.02 亿美元，比上年增长 12.4%，占全市外商直接投资合同金额的比重为 33.5%。其中，交通运输、仓储、邮电通信业合同金额 3.82 亿美元，比上年增长 1.1 倍；批发、零售贸易及餐饮业合同金额 4.31 亿美元，增长 59.7%。

d. 资金规模大、技术含量高的大项目继续成为外商投资的主体。全年批准总投资在 1000 万美元以上的外商投资大项目 371 项，比上年增长 58.5%；吸收外资合同金额 77.53 亿美元，增长 16%。

e. 外资企业增资力度继续加大。全年外商投资企业合同增资 38.07 亿美元，占全市外商直接投资合同金额的 34.4%。至年末，在上海投资的国家和地区已达 108 个，跨国公司地区总部、投资性公司和研发中心分别达到 56 家、90 家和 106 家。

（2）江苏

①利用外资的势头强劲

江苏是全国沿海重点开放省份之一。90 年代以来，江苏抓住机遇，勇于开拓，逐步形成了全方位、多层次、宽领域的对外开放格局。2002 年，全省进出口总额达到 703 亿美元，实际利用外资总额达到 103.3 亿美元。地处长江三角洲的江苏省利用外资一直保持强劲增长势头，2003 年协议外资和实际到账外资两项指标均位居全国第一。江苏省实际到账外资约占全国的 1/4。据江苏省外经贸厅统计，1~11 月，江苏共新批外商投资项目 6539 个，同比增长 27.3%；实际到账注册外资 142.9 亿美元，同比增长 56.4%，先期落户江苏的外资企业掀起了增资高潮。仅今年 1～10月，江苏有 1359 户外商投资企业增资，合同金额达 32.4 亿美元，占新批合同金额的 13%。其中有 10 家企业净增资超过 1 亿美元。全省现有 87 个省级以上开发区，其中国家级开发区 12 个，出口加工区 8 个。中国加入世贸组织，为江苏开放型经济发展注入了强劲动力，江苏将加速融入全球经贸体系。

②富有特色的苏州工业园区

苏州是江苏开放型经济最前沿城市，合同外资额、实际利用外资额都占到江苏省的四成以上。苏州工业园区是中国和新加坡两国政府间最大的合作项目，是中新经贸合作的"重中之重"，也是江苏省和苏州市对外开放的头等大事。苏州工业园区得到了中新两国政府的高度重视和全力推动。特别在项目审批、海关物流、公积金制度、外事管理等方面被授予了国内独一无二的管理权限，形成了"不特有特、特中有特"的政策优势。与国内一般开发区相比，苏州工业园区还有以下几个显著特点：

第一，园区是两国政府间的合作开发项目。为了确保项目顺利发展，中、新双方建立了中新两国政府的联合协调理事会、双边工作委员会、具体联络机构等三个层面的领导和工作机构。第二，园区拥有世界一流的城市设计和规划体系。其规划突出强调了"以人为本"理念，并按照"先规划后建设、先地下后地上、适当超前滚动开发"原则，确立了"执法从严"的规划管理体制。第三，结合中国国情，借鉴新加坡经验。经国务院批准，苏州工业园区可以自主地、有选择地借鉴新加坡在城市规划建设、经济发展和公共行政管理方面的成功经验。

目前，园区已成为中国发展速度最快、开发水平最高、吸引外资最多的开发区之一。苏州工业园区的经验可以为山东的各个开发区所借鉴。

③外商直接投资项目的质量有所提高

新批外商直接投资项目中 IT、新材料、生物医药以及环保节能等高科技项目比重较大。另外，外资项目主要集中在各开发区，显示了江苏重点开发区的载体功能和集聚功能。江苏今年起实施的"沿江开发"战略，受到国际资本的关注。显现在外资来源广，行业分布宽，投资地域延伸。基础设施、仓储物流、中介咨询、研发中心等服务业项目开始成为外商关注和投资的热点。

（3）浙江

①发达的民营经济

浙江民营经济比较发达。浙江是全国最早发展乡镇企业的省份之一，全省的乡镇企业总体发展水平已跃居中国第一。近年来，非国有投资已占全社会投资的一半以上。到 2002 年底，共有私营企业 24.73 万家，实现总产值 7426.74 亿元。个私经济总产值、销售总额、社会消费品零售额、出口创汇额、全国民营企业 500 强企业户数等五项指标位居中国第一。全国民营企业综合实力 500 强中，浙江有 170 家，数量居中国第一；中国十大民营企业排行榜上，浙江占有一半，且有金义、金田、邦迪、飞跃 4 家跻身前 5 名。全省个私企业注册商标中有 222 家被认定为省著名商标，传化、步森、康奈、正泰、德力西等 13 只商标荣获中国驰名商标。

从 20 世纪 90 年代中期开始，著名的"温州经济"发生了相当大的变化，改变了 80 年代初期的家庭工业、专业市场的基础，并经历了"假冒伪劣"所带来的阵痛后，集团化、品牌化已经成为温州模式新的特征。并随着越来越多的企业家群体的考察与温州企业家的主动出击传道，温州模式已经在深刻地改变着中国市场经济发展，这些企业逐步走向联合、兼并、重组、优化的集团化规模发展，并逐渐调整了单纯的产品经营方式，走向品牌经营与资本经营的综合发展道路，从而改变了单纯的以专业市场为依托的营销方式，走向了网络经营的道路；同时，伴随着企业的发展，温州以农村能人为骨干的企业经营者普遍提高了素质并逐步造就了一批具有现代化智慧与理性思维的企业家，这种新温州模式成为民营企业从草根创业到二次创业的一种典型的发展模式。走出家族制的局限、走出传统经营的局限、走出区域经济（温州）的局限的探索，并获得初步成功的温州，从温州模式到新温州模式已经不仅仅在改变着温州、浙江、长三角，随着这些企业的触角的延伸，作为中国的"犹太人"，新温州模式随之影响中国。

②对外开放的优势

在对外开放方面，浙江是中国对外开放度较高的沿海省份之一，也是投资环境较好的省份。浙江十分重视涉外管理和涉外服务，适时修改和完善了涉外经济法规和政策，加快与世贸组织规则接轨。出台了改善外商投资环境的若干规定和鼓励外商直接投资的优惠措施，建立健全了公示制、工作日制，实行了网上审批等工作制度。进一步下放外商投资项目的审批权限，改进审批方式，简化审批程序，规范审批行为，方便申报人查询和监督。给来浙的外国专家提供和办理外国专家证，为他们在浙工作、居留和出入境提供保障。海关、商检、金融、税务等部门依法行政，为投资者提供便利服务。各地普遍建立了对外合作项目库，举办大型对外招商活动，进一步加大招商引资力度。企业信用查询系统开始运行。

浙江省发达的民营经济，较健全的市场经济机制，以及与之相适应的政府，具有很强的自我修复、自我调节的能力，面对影响经济增长的各种因素，均能采取灵活的收缩和扩张策略。加入世界贸易组织后，浙江企业发展的外部环境更为宽松，贸易便利化和市场准入标准的降低，为以生产传统商品为主的浙江企业提供了难得的发展机遇。外资企业和民营外贸企业的增加，也为外贸进出口规模的扩大提供了力量保障。

③外贸与吸引外资

截至 2002 年底，浙江与世界上 216 个国家和地区建立了直接的经济贸易关系。浙江积极实施外贸经营主体多元化，出口市场、出口产品多元化和贸易方式多元化。已初步形成外贸专业公司、自营进出口生产企业、外商投资企业等共同开拓国际市场的格局。2002 年，全省进出口额达 420 亿美元，其中，出口额达到 294 亿美元，比上年增长 28%。出口商品结构不断调整和优化，机电产品成为浙江第一大类出口产品。机电产品和服装制品是浙江企业的主打出口产品，分别占全省出口额的第一、二位。从 2000～2002 年浙江出口商品按金额排序来看，浙江出口商品中具有较强国际竞争力的商品主要是机电产品和服装、纺织、水产品、鞋帽及箱包、工艺口等轻纺产品。

2003 年浙江省外贸出口民企、国企和外企三分天下，其中民营企业占到的比重达到了 36%，被称作"蚂蚁雄兵"的民营业成为浙江外贸最主要的力量。目前，浙江外贸进出口主要特点是：（1）加工贸易继续相对萎缩，出口增长疲软，进口下滑；一般贸易进出口两旺，增速快于平均增速。（2）国有企业进出口全面下滑，非国有企业进出口增长，旺势不减，特别是私营企业进出口均成倍增长。（3）机电产品、高技术产品出口增长加快，高技术产品出口 0.81 亿美元，增长 28.1%。服装、纺织品出口仍保持较快增长。进口商品中机械、电子、通信产品和金属材料等增势旺盛；纺织原料、原木、原油、成品油等进口减少。（4）向欧盟、美国、日本等主要贸易伙伴出口增长势头良好，向东盟、俄罗斯等周边国家和地区出口形势不容乐观，巩固新兴市场任重道远。

外商投资方面，2002 年全省新批外商投资企业 3364 家，合同利用外资 67.9 亿美元，实际利用外资 31.6 亿美元。其中嘉兴、湖州、杭州、宁波四市合同利用外资和实际利用外资分别占全省总数的 77% 和 59%。利用外资结构逐步优化，大项目的数量、规模和高新技术比重有所增加。截至 2002 年底，全省累计共批外商投资企业 24013 家，总投资 654.7 亿美元，合同外资金额 362.7 亿美元，实际利用外资 168.7 亿美元。全球 500 强企业已有 54 家在浙江投资了 115 个项目。

2. 珠江三角洲

（1）广东

广东是中国改革开放的先行地区。1978 年，中国开始实行改革开放政策，广东先行一步，1979 年，中国设立的四个经济特区有三个就在广东。经济特区被赋予了在对外经济活动中实施特殊政策和灵活措施的权利。改革开放推动了广东经济和社会的快速发展，广东取得了令人瞩目的成就。80 年代以来，广东率先确定了发展开放型经济的指导思想，努力发展对外经济贸易。广东经济逐步纳入国际分工和国际交换的世界经济体系。随着对外开放的不断深入，广东已形成了全方位、多层次、宽领域的对外开放新格局。

①中国经济第一大省

广东是中国第一经济大省。1978～2002 年，广东国内生产总值（GDP）年均递增 13.4%。2002 年，广东 GDP 达 11770 亿元（约合 1418 亿美元），占全国 GDP 的 1/10。另外，固定资产投资总额、社会商品零售总额、居民储蓄存款余额、进出口总额、财政收入等主要经济指标均列全国首位。

②发达的外向型经济

广东与世界上 200 多个国家和地区建立了贸易关系。2002 年外贸进出口总额 2211 亿美元，其中出口总额 1185 亿美元，占全国的 36.4%。2003 年出口值居前十位的城市依次是：深圳、东莞、广州、佛山、中山、

惠州、珠海、江门、汕头、茂名。广东是全国吸收外资最多的省份，截至
2002 年，累计实际利用外资约 1576 亿美元，其中，外商直接投资 1249
亿美元，占全国的 28%。近几年，广东每年实际利用外资均在 150 亿美
元左右，2002 年外商直接投资达 131 亿美元。世界 500 强企业已有超过
一半投资于广东，并且取得了良好的业绩。

以引进外资和发展外向型经济为主的"珠江三角洲模式"。20 多年
来，珠三角的发展具有三种功能：一是接受香港（包括世界其他地区）
高经济势能地区的资金、技术、管理等方面的辐射和扩展功能；二是吸引
国内其他低经济势能地区的资金、技术、人才等要素的极化功能；三是迅
速向珠江三角洲地区扩展、扩散的功能。这三种功能和效应在较短时期内
相互发生作用的结果，便出现了"珠江三角洲的奇迹"。以出口导向和发
展外向型经济为主，是"珠江三角洲模式"的基本战略。"珠江三角洲模
式"充分利用了毗邻香港的优越地理位置，以出口导向和发展外向型经
济为主，使珠江三角洲地区成为我国开放度最高的地区。但近三年来，广
东出口增长速度明显落后于上海、江苏等华东地区部分省市，广东外贸出
口的发展后劲已经面临挑战。

③发达的加工贸易

加工贸易已成为广东外向型经济的特色和优势，是广东吸收外资和外
贸出口的主要力量和重要方式。广东加工贸易出口占全省出口的比重在
78% 左右，且近几年还有上升的趋势。广东省加工贸易的发展势头、企业
规模、技术含量、产业链条、增资扩产、国内配套能力和对国民经济的带
动作用都出现良好发展。

广东目前共有加工贸易企业 7.1 万家，2003 年加工贸易进出口总额
达 1991.6 亿美元，占全省进出口贸易总额的 70.2%，占全国加工贸易进
出口总值近五成，其中出口占全国加工贸易出口总值的 48.9%。广东外
经贸厅统计显示，全省以加工贸易为主体的外商投资企业工业总产值从
1990 年的 134.4 亿美元，发展到 2002 年的 10055.5 亿美元，增长 75 倍，
占全省工业总产值的比重由 7.9% 上升到 61.4%。加工贸易企业也从最初
的"三来一补"和小规模投资发展到国际大企业、大财团、跨国公司竞
相进入的阶段。世界 500 强企业已在广东投资设立了 404 家企业。广东省
加工贸易出口商品结构不断优化，从早期的服装、鞋类、玩具、箱包为主

等发展到以电子、通信、信息产品为代表的机电产品和高新技术产品为主；产业链条不断延伸；企业增资扩产越来越多，新增外商投资企业大多自购土地，自建厂房，做好长期投资计划。

从另一个角度来看，由于加工贸易的资金、原料和市场大都是在外的，因此，广东外贸出口受外部环境因素影响较大，加上出口商品以价格竞争为主，抵御出口市场风险的能力较弱。

（2）依托 CEPA 和中国—东盟自由贸易区的珠三角

在内地与香港、澳门关于建立更紧密经贸关系安排签署之后，具有人文地缘优势的广东抢抓先机，有力地推动了粤港澳"大珠三角"更大范围、更宽领域、更高层次的经贸交流与合作。粤港合作的最大优势是相互比邻，语言、生活习俗相通，两地每天交往的人近 30 万，加上大批在广东经营多年的港资企业可作为借鉴，广东肯定是港商的首选。"泛珠三角"经济协作区共识的形成，则使"大珠三角"参与国际竞争有了更强大的依托和延伸的腹地。

站在一个更宽的领域来看，随着中国—东盟自由贸易区的加速推进，一个区域统一大市场正呼之欲出，这一市场也将是世界上最大的自由贸易区。"大珠三角"作为其中重要的枢纽地带，也凭借其成熟的市场意识、产业配套能力以及门户地位，成为联结"大珠三角"与世界的一个重要窗口。

3. 山东

（1）多层次的对外开放格局

山东省是中国重要的沿海开放地区，也是中国对外开放比较早的地区。1984 年国务院首批公布的进一步扩大开放的 14 个沿海港口城市中，就有山东的青岛市、烟台市和威海市。从 1988 年国务院确定把山东半岛划入沿海经济开放区，到 1993 年 3 月，青岛、烟台、威海、淄博、潍坊、日照、济南、东营 8 个地级市先后列入沿海经济开放区，随着国家对外开放政策的调整，山东省的对外开放不断向多层次、宽领域、纵深化发展。目前已经形成了以青岛为"龙头"，以烟台、威海、日照为前沿，沿环海公路、胶济铁路、新石铁路、济青公路和京沪铁路、京九铁路两侧设区布点，自东向西，由沿海到内地展开，整体对外开放的新格局。

（2）对外贸易发展迅速

2003 年全省进出口完成 446.6 亿美元，超出工作目标 43.6 亿美元，同比增长 31.6%，增幅较前两年高出 14.4 和 15.7 个百分点。外贸依存度达到 29.9%，比去年提高 3.2 个百分点。其中，出口 265.7 亿美元，增长 25.8%；进口 180.8 亿美元，增长 41%。贸易顺差为 84.9 亿美元，比 2002 年扩大 2 亿美元。青岛、烟台、威海分别以进出口总值 206.6 亿美元、58.9 亿美元、40.3 亿美元，居全省前三位，分别增长 22.1%、31.6%、37.8%，占全省的比重分别为 46.3%、13.2%、9%。

不过，对外贸易迅速发展的同时也出现了一些问题。一是与南方先进省市的差距在进一步拉大。2003 年山东省外贸出口增速比全国低了 8.8 个百分点，比上海、江苏、浙江分别低了 25.4、27.9 和 15.7 个百分点，出口总量分别少 219 亿美元、326 亿美元、150 亿美元；二是高新技术产品出口比重仍然不高。从 2001 年到 2003 年，山东省高新技术产品出口所占比重由 4.3% 上升为 5.7%，而全国则由 17.5% 增加到 21.6%，江苏由 20.8% 增加到 31.5%。山东省高新技术产品出口占全国总量的比重为 1.7%，而江苏高达 17.8%；三是加工贸易比重下降。山东省加工贸易占出口总值比重 1998 年至 2003 年分别为 54.9%、53%、51.5%、49%、47.9% 和 46.6%，2003 年比广东、江苏、上海分别低 30.8、14.6 和 18.3 个百分点。

（3）实际利用外资实现大幅增长

2003 年山东省实际利用外资（全口径）112.6 亿美元，增长 73.2%。其中：对外借款 7.8 亿美元，增长 21.6%；外商直接投资 70.9 亿美元，增长 48.9%；外商其他投资 33.9 亿美元，增长 2.1 倍。截至 2003 年底全省累计利用外商直接投资项目 38418 个，合同外商直接投资额 694.4 亿美元，实际利用外商直接投资额 375.8 亿美元。

利用外资的主要特点包括：

①实际外商直接投资增幅高于全国，绝对额居全国第三位。全年山东省实际外商直接投资增幅高于全国 47.5 个百分点，高于广东、上海、福建 31、18.8、43.7 个百分点，低于浙江 23.5 个百分点、江苏 3.5 个百分点。从绝对额情况看，山东省居全国第三位。比江苏少 87.1 亿美元、比广东少 84.8 亿美元。

②韩国投资增势强劲。2003 年新批韩国投资项目 2431 个，增长 35.7%，占全省的 45.8%；合同额 45.6 亿美元，增长 87.3%，占全省的 34%；实际外资额 28.4 亿美元，增长 93.1%，占全省的比重高达 40%。

③外商独资方式是外商直接投资的主要形式。全年新批外商独资项目 3663 个，合同外资 93.6 亿美元，实际外资 51 亿美元，分别增长 34.6%，76.6%，54.2%，占外商直接投资总数的比重分别为 69%、69.8%、71.9%，是外商直接投资最主要的形式。其次是合资企业新批项目 1484 个，合同外资 34.4 亿美元，实际外资 15.9 亿美元，分别增长 21.8%、1.5 倍，47%；合作企业新批项目 153 个，合同外资 5.7 亿美元，实际外资 3.3 亿美元，分别增长 25.4%，24.2%，6%；股份制企业新批项目 5 个，合同外资 0.5 亿美元，实际外资 0.6 亿美元，分别增长 25%、−11.9%、12.9%。

④青烟威龙头带动作用明显，西部城市实现翻番增长。2003 年，青烟威实际利用外商投资（不包括对外借款）占全省总数的 68.3%，分别是青岛 40.14 亿美元，增长 68.8%；烟台 20.50 亿美元，增长 70.1%；威海 10.98 亿美元，增长 82.7%。

三 山东如何借鉴与吸收其他省市的经验

1. 借鉴江浙模式，营造良好的投资环境，提高外资到位率

近几年，外商对中国的投资环境的关注重点已逐步从优惠政策转到法律执行、产业导向、技术标准等软环境方面，提出了更高的要求。在面临国际资本流动更趋理性的趋势下，一方面，应进一步完善吸收外商投资的法律体系，保持外商投资政策法律的稳定性、连续性、可预期性和可操作性，努力为外商投资创造统一、稳定、透明、可预见的法律环境和政策环境；另一方面，要增强法制观念，做到公开、公正、透明，努力建设廉洁、勤政、务实、高效的政府，为外商创造良好的法律执行环境。要进一步改善投资环境，积极承接国际产业转移，通过利用外商直接投资促进对外贸易的增长。完善企业与海关等部门联动协调机制，推广贸易企业电子报关、联网监管、信息共享等措施，从审批、备案、通关、退税等各个环节降低费用，缩短时限，增强企业竞争力。尽快下放流通企业、生产企业

进出口资格核准权限，壮大外贸主体队伍。

要把招商引资与调整山东省经济结构有机结合起来。产业结构、产品结构、所有制结构的调整应借助招商引资手段，紧紧围绕产业结构的优化升级，定目标、定重点、定方向。要抓住新一轮国际产业转移的浪潮，根据行业特点和技术结构因素，引导外资主要投向具有资本和技术密集型特征的加工程度深、附加值高的产业，以及能源、原材料工业和基础设施建设等。要采取切实措施鼓励外商投资农业，借助外商技术和管理的优势，实行集约经营，降低生产成本，引进优良品种，提高农产品质量，加快农业结构调整。加入 WTO 后，第三产业开放的行业最多，电信、保险、银行、物业、旅游、餐饮等都属于开放的行业。应抓住扩大开放的大好时机，加快服务业对外资开放的步伐，争取在较短时间内较大幅度提高服务业引资的比重。

2. 创建新的出口激励机制，提升山东省出口商品国际竞争力

（1）加快全省产业结构调整，大力推动高新技术产业的发展，有效提升传统优势产业。出口商品结构调整的关键最终取决于产业结构的升级，特别是生产结构的优化。扩大资本和技术密集型特别是高附加值、高科技产品生产已成为出口商品结构升级的必然选择。因此，山东省要有目的地吸引国外大财团、大跨国公司的投资转向高新技术产业、出口创汇的关联产业、"三高"农业、环保产业等，拓展高新技术产业、产品功能，从而形成高中低、优势互补、多层次推进的出口商品生产结构布局。同时，运用高新技术不断改造提升传统优势产业，使出口商品从低档次、低价位向中高档、中高价位提升。

（2）政府要改进对企业的金融支持方式。提升出口商品结构，离不开政府的金融支持作引导。政府有必要按照国际惯例为相关企业提供资金融通、风险分担等金融支持，以提高其国际竞争力，并以此为导向，扩大我省高附加值、高技术含量的商品出口比例。如有选择地对出口相关商品的企业进行信贷扶持；建立政策性的出口信用保险机制等。

（3）企业要配合"以质取胜"战略，提高自身竞争力。一方面，企业要以发展名牌为目标，通过转变经营方式，培育自己的品牌，提高商品的品质和声誉，从而增加商品的附加值。另一方面，企业要积极参与国际质量管理标准的国标认证。在经济一体化的强力推动下，区域经济内标准的融合过程已经开始，山东省企业必须尽快融入国际标准体系，通过国际标准来促进企业经营管理水平，提高企业自身竞争力。

（4）学习广东加工贸易的发展模式，以加工贸易为突破口，推动山东省对外贸易上规模、上水平。要下力气引进跨国公司、中小企业以各种形式正在转移的加工贸易项目，抓大户、带群体，扩大加工贸易队伍，培植加工贸易新的增长点。与此同时，坚持以质取胜战略，进一步提升出口商品的竞争力，尽快形成以高新技术产品带动机电产品、机电产品带动整体出口的新格局。

3. 以服务贸易的国际化经营为方向，努力推动山东省服务贸易向前发展

引导和鼓励多方力量广泛参与服务业的发展，为大力发展服务出口做好前期准备。要逐步推进服务业的对外开放，通过鼓励中介服务机构与外商合资合作、联合经营，引入国外先进的服务和管理，促进国内服务业上水平，并推动山东省有条件、资质好的中介机构迅速走向国际化经营，发展服务贸易。政府要采取各种措施，推动山东省服务贸易出口业务的拓展。政府有必要尽快与世贸组织《服务贸易总协定》的原则靠拢，建立健全服务贸易的法律规章，规范服务业市场秩序。还要探索完善服务贸易统计系统的路子，以便利用相关统计资料，跟踪、分析、引导、扶持服务出口。政府还可定期举办各类研讨会、报告会，向企业介绍国外服务市场的情况，帮助企业寻找商业信息，并且采取适当的政策倾斜，通过政策优惠，鼓励服务出口的迅速发展。企业要抓住机遇，使服务出口上新台阶。企业应尽快更新服务理念，加快人才培训和科技资本的投入，不断提高企业自身管理服务水平。

4. 强化中心城市的辐射带动作用

如同上海对整个长三角地区有巨大的辐射作用一样，济南和青岛位于胶济铁路两端，半岛城市群区域的中轴，在半岛经济区中处于中心地位。提高青岛和济南的辐射带动作用，对于提高半岛城市群的整体水平至关重要。要强化青岛、济南两大中心的辐射源功能，进一步增强实力，发挥其

带动作用。努力提高青岛、济南及区域中心城市资金密集型产业、高技术产业和制造业最终产品、中间产品比重。要大力支持青岛经济做得更强更大，使龙头城市的作用更加突出。半岛内其他城市要自觉融入这个经济圈，内部要合理竞争，外部要打破行政分割。烟台、淄博、潍坊及其他二级中心城市可作为协作配套基地或高科技产业的中试加工基地，倡导新兴产业共建，传统产业互补，协同发展。把劳动密集型产业、制造业初级产品产业转移到半岛区域的县级城市和小城镇，在城市群体向产业现代化发展的同时，加快小城镇建设，使区域内小城镇成为吸纳农村剩余劳动力的载体，推动农村经济发展。

第九章　教育发展比较

21 世纪初叶，是中国经济社会发展向第三步战略目标迈进的关键时期。实现社会主义现代化，加快中华民族伟大复兴的进程，应对日趋激烈的国际竞争，归根结底将取决于劳动者的整体素质。实施以培养、吸引和用好人才为核心的人才开发战略是增强综合国力的根本保障。教育发展处于人才开发战略的基础性地位，人力资源素质的提高取决于教育发展的整体水平。在跨入知识经济时代的历史进程之际，教育已成为国民经济和社会发展全局性、先导性、基础性的关键领域。推动经济增长和社会进步，在很大程度上取决于教育发展的速度和质量。加速培养同现代化要求相适应的数以亿计的高素质劳动者和专门人才，发挥中国巨大的人力资源优势，关系未来社会主义事业的全局。

鲁、沪、苏、浙、粤都是中国经济比较发达的地区，与全国其他各地相比，其教育发展水平普遍较高。虽然如此，各省的教育发展仍呈现出各自的特点。

一　山东省教育发展特点

1. 总体构想

以 10 年左右时间，建立起与山东省未来社会经济发展相协调、体现现代化面貌的纵向教育结构体系，使山东省各级各类教育的规模、结构和人均水平达到 20 世纪 80 年代世界中等发达国家的相应水平。小学、中学和大学毛入学率由 2000 年的 100%、76%、7.5%，上升为 2010 年的 100%、86.7%、13.7%。

2. 高中段教育发展

由于山东省高中段教育适龄人口将在经济持续高速增长的全盛时期走向高峰期并迅速回落，在经济高速增长的激励和支持下，在适龄人口降落并趋于稳定的时期实现高中段教育的普及。随着高中段教育普及程度的提高，高中段教育将日益向基础化、普通化的方向发展。对高中段的普通高中和中等职业技术教育的关系应适时做出战略调整。调整的策略原则是：普通高中持续增长，在校生规模 2010 年达到 180 万人左右，保持稳定上升的总体态势。中等职业技术教育的发展从 2005 年高中段适龄人口开始从高峰期降落，分为两个阶段。2005 年之前，中等职业技术教育继续保持积极发展的态势；2005年后，为配合高等教育的战略调整，适应高中段教育向基础化、普通化发展的趋势，和山东省社会经济发展、产业结构调整的需要，中等职业技术教育将面临分化。一方面办专业设置适应市场需求，职业特点适于中等职业技术教育方式的中等职业技术学校；另一方面有计划地把一批办学条件优越、专业方向对路的中等职业技术学校升级为高等职业技术学校，加快职业技术教育向高等化的发展；同时，使一部分职业技术教育转向企业内教育形式，并加强职业技术教育与普通教育的融合，使一部分中等职业技术教育转为普通中等教育中的职业预备教育。通过上述调整，职业技术教育规模及其在高中段教育中的比重自 2005 年开始逐渐下降。

3. 高等教育发展

高等教育是直接决定专业人才素质和科学技术水平的主要教育阶段，也是我国及山东省与世界教育发展水平差距最大的教育阶段。随着山东省经济的持续高速增长，社会及产业结构和经济增长方式的历史性改变，高等学历的需求将迅速增加。农村面貌的改变，二三产业，特别是高新技术产业的迅速发展，及职业技术教育向高等化发展，将激励山东省高等教育在 21 世纪初开始进入迅速发展时期。努力缩小山东省高等教育与世界相应水平和时代要求的差距，将成为事关四化大业成败的关键。我们必须充分认识发展高等教育对于社会主义现代化建设的重要意义，充分发挥高等教育的社会经济效益，使高等教育发展尽快进入与社会经济发展相互促进的良性循环。高等教育将按两种不同的分工模式发展。区位条件、办学条件优越的高等院校在进入 21 世纪后，应配合城市化水平的提高，特别是国际化大都市的建设，建设成教学质量、科学研究、学校管理及办学效益水平高，规模在万人以上的高水平学校，主要招收本科以上高等教育，成为山东省培养高级专业人才的主要基地。其他高等教育机构主要向短期、实用、职业性和地方性的方向发展，成为地方高等教育发展的主要依托，与地方产业、企业和其他相关教育机构联合或合作，构成以适应区域经济发展为方向，主要依靠地方财政和社会力量支撑的地方高等教育体系，成为根据区域经济发展需要培养紧缺急需的实用型人才基地。

4. 初等教育和初级中等教育发展

初等教育和初级中等教育在基本完成普及九年义务教育和基本扫除青壮年文盲历史使命的基础上，要完成的主要战略任务是：

（1）大力支持贫困地区和发展教育存在特殊困难的地区如山区、湖区、海岛、库区的教育发展，从教育投入、办学条件、教育教学形式和现代化教育手段的运用等各方面解决这些地区教育发展的实际困难，彻底改变这些地区教育落后面貌。配合农村城镇化进程，推进农村教育资源向乡镇聚集，努力缩小义务教育的地域差别和城乡差别，逐步实现义务教育机会均等。

（2）实现初中学制向四年制转化的平稳过渡。全面实现普及九年义务教育。

（3）适应普及教育特点，面向全体学生实施素质教育，改革教学内容和方法，加强学校现代化建设，全面提高教学质量。

二　上海市教育发展特点

1. 基础教育进入新阶段

上海的基础教育继续紧紧围绕上海经济建设和社会发展的全局，深入调查研究，形成基础教育新的发展规划，大力推进全市义务教育的均衡发展，在基础教育的内涵发展上取得新的突破。上海市中小学将制定新的办学设置标准，以加快初中建设步伐，全面推进和实施"加强初中建设工程"、二期课程教材改革工程和师资队伍特别是校长队伍建设工程，注重学校内涵建设，促进基础教育高标准、高质量、均衡发展。

2. 构建社区终身教育体系，学习型社区展现活力

通过建立社区教育网络，为构建社区终身教育体系、创建学习型社区打下坚实基础，申城已初步实现了"学者有其校"。目前，上海不少区县建立了社区学院和为社区服务的职业技术学院。全市近200个街道、镇成立了社区学校，居委会、村普遍建立了社区学校办学点，形成了"以社区学院和职业技术学院为龙头，社区学校为骨干，社区学校办学点为基础的三级社区教育和培训网络"。农村乡镇成人学校加挂社区学校牌子，实行教育资源共享。据了解，社区学校开设的课程涉及思想道德、时事形势、政策法规、科学技术、读书指导、家政服务等数十项内容。此外，社区学校重视开发与人民群众切身利益密切相关的培训项目，如下岗职工再就业培训、老年人权益保障和社区文化生活教育、困难群体生存技能培训等，从而让居民们通过充电"学会生活""提高生活质量"。据悉，闸北、嘉定和浦东3个实验区将争创全国社区教育示范区；本市的25个创建学习化社区实验基地，要争取成为本市的社区教育示范街道、示范镇。根据教育部要求，到2005年全国社区教育实验区应有30%～40%的单位和家庭成为学习型组织。

3. 科教兴市教育先导，高等教育快速发展

上海"科教兴市"战略中，教育起到的是基础性和先导性的作用。"十年树木，百年树人"，相比科技，教育对生产力的推动作用可能显示得不那么直接，但从长远来看，教育的质和量对城市的发展具有至关重要的作用，因此高等教育的学科发展、专业发展、人才培养也必须贴近城市的产业转移战略。

上海要建设国际金融、经济中心，需要大量熟悉国际规则的高层次人才。为了这个目标，上海高等教育一是加强学生基础理论、基本技能的教育，实行"宽口径培养"，为他们打下扎实、宽厚的基础；二是加强国际交流合作，通过合作办学、学生交流等方式，让学生在校期间就能了解、熟悉当前的国际理论和规则；三是加强学生社会实践工作，让学生多了解国情社情；四是加强"诚信"的培养，让学生带着一种良好的道德品质加入市场经济的竞争。

三 江苏省教育发展特点

1. 研究生教育发展迅速

自 1978 年恢复招收研究生以来，特别是 1981 年实施学位制度以后，江苏研究生教育事业发展迅猛，招生数逐年增加，在学研究生规模不断扩大，至 1997 年，普通高校在读研究生就达 13317 人（其中博士 3150 人、硕士 10167 人），是 1978 年 556 人的 23.95 倍。20 年已为社会培养和输送毕业研究生达 2.9 万余名。全省普通高校共有博士授予单位 21 个，授权点 216 个；硕士授予单位 28 个，授权点 653 个；工程硕士专业学位授予单位 8 个，教育硕士专业学位授予单位 1 个，工商管理（MBA）专业硕士学位授予单位 4 个，法律专业硕士学位授予单位 1 个，建筑专业硕士学位授予单位 1 个，临床医学专业博士学位授予单位 1 个，专业硕士学位授予单位 3 个，在职人员同等学历博、硕士学位授予单位 21 个。基本形成了门类齐全、规模相当、学位质量较好的学位授予体系，建立了一支适应培养研究生需要、学术水平较高的导师队伍，有效地保证了江苏研究生教育事业的发展。

2. 高等教育办学规模不断扩大

已经形成了多层次、多形式、学科门类齐全的普通高等教育体系。高等教育自开放以来，江苏普通高等教育取得了前所未有的辉煌成就，高等教育事业蓬勃发展，结构日趋合理，办学效益明显提高，高等教育管理体制改取得突破性进展，教学改革成绩喜人。

3. 成人教育发展迅猛

江苏成人高等教育从恢复到健康发展，风雨兼程，不断壮大。虽然独立设置的成人高校数从 1980 年的 103 所减少到 1997 年的 57 所，但办学规模不断扩大，1997 年在校学生已达 18.62 万人，为 1980 年在校生总数的 5.5 倍。累计已为社会培养成人本专科学生 40 余万人。高等教育自学考试，从 1983 年至 1997 年，累计开考 74 个专业，报考人数达 263 万人，在籍考生 55 万余人，毕业生达 10 万余人。成人中专异军突起，现有成人中专 171

所，在校生 18 万余人。职工教育稳步发展。全省参加各类教育培训的职工达 3000 万人次，高初中文化基础教育毕结业生 55 万人，外语和计算机等级培训与考核近 80 万人次。社会力量办学是改革的产物，到 1997 年底，全省有各级各类社会力量举办的教育机构 2400 余所，累计培训 860 万人次，现有 13 所民办高等教育机构举办高等教育学历文凭考试试点。全省农村成人教育迅猛发展，基本扫除青壮年文盲。实用技术培训量达 700 万人次以上，乡镇村基本上都建有成人学校，并涌现了一批省重点和示范学校，为实施农科教结合，促小康和初步实现现代化发挥了巨大作用。

4. 中等职业技术教育发展势头强劲

江苏省现有中等职业学校 856 所（含普通中专、中师、成人中专和职业高中），招生数达 29.4 万人，在校生 82.3 万人，分别是 1978 年 2.7 万人和 4.6 万人的 11 倍和 18 倍。中等职业教育占高中阶段教育的比例由 1978 年的 4.6% 增加到 1997 年的 57%。至 1997 年，已为社会各行各业输送各类中等技术、管理人才和较高素质劳动者 200 余万人。全省初、中、高级技术工人比例由“七五”期末的 70∶27∶3 提高到“八五”期末的 45∶50∶5，职业教育的事业规模、发展水平、改革创新等均居全国前列。

5. 中小学教育全面普及，素质教育全面实施

1996 年江苏率先通过国家“普九”验收，成为全国首批全面普及九年制义务教育的省份。20 年改革，20 年发展，江苏中小学教育发生了巨大变迁。

四 浙江省教育发展特点

1. 教育信息化发展迅速

目前，浙江联通已与浙江省教育厅、杭州市教育局全面合作，启动了“育人工程”。利用信息技术优势，建设远程多媒体教育系统。

2. 构筑终身教育体系，创造学习型社会

经济建设必须要转到依靠科技进步和提高劳动者素质的轨道上来，这

是"科教兴国""科教兴省"的内涵所在。据统计，浙江省现有在职专业技术人员 180 万人。这支队伍是"科教兴省"的生力军，对浙江省现代化建设具有关键性的作用。今天，科学技术的日新月异和经济的快速发展，对专业技术人员队伍的知识结构和整体素质提出了更高要求，如何以"新理论、新知识、新技术、新方法"为主要内容对专业技术人员进行继续教育，加快专业技术人员的知识更新和提高，是科教兴省和提前实现现代化的保证。

3. 全面奔小康，科技教育是关键

提高综合国力和国际竞争力，科技是关键，教育是基础，人才是根本。浙江重视整合高素质人力资源，激活新的经济增长点，切实形成独特的竞争优势，就必须继续大力推行科教兴省战略，建设国际性、开放性的人才交流中心，培养和引进高科技创业人才，特别重视研究生学历教育和创业教育，继续保持浙江省高等教育发展的强劲势头。

五　广东省教育发展特点

1. 广东高校全面实施素质教育

今年广东高校将全面实施素质教育，注重学生个性化发展，培养大学生创新精神和实践能力。这是广东省教育厅在日前公布的 2004 年广东高校教学重点工作中强调指出的。今年广东普通本科教育、高职高专和成人高等教育专业设置和课程体系与教学内容改革，要与学生毕业合格率、就业上岗率、就业后的适应率和创业的成功率相联系。

2. 本科：淡化专业，大类培养

在本科院校方面，加强基础，大力推进教学内容、课程体系的改革，优化创新人才培养。提倡一、二年级按专业大类培养，打破专业界限，实行通识教育；三、四年级按专业方向培养，形成主动适应人才市场需要的应用型、复合型人才培养新模式。高校教师在教学过程中，既要传授必要的基本的文化知识，更要通过各种教育，教会学生学会做人，学会求知，

学会做事，学会生活，学会生存，培养学生自主学习、独立获取知识的能力，培养学生健全的人格和高尚的情操。

3. 高职："订单式"培养高级蓝领

在高职教育方面，高职高专院校实施"订单式"培养高等职业教育人才培养的新模式，按照国家职业分类标准和职业资格认证制度，对仍然保留学科教育痕迹的专业设置模式和课程体系进行改革，把产学研结合作为高职高专院校办学的根本，密切联系社会生产和实践，满足社会发展的需要。

4. 成教：树立终身教育理念

在成人高等教育方面，树立终身教育理念，从成人学习者的学习时间、生理特点和学习需求出发，改变当前成人教育学历化的倾向，建立灵活多样的适应成人继续教育需要的课程体系和教育教学模式。

六　山东与苏、沪、浙、粤教育发展的比较

鲁、沪、苏、浙、粤五省市是我国经济较发达地区，下面是鲁、沪、苏、浙、粤五省市1999年和2001年教育情况的数据。

表9-1　　　　　　　　　1999年五省市教育基本情况

省份	高等学校数	高等学校教职工数	高等学校学生数	中等专业学校数	中等专业学校教职工数	中等专业学校学生数	普通中学教职工数	普通中学在校学生数	小学教职工数	小学在校学生数
山东	52	49624	213679	251	39274	344062	414538	6204328	451064	8707249
上海	41	60285	186307	87	12889	130609	77522	774646	64869	881499
江苏	72	74786	329825	206	27516	475856	264160	3408878	316583	7411888
浙江	36	30523	138564	149	14851	165227	157835	2281459	175299	3633125
广东	50	44645	220810	248	25134	279608	265253	4439061	414314	9209566

资料来源：《中国统计年鉴（2000）》，中国统计出版社。

表 9 - 2　　　　　　　　　　2001 年五省市教育基本情况

省份	高等学校数	高等学校教职工数	高等学校学生数	中等专业学校数	中等专业学校教职工数	中等专业学校学生数	普通中学教职工数	普通中学在校学生数	小学教职工数	小学在校学生数
山东	65	64362	449360	200	28002	310508	451014	7021844	422905	6991932
上海	45	61693	279966	82	12297	121242	77405	810794	59477	730450
江苏	73	85433	585528	173	23535	416043	287314	4151077	319045	6864985
浙江	39	44347	293078	82	5688	129261	176990	2629996	176428	3462761
广东	62	51057	381926	220	22816	238370	289103	4896988	428614	9529844

资料来源：《中国统计年鉴 (2002)》，中国统计出版社。

通过山东与苏、沪、浙、粤教育发展的比较及对统计数字的分析，我们能得出各省教育的一些共同点：

1. 各省都把教育作为振兴本省经济的有力武器，又加大了对本省教育的投入

波特认为，生产要素分为高级生产要素和初级生产要素，高级生产要素（包括高素质的劳动力、高速信息网、一流的科研实验室等）是企业乃至一个国家形成核心能力的基础，因此各国政府从长远角度讲都应该加强教育事业的发展，通过教育的发展来振兴国家经济，获取企业乃至国家的持久竞争优势。以上各省都充分认识到教育对于经济发展的重要意义，重视整合高素质人力资源，激活新的经济增长点，以切实形成独特的竞争优势。在一个技术和知识日新月异的今天，只有不断学习，对人们进行教育，才能不落后于时代要求。为此，各省政府都从政策和实践层面加大了对于教育的支持力度，将教育看作是未来持续快速发展的根本保证。

2. 各省都根据本省实际情况，制定了相应的教育发展规划，或进行了教育体制的改革

例如：山东构想以 10 年左右时间，建立起与山东省未来社会经济发展相协调、体现现代化面貌的纵向教育结构体系，使山东省各级各类教育

的规模、结构和人均水平达到 20 世纪 80 年代世界中等发达国家的相应水平。江苏省基本形成了门类齐全、规模相当、学位质量较好的学位授予体系，建立了一支适应培养研究生需要、学术水平较高的导师队伍。上海市提出"科教兴市"战略，全面推进和实施"加强初中建设工程"，对高等教育实行"宽口径培养"战略，并努力打造社区终身教育体系；浙江省启动了"育人工程"，加快了教育信息化发展；广东省在高校全面实施素质教育，本科教育淡化专业、高职教育注重"订单式"培养，树立终身教育理念。

3. 在普及和加强初等、中等教育的基础上，各省都加强了高等教育的发展力度

由于以上各省经济发展水平较高，儿童入学率也比较高，因此最近几年随人口的稳定增长，初、中等学校的入学人数缓慢增加，各省都将提高初、中等教育的质量提上议事日程。随着科教兴国战略的实施，鲁、苏、沪、浙、粤的高等教育事业发展都较为迅速。

例如，随着山东省经济的持续高速增长，社会及产业结构和经济增长方式的历史性改变，高等学历的需求将迅速增加。我们可以看到，山东省高等学校在校生从 1999 年的 213679 人发展到 2001 年的 449360 人，翻了一番还要多。另外，从统计数字也可以看出，上海、浙江、江苏和广东等省市也加紧扩招步伐，高等学校在校人数迅速增长。

4. 各省职业教育异军突起，填补了高中和大学教育之间的真空。同时，由于他们密切联系社会生产和实践，也满足了社会发展的需要

山东的中等职业技术教育在 2005 年之前将继续保持积极发展的态势；2005 年后，为配合高等教育的战略调整，适应高中段教育向基础化、普通化发展的趋势，和山东省社会经济发展、产业结构调整的需要，中等职业技术教育将面临分化；一方面办专业设置适应市场需求，职业特点适于以中等职业技术教育方式的中等职业技术学校；另一方面有计划地把一批办学条件优越、专业方向对路的中等职业技术学校升级为高等职业技术学校，加快职业技术教育向高等化的发展；同时，使一部分职业技术教育转向企业内教育形式；并加强职业技术教育与普通教育的融合，使一部分中

等职业技术教育转为普通中等教育中的职业预备教育。

上海不少区县建立了社区学院和为社区服务的职业技术学院。全市近200个街道、镇成立了社区学校，居委、村普遍建立了社区学校办学点，形成了"以社区学院和职业技术学院为龙头，社区学校为骨干，社区学校办学点为基础的三级社区教育和培训网络"。

江苏省中等职业技术教育发展势头强劲，现有中等职业学校856所，招生数达29.4万人，在校生82.3万人，分别是1978年2.7万人和4.6万人的11倍和18倍。中等职业教育占高中阶段教育的比例由1978年的4.6%增加到1997年的57%。至1997年，已为社会各行各业输送各类中等技术、管理人才和较高素质劳动者200万余人。全省初、中、高级技术工人比例由"七五"期末的70：27：3提高到"八五"期末的45：50：5，职业教育的事业规模、发展水平、改革创新等均居全国前列。

浙江省现有在职专业技术人员180万人。这支队伍是"科教兴省"的生力军，对浙江省现代化建设具有关键性的作用。

广东在高职教育方面，高职高专院校实施"订单式"培养高等职业教育人才培养的新模式，按照国家职业分类标准和职业资格认证制度，对仍然保留学科教育痕迹的专业设置模式和课程体系进行改革，把产学研结合作为高职高专院校办学的根本，密切联系社会生产和实践，满足社会发展的需要。

5. 各省的教育发展呈现出多样化的趋势

除了初、中级教育外，职高、专科、本科、成人、研究生等多层次、多形式、学科门类齐全的普通高等教育体系的出现，适应了我国经济社会教育非均衡发展的基本国情。我国人口众多，各省的实际情况也不尽相同，各省纷纷根据自身情况，建立起了多层次的教育体系，满足了教育资源相对不足和社会对人才的多样化需求之间的矛盾。

虽然如此，各省的教育发展仍呈现出各自的特点，主要表现在：

1. 各省教育发展水平参差不齐

从统计数据上来看，山东（65）、江苏（73）、广东（62）三省的高等学校数量要远远高于上海（45）、浙江（39）两省，但高等学校教职工人数上也有较大落差（江苏，85433；浙江，44347）。虽然仅仅从统计数字上的差距不能说明全部问题，但是能在一定程度上说明各省的高等教育发展水平。例如，上海市虽然在高校数量上落后于三省，但是在教职工人数上并不比它们逊色许多，这说明上海市的高等教育水平还是相当高的；而浙江省作为一个经济大省则在各项指标上都远远落后于其他几省。从统计数字上还可以看出，无论是初等职业学校还是高等教育学校，山东省的排名都是比较靠前的，这说明山东的教育水平还是比较高的。当然我们也应看到，山东省高等学校数量虽多，但是真正在国内有影响力的却并不多，这是山东省高等教育发展的一个亟须解决的问题。

2. 各省教育的竞争力不同

看下表各省教育竞争指数的比较：

表 9 - 3　　　　　　　2001 年五省（市）区教育竞争指数

地区	高校数量合计	高校教职工数	中专学校数	中专教职工数	教育竞争指数
山东	1.64	1.64	1.9	2.02	7.2
浙江	0.99	1.13	0.78	0.41	3.31
江苏	1.85	2.18	1.65	1.7	7.38
广东	1.57	1.3	2.09	1.65	6.61
上海	1.14	1.57	0.78	0.89	4.38

资料来源：《中国统计年鉴（2002）》，中国统计出版社。

基本思路是：区域教育产业包括数个项目，每个项目又有数个指标，对于每个指标进行无纲量转换，其公式是：

$$X' = \sum_{\substack{i=1 \\ j=1}}^{n,m} \frac{X_{ij}}{\overline{X}_j}$$

由于项目之间选取等权重，所以还要对每个项目的指数值进行转换，然后加总形成区域教育竞争力指数，其公式为：

$$C' = \sum_{\substack{i=1 \\ j=1}}^{n,m} \frac{X'_{ij}}{X'_j}$$

教育竞争指数包括：高校数量合计、高校教职工数、中专学校数、中专教职工数和教育科研竞争指数。在各项量化的统计指标中，综合教育科研竞争指数综合排名情况依次为：江苏、山东、广东、上海和浙江。山东省在各省中位于第二位。与位处第一位的江苏省相比，其主要竞争劣势在于高校数量和高校教职工数量上。山东的优势在于高等学校的数量在全国处于第二位，仅次于江苏省，中专教职工数全国第一。山东省在高等教育上有相对优势，而在中专层次教育上则有绝对优势。

3. 由于各省实际情况的不同，各省教育的侧重点也相应有所不同

山东省由于高中段教育适龄人口将在经济持续高速增长的全盛时期走向高峰期并迅速回落，因此对高中段的普通高中和中等职业技术教育的关系做出战略调整。调整的策略原则是：普通高中持续增长，在校生规模2010年达到180万人左右，保持稳定上升的总体态势。中等职业技术教育的发展从2005年高中段适龄人口开始从高峰期降落。高等教育将按两种不同的分工模式发展。区位条件、办学条件优越的高等院校在进入21世纪后，应建设成为山东省培养高级专业人才的主要基地。其他高等教育机构主要向短期、实用、职业性和地方性的方向发展，成为根据区域经济发展需要培养紧缺急需的实用型人才基地。初等教育和初级中等教育则聚焦在普及九年制义务教育和基本扫除青壮年文盲历史使命上。

上海市则加快了基础教育改革步伐，注重学校内涵建设，促进基础教育高标准、高质量、均衡发展。针对上海要建设国际金融、经济中心的目标，上海高等教育着力培养大量熟悉国际规则的高层次人才，因此其高等教育的学科发展、专业发展、人才培养注重贴近城市的产业转移战略。此外上海市还着手构建社区终身教育体系，建立学习型社区。

江苏省高等教育办学规模不断扩大。已经形成了多层次、多形式、学科门类齐全的普通高等教育体系，并在巩固高等教育办学规模的基础上，成人教育和中等职业技术教育的发展势头也很强劲。

浙江省的教育信息化发展迅速。目前，浙江联通已与浙江省教育厅、杭州市教育局全面合作，启动了"育人工程"。构筑终身教育体系，创造学习型社会，主张用"新理论、新知识、新技术、新方法"为主要内容对专业技术人员进行持续教育，加快更新专业技术人员的知识。浙江省重视培养和引进高科技创业人才，特别重视研究生学历教育和创业教育，继续保持浙江省高等教育发展的强劲势头。

广东省在高校全面实施素质教育。注重学生个性化发展，培养大学生创新精神和实践能力。本科教育淡化专业，大类培养；高职教育实施"订单式"培养；成教则树立终身教育的理念。

通过比较，我们发现各省教育发展水平参差不齐，各省教育的侧重点不同。所以各省都根据本省实际情况，制定了相应的教育发展规划或进行了教育体制的改革。山东省要借鉴他省经验并结合山东省的实际情况，在科教兴国的有利时机下使山东省的教育更加快速发展。

七　山东省教育发展重点

国务院总理温家宝 2004 年 3 月 5 日在十届全国人大二次会议上作政府工作报告时说，要继续实施科教兴国战略。他强调，要切实把教育放在优先发展的地位，用更大的精力、更多的财力加快教育事业发展。

国家科教兴国战略，为山东省教育快速发展提供了契机。要顺利实现山东省教育发展战略目标，就要切实抓好以下重点工作：

1. 山东省在未来社会经济发展和产业结构优化的进程中，农村面貌的改变占有突出的战略地位

农村教育改革与发展将成为未来山东省教育发展的战略重点。农业技术教育将以多种形式蓬勃发展，为农业服务、为农业劳力向非农产业转移服务的中等职业技术教育，形式灵活多样的高中后教育、短期高等教育、高等职业技术教育将得到迅速发展，并产生巨大的社会经济效益。以教育手段促进农业现代化、农村工业化、城镇化进程，是各级各类教育共同的战略任务。建立一个现代化教育体系是实现教育现代化的基础和前提，是山东省未来社会经济发展的迫切需要，是具有重大战略意义的跨世纪工程，是现阶段宏观教育决策研究的重大课题。

2. 大力提高全省教育普及程度

确定基础教育在建设中的战略地位，坚持基础教育优先发展。扎扎实实实现"九年义务教育"，各级政府要高度重视，将义务教育作为实施"科教兴省"战略的奠基工程抓出更大成效。要加大政府投入力度，加快

普及进程，大力提高义务教育阶段的整体水平，使全省国民教育普及程度得到更大提高。

各级政府要努力改善基础教育办学条件，特别要加大对贫困地区的扶持力度，支持不同经济发展程度地区学校之间进行合作交流。要加大对薄弱学校、残疾儿童特殊学校的支持力度，重视解决流动儿童受教育问题，进一步完善并全面落实以"奖、贷、助、补、减"为主要内容的资助家庭困难学生的政策和制度，促进教育公平。

3. 加快职业技术教育发展步伐

促进教育事业与经济建设需要紧密结合，必须加快职业技术教育的发展步伐，培养一大批具有必要的理论知识和较强实践能力，农村急需的各类职业技术人才。

要调整中等职业教育结构，优化教育资源配置，通过资源重组发挥规模效益，提高教学质量，建立集职业教育、就业培训和技术推广为一体的中等职业技术教育新体制。

要建立新的办学机制，大力促进高等职业教育的发展。充分利用现有教育资源和兴建区域性高职学院，鼓励高等本科院校利用社会投资兴办或与企业合作举办职业技术学院，扩大高中后职业教育培养规模。大力推进适应社会主义市场经济运行机制的高职招生、就业制度，并对课程设置和培养方式进行改革。

尽快建立职业技术教育与普通教育之间相互沟通、相互衔接、协调发展的新的教育体系，通过改革考试选拔和质量评估制度，促进职业教育与学历教育相互兼容，为毕业生提供继续学习深造的机会。要逐步实行弹性学习制度，放宽招生和入学年龄限制，允许分阶段完成学业，为学生参加社会实践创造条件。健全在职人员岗位培训和继续教育功能，要把职后培训纳入职业教育体系，统筹规划协调发展，建立健全劳动力素质和职业技能的终身培训体系。

4. 进一步增加高层次专门人才资本存量

培养同现代化要求相适应的数以千万计的高素质专门人才，加快高等教育发展具有空前的紧迫性。

要将培养高素质创新人才置于高等教育发展的核心地位。要建设一支高质量的教师队伍；要建立起面向现代化建设需要的新的教程体系；要大力提高教育技术手段的现代化水平和教育信息化程度；要改革人才培养模式，积极实行启发式和讨论式教学，激发学生独立思考意识和信息处理能力，培养出具有创新意识、实践能力和创业精神的高素质等专门人才。培养结构要进一步优化。要面向经济建设主战场，加大力度调整优化高等教育的培养结构。要正确处理好普及和提高、教学和科研的关系，在增强整体高等教育发展能力的同时，瞄准国家知识创新体系建设目标，继续重点加强一批重点大学和重点学科建设，使其成为知识创新和科技开发的重要基地，推进产学研相结合，加快高校科研成果产业化，增强山东省的科技竞争实力；要优化科类和专业结构，结合社会需求的实际变化，调减需求量明显不足的科类专业招生数量，加强培养适应高新技术发展的计算机、生物技术、电子通信技术、医药、自动化等科类专业的人才，加快培养加入 WTO 急需的法律、金融、贸易、工商管理和公共管理等方面的人才。

5. 大力提高教育信息化水平

教育信息化已经成为现代教育发展的重要基础性建设。必须不失时机地全面推进以计算机和网络通信为基础的教育信息化建设，大力提高教育手段和教育资源的信息化水平，使山东省教育以跨越式步伐跟上时代发展进程。

要提高平均计算机拥有量，普及信息技术教育；要加强校园网和数字图书馆建设，普及网络知识，利用网上资源提高教学质量；要努力建设一批有影响的教育信息资源和应用系统，重点扶持公共课程多媒体教学的开发，最大限度地实现公共教育资源无偿共享；要在网上构建新的开放式教育体系，最大限度地为社会成员随时提供各种学习和培训机会，开辟终身教育的新途径；要通过加快教育信息化进程，推动教育观念、教育手段、教学内容、教育技术和教育管理等的现代化；要加快培养信息化人才，造就大批高水平的信息化技术和管理人才，为新经济发展服务；要大力发展教育信息产业，培育经济发展新的增长点。

6. 全面推进素质教育

全面推进素质教育，是进入 21 世纪山东省教育改革的重大主题，是贯穿整个教育发展的核心任务。推进素质教育的目标是转变人才培养模式，培养出适应现代化建设需要的具有科学精神、创新意识和实践能力的社会主义新人。

要改革教材建设、课程设置、教学内容，建立起面向 21 世纪的现代化教学体系。要改革考试评价制度。要减轻学生过重的课业负担，建立符合素质教育要求的对学校、教师和学生的评价制度。要改革招生考试制度，实行学分制和弹性学习制度，放宽入学年龄限制，允许报考双学位或双学历教育。实行公开公正的选拔制度，尽快推行高考全过程网络录取和文凭电子注册制度。允许进行高等院校自主招生考试或部分院校联考改革试点。要改革教学方式。积极实行启发式和讨论式教学，激发学生独立思考和创新的意识。要加强对教师队伍政治素质、业务素质、思想素质和心理素质的培训，形成一支具备较高素质和能力的教书育人专业队伍。要改革现行师范教育体系，调整师范学校的层次和布局，发挥综合性院校的培养优势，拓宽师资培养渠道和提高师资后备力量。

八　山东省可持续发展教育对策

1. 实施教育可持续发展的战略意义

新世纪，人类赖以生存的自然环境、社会环境以及人类本身的发展面临着前所未有的挑战；为了迎接这些挑战，当今国际社会已广泛认同一种全新的发展观——可持续发展。可持续发展战略将影响包括教育系统在内的社会生活的各个领域，并导致全社会的深刻变革。教育，作为社会的一个子系统，作为一种培养人才的社会活动，通过所培养的各级各类人才在社会生活各领域中的作用，将直接、间接地为可持续发展作出贡献。同时，为了满足社会可持续发展的需求，为了解决教育系统面临的各种挑战以及自身发展中所产生的各种问题，教育系统必须进行深刻的变革，以实现自身的可持续发展。

社会的可持续发展，在很大程度上取决于人的素质的提高，取决于人本身的可持续发展。而人的素质的提高，正是教育发挥育人功能的结果。对不断成长的受教育者个体来说，可持续发展表现为在不同发展阶段所接受的教育在教育内容、教育方法等方面的循序渐进的有机联系，表现为较低层次的教育为较高层次的教育打下坚实的基础，表现为全体受教育者都能公平地得到应有的、良好的教育，表现为个体对环境的认识的不断丰富以及改造世界的能力的逐渐增强。在这当中，最为重要的是人具有持续发展的潜力，具有可持续发展的丰富的内在品质。

2. 可持续发展教育的主要内容

（1）素质教育。尽管素质教育这一当前基础教育改革的主旋律是为了克服"应试教育"给学生造成沉重的负担而提出的，但从更宏观的背景来看，素质教育也正是可持续发展对学校教育的要求，因为，当前教育的缺点在于，片面强调科学教育，相对忽视人文教育；在科学教育中，重视科学知识教育，忽视科学精神和科学方法论教育；在人文教育中，偏重人文知识教育，忽视人文精神教育。从根本上改变这种状况，是实现教育的可持续发展、培养具有可持续发展潜质的人才的重要方面之一，也是当前教育改革的重要任务之一。人的可持续发展要求教育所培养的人才具有宽厚的知识基础，丰富的文化底蕴，孜孜以求的科学精神，以使学生毕业走出大学校门以后，适应日益变化的社会需要，并能够接受更多的教育、进行自我教育以至终身教育，从而获得全面发展、终身发展。

（2）思想教育。教育系统应重视关于可持续发展的思想教育，使学生具有全面的可持续发展的思想认识，学会关心、学会负责，关心生态环境的持续发展，关心社会的持续发展，关心人类自身包括当代人以及后代人的持续发展。使学生树立以下观念：①正确的生态观。要培养学生具有正确的人与自然和谐、持续发展的观念，认识到社会的发展和人本身的发展需适应资源和环境的承载能力，在促进社会与人自身的发展的同时，以持续发展的方式利用各种资源，保护和改善自然环境。②正确的社会观。使学生增强对社会发展的正确认识，认识到社会发展的内涵在于提高人类的健康水平，提高人类的生活质量，保障人与人之间的平等、公平、自由等权力。认识到经济的持续发展是社会持续发展的基础，但是，经济的发展不仅意味着数量的增长，更意味着质量的提高。③正确的发展观。使学生养成人、自然、社会协同发展的观念，政治、经济、文化全面发展的观念，全人类公平、平等发展的观念；树立当前的发展不损害且有利于未来发展的持续性发展的观念，当代人的发展旨在为后代人创造物质与精神文明财富的观念，等等。④正确的人生价值观。使学生正确理解个体的发展与自然的发展、社会的发展之间的合理关系，认识到人生的价值在于通过自身的发展，通过自身的实践，为自然和社会的持续发展做出应有的贡献。

（3）主体性教育。可持续发展的教育应是弘扬人的主体价值的教育。过去，教育理论研究中过多地强调教育的工具价值，强调从社会需求出发培养学生应有的素质，从而不同程度地忽略了人（学生）自身的存在价值，特别是人的主体价值。可持续发展观念在强调通过个体的实践为自然和社会的持续发展做出贡献的同时，更强调人在社会实践中的主体性、能动性的发挥。教育的任务是全面发展受教育者的整体素质，既如此，就更应该高扬人的主体价值，从而唤起所培养的人才的主体意识，发挥其主体活动能力。人的主体性最根本地体现在人与自然、人与社会、人与自身的关系中，体现在正确认识自然发展规律、社会发展规律以及人自身的发展规律，并驾驭这些规律，从而获得自由发展。通过教育，人们能够正确认识自己，形成和发扬自主意识，把自己作为客体对象加以审视，并进一步由自我认识达到自我批判、自我改造、自我设计、自我完善。从某种意义上讲，正确认识自我，是弘扬人的主体性的重要前提。由此，在教育活动中，要培养学生独立、创造、进取、自由、平等、民主的品质，培养学生主体意识和批判精神，形成学生自我教育的能力，从而为其终身发展自己，完善自己打下良好基础。

3. 山东省可持续发展教育对策

（1）全省教育。从根本上讲，教育的可持续发展，有赖于全省教育目标的实现；而全省教育目标的实现，在很大程度上取决于对儿童的保护，取决于增加贫困地区儿童尤其是女童的受教育机会。

（2）终身教育。终身教育是实现教育系统自身持续发展和人类持续进步的重要措施。终身教育观念是对人自身发展观念的根本性变革。传统的看法是把人的一生划分在学校学习的阶段、工作阶段以及老年阶段，而终身教育则把人的一生视为一个持续发展的连续整体，强调人的不断学习、不断进步和不断发展。

（3）教育与社会紧密相连。可持续发展要求全社会形成一个有机联系的系统，强调之间的相互依存、相互联系。对于教育系统来说，其生存与发展过程即是通过所培养的各级各类人才进入社会，以实现教育与社会各子系统之间的物质和能量交换，这首先体现在教育的内容要联系社会实际，教育所培养的人才要为社会所需。

（4）教育投资持续增长。从根本上讲，教育系统要实现自身的可持续发展，必须有充足的教育资源作保证。人力资本投资研究表明，对人的投资收益要远远大于对物的投资，教育在经济可持续发展中的作用极其重要。所以，山东省教育投入应该保持持续增长。

第十章 科技发展比较

一 山东科技发展现状

山东省近几年来，积极采取各项政策措施，通过资金支持、科技改革、吸引人才，鼓励海外科技人员回国创业，税收优惠，建立高科技园区等，优化科技资源配置，加快高科技产业发展，大力提高企业技术创新能力，努力促进高校和科研机构的基础研究水平，使科技发展取得了长足进展，科技综合实力不断得到加强。

1. 科技人员实力壮大，素质提升

近年来山东省不断进行科研人才使用体制改革，出台各项优惠政策，广泛吸纳和培养各类科技人才。截至 2002 年，山东省从事科技活动的人员达到 24.3 万人，比 1997 年增长了 45.5%。其中，科学家和工程师14.9 万人，比 1997 年增长了 58.5%。每万人中科学家和工程师的人数也由 1997 年的 11 人增加到 2002 年的 16 人，增长了 45.5%。科技人员素质逐步提高。科学家和工程师占科技活动人员的比重由 1997 年的 56.1% 提高到 2002 年的 61.3%，提高了 5.2 个百分点。科技人员实力的壮大和素质的提高，是山东大力推进科技发展的结果。

2. 高新技术及产业进一步发展，科技在经济社会发展中越来越发挥着决定性作用

围绕工业、农业、社会发展、海洋开发、高新技术及产业发展中遇到的关键共性技术难题，山东组织实施了涉及基础性研究、高新技术研究开发及产业化、改造提升传统产业所必需的关键共性技术科技计划项目千余

项，年产生直接经济效益上千亿元，高新技术产业增加值占工业增加值的比重由"八五"末的 2.3% 增加到 12.5%，全社会科技进步在经济增长中的贡献率达到 43%。在高新技术及产业发展方面，全省已建立省级以上高新技术产业开发区 10 个，其中国家级 5 个，累计完成投资 500 多亿元，年实现技工贸总收入 1431 亿元，比 1995 年的 239 亿元增长近 5 倍。认定高新技术企业 1523 家，其中技工贸总收入过亿元的企业 68 家，高新技术企业（不含青岛）年实现工业产值 400 多亿元。2002 年，山东省高新技术产业实现工业总产值 1952.2 亿元，比上年增长 27.0%，增幅比规模以上工业高 5.4 个百分点，占全省规模以上工业产值比重为 17%，比上年提高 2.3 个百分点。其中电子及通信设备增加值比上年增长 27.6%，占高新技术产业的比重提高了 2.1 个百分点。2002 年山东省高新技术产业实现产值 91 亿元，比上年增长 9.5%，实现利税 161 亿元，比上年增长 9.7%。高新技术产品出口增长较快。2002 年山东省省级以上高新技术开发区出口的高新技术产品总值为 11.3 亿美元，比上年增长 28.3%。高新技术产业的迅速发展，也促进了科技含量高的机电产品的出口。2002 年山东省机电产品出口总产值为 50.3 亿美元，增长 32.5%，占全省出口商品总值的比重为 23.8%，比上年提高了 2.8 个百分点。

3. 科技自身实力进一步加强

全省各类专业技术队伍达到 260 万人，其中从事科学研究的技术人员达到 20 多万人。"九五"以来，全省共取得重大科技成果 1.79 万项，获国家科技进步奖和国家发明奖的数量连续 8 年居全国第一位；全省专利申请量达 39356 件，专利授权量 23313 件，居全国前列；全省技术贸易机构发展到 1.4 万余个，年技术交易额达到 28.8 亿元。全省出版科技专著 5266 种，发表科研论文 89035 篇；初步建成科技信息服务网络，年提供科技信息服务 10 余万条。

4. 科技发展能力进一步提高

全省有各类研究开发机构 1841 个，其中政府部门属 443 个，高等院校属 270 个，大中型企业属 1128 个。建立国家级重点实验室 3 个，省部级重点实验室 81 个；科研中试基地 13 个；省级以上工程技术研究中心

42个，其中国家级2个；省级以上生产力促进中心32个，其中国家级2个；省级以上科技成果推广中心35个，其中国家级6个；省级技术市场7个；与70多个国家和地区建立科技交流与合作关系，与中国工程院、清华大学、北京大学等著名高等院校、科研单位签署了全面科技合作协议；全省民营科研机构和科技企业数量发展到7000多家，技工贸总收入达200多亿元，从业人员50多万人。

二　山东与沪苏浙粤科技发展的比较

1. 创新能力

创新是经济社会发展的不竭动力。伴随知识经济发展和经济科技全球化时代的到来，创新能力对实现社会经济发展目标将发挥关键性的作用，创新已成为衡量一个地区竞争力的关键因素。进入新世纪，经济竞争格局正在发生深刻的变化，创新，特别是原始性创新已经成为地区间科技与经济竞争成败的分水岭，创新已经成为区域发展的原动力，成为决定产业分工的一个基础条件，成为经济全球化条件下区域发展的根基所在。考察世界经济的发展史，不难发现在每一个阶段，异军突起的区域往往是创新活动易频繁发生的区域。世界经济中心的转移总是与世界科技中心的转移相伴而生。当今时代，创新能力和竞争力已经密不可分，区域创新能力正日益成为地区经济获取竞争优势的决定性因素，成为区域发展最重要的能力因素。面对日趋激烈的竞争态势，面对产业的大转移、结构的大调整所带来的不确定性的挑战，面对区域就业增收所产生的压力，提高区域创新能力和竞争力从来没有像今天这样紧迫和必要。

区域创新能力是指一个地区将知识转化为新产品、新工艺、新服务的能力。随着地方在经济建设中的自主作用不断加强，区域创新能力建设成为各地区、学者和官员们关注的热点。创新能力往往能反映一个省市综合的科技实力和经济实力。由国家科技部人员为主组成的"中国科技发展战略研究小组"撰写的《中国区域创新能力报告（2003）》就我们所研究对比的五省市创新能力进行了分析评论。报告指出，上海在全国的创新能力排名第二，处在一个有力的竞争位置上。上海创新各方面的能力较均衡，在知识获取、企业创新和创新环境方面都处在全国第一的位置。上海有着雄厚的工业基础。近几年，外商直接投资对上海经济发展的推动作用越来越强。上海的创新能力主要表现在上海企业的创新能力强，并十分注重知识的获取。同时，上海有着全国一流的创新环境，包括金融对企业创新活动的支持等。广东在今年的全国创新排名中名列第三，在全国创新能力中仍然处于领先的位置。企业的创新能力、知识的获取能力，在全国仅次于上海，排名第二。知识创造和创新环境也仅次于北京和上海。但广东创新的经济绩效被天津赶超，被挤到第四的位置。广东的创新能力强得益于它的高度开放性，它是吸引外国直接投资最多的地方，且小企业的创新表现不俗。江苏的创新能力在上升，今年名列第四。江苏的创新能力上升与外国直接投资的推动有很大关系，现在江苏在吸引外资上仅次于广东，具有很强的知识获取和企业创新能力，均处于全国第三。但创新的绩效在全国处于第六，而知识创造能力只处于全国第九，这说明本地的科技能力相对较低。江苏的小企业在创新中的表现也很突出。浙江仍然处在全国创新能力第六的位置上。浙江的创新中有几大特点。一是小企业表现活跃；二是自主创新的能力较强，在外资有限的条件下，企业有很强的出口能力。但浙江在知识创造方面能力较弱。

特别值得引起山东注意的是，天津取代山东，成为全国创新能力排名第五的地区。天津名次上升的原因是创新的绩效上升快，已经排名第三，知识获取排名第四，显示出天津创新中已经表现出较高的活力。总结上述创新能力表现突出的地区，有以下特点：一是这些地区都有较好的科技基础，如北京、上海拥有全国最好的科技资源；二是这些地区都是吸引外资较多的地区，广东、江苏、上海、福建、山东是国内吸引外资的前五强，外资对创新能力的带动是多方面的，如新产品开发能力的提高；三是这些地区都表现出了极高的创业热情，在北京、浙江、福建等地，小企业已经成为创新的主要部门，且有较强的出口能力；四是这些地区从创新环境各个方面来看，都具有自己的特色，如发达的交通、鼓励创业的氛围、劳动者的高素质、开放的态度等；五是这些地区国有企业的比重低，与跨国公司有关系的公司、股份制企业、小企业成为了企业主体，它们比较注意利用市场机制来促进创新。因此，山东应该对照上述各项条件加以总结反思，积极借鉴上海、广东、江苏等的经验，力争在创新能力上全力做好追赶工作。

2. 基础研究

科技发展分为基础性研究和科技产业两大部分，基础性研究主要由高校和研究所开展，资金主要来自政府财政。由于科技发展与日俱进，所以高科技的概念也在不断更新，现在一般意义上所说的高科技企业主要指和信息产业、生物技术产业、新材料产业相关的企业。但是要注意以下几个趋势：第一，基础性研究一般被认为是应用性技术的基础，不能在短时间内产生经济效益，但是进入 20 世纪 90 年代以后，基础性研究和应用性研究的界限逐渐模糊，基础性研究向应用转化的时间越来越短，这也是近年来高校产学研一体化进程加快最主要的原因。第二，高科技企业和传统产业的界限逐渐模糊，一方面，更多的高科技企业不再是单纯的对新技术进行开发和应用，而更多的是与传统产业的结合。例如生物技术在农业、化工产业的应用，信息技术在零售业的应用。另一方面，大量的新技术不是由新设企业研发，而是由传统产业企业创新所得，同时传统产业为了应付日益加剧的竞争，纷纷对高科技企业进行购并，最典型的例子就是传统化工企业对生物制药企业的兼并收购。第三，高校和企业的结合越来越紧密，高校不单单向企业出售技术，有的是自身成为投资的主体，成立企业，甚至上市融资。同时由于基础性研究和应用性研究界限的模糊，企业越来越多地承担起基础性研究的任务，世界上著名的高科技企业都有自己非常完善的研究机构，例如信息技术领域的微软、IBM，医药业的默克、拜尔等，每个实验室在基础性研究领域取得的成果都不少于世界名牌大学相关专业。这些发展趋势还正在不断得到加强。

由此可以看出，大学在区域科技发展中越来越具有举足轻重的作用。世界各国的经验表明，高校不仅在创新人才的培养、创新知识的产出和传播方面有着非常重要的基础性作用，而且在促进区域高技术产业集群的形成上也具有不可替代的作用。一所富有创新意识和活力的研究型大学往往是新知识凝聚的载体和创新人才聚集的地方，能够促进新技术、新企业的产生，并能够通过孵化、培养科技型小企业成为地区经济增长的动力。很多国家和地区的高技术产业，像硅谷、北京的中关村，等等，都是依托著名的高校和研究机构发展起来的。

在现阶段中国基础研究的主要力量是高校和研究所。科技论文是科学研究活动的重要产出，一个地区的年论文量是评价其科技产出的重要指标，特别是被世界权威检索系统收录的国际论文的数量和质量，更能系统真实地反映该地区基础研究和科学技术的地位。根据2003年中国科技统计年度报告，中国国际科技论文地区分布差异较大，1/3来自北京。2002年，北京市仍作为我国国际科技论文产出的最多的省市，位居全国首位，论文数量18632篇，占我国国际科技论文总数的29.8%。在我们所比较的五省市中，上海位居第二，论文数量为7823篇，占到总数的12.5%，江苏排名第三。由此可以看出，我国国际论文的地区分布具有较高的集中度，北京、上海、江苏三个省市集中了全国论文数量的一半。而山东的排名还要在陕西、湖北之后。

但是总体来说，中国高校和研究所的科研水平普遍不高，远远落后于西方发达国家，甚至落后于南美洲和非洲的一些发展中国家。其主要的问题是科研投入不够，高校和科研院所科研体制滞后。第一，由于没有一个好的科研评估机构，大量低质量科研成果和论文充斥于学术刊物，各高校和研究所之间成果严重重复。科研项目与国际科技发展严重脱轨。一个国家根据自己的国情在基础研究的某一阶段进行研究是可以的，但不能闭门造车。第二，由于没有好的激励措施，科研进程无效率，大量的资源被用于科研以外的活动，造成大量的物质资源和人力资源的浪费。

山东省和其他四省市都不同程度地存在以上问题，但山东相对来说更为滞后。由于各地科技整体的水平相对都不高，山东可以在基础研究方面做出一定的突破。首先，山东需要在财政上加大支持力度。据2003年中国科技统计年度报告，2002年全国31个省、直辖市和自治区中，地方财政科技拨款超过10亿元的有9个，我们所研究对比的五省市都榜上有名。其中广东最高，达57.7亿元，已经连续7年居全国首位。与2001年相比，财政科技拨款增幅居前三位的是：广东（增加16.9亿元）、浙江（增加6.4亿元）和北京（增加4.1亿元）。地方财政科技拨款占地方财政支出比重最高的是广东（3.79%），其次是北京（3.43%）和浙江（3.33%）。比重超过2%的省市共有10个，其中广东的比重上升最快，上升了0.7%，超过了北京和浙江再次高居榜首。我们在报告中赫然发现，2002年有4个省市的财政科技拨款比上年有所下降，其中，山东下降0.2亿元。特别是山东的研究与试验发展经费内部支出，与山东较高的国内生产总值相比，其所占比重还不足 1%，为 0.84%，低于全国水平，在全国位居第 13 位。而大学和科研机构作为基础研究的主要承担者，其经费来源主要来自财政拨款，财政拨款的下降必然影响基础研究的成果和产出。其次，是着手改革高校和研究所的科研体制。可以借鉴国外的一些经验，例如延长项目评估时间，以避免科研工作者追求短期成果，减少科研必要的检验程序；项目成果由外部评审团独立评估，以保证公正性；在高校中实行教师聘任制度的改革，减少近亲繁殖，提高教师素质；应用性研究院所可以逐渐减少政府支持，并最终向企业制改革，实行自负盈亏。最近几年国内出现另外一种制度创新是企业为了迅速提高其科研能力，收购科研机构，实现其功能的转化，据统计自 1999 年以来，仅中国上市公司就收购兼并 26 所科研机构，其中 22 所运行良好。这是提高科研水平，实现科研资源优化配置的良好方式。山东省可以进行借鉴。

同时，值得注意的是，高校和研究机构与企业不同，它的主要任务是进行具有前瞻性的基础研究，这些研究不是以营利为目的，而主要是为了开拓人类科学的疆域，也是一切以营利为目的的应用性研究的知识源泉，它代表了一个国家和地区科技的根本实力，也是为高科技产业的迅速发展培养合格人才必不可少的条件。如果高校过分强调应用性研究，想从成果转化中获利，在短时间内可以取得好的进展，但不利于一个国家和地区科技产业的长远发展。另外不应过于提倡学校直接经营公司，进行科技成果转化，国内高校，特别是浙江和上海的高校成立的上市公司效益并不理想，甚至影响了正常的教学研究工作。山东省要引以为戒。山东省可以由政府专门发起成立以高校和研究所科技成果为主的技术交易中心，进行引导，同时必须有法律、咨询、资产评估等中介机构的参与，使其规范化。

3. 企业科技创新

企业的科技创新，是指企业以营利为目的而自主研发或合作研发获得技术，以提高企业市场竞争力的活动。在我们所研究对比的五省市中，广东科技发展的最大特点就是企业真正成为科技进步的主体。有四个"七成"可以佐证这个结论：广东近七成的科技开发机构设在企业，七成以上的科技人员进入企业；七成以上的科技经费来自企业；七成以上的高新技术产品由企业自主开发。广东 180 多家国家级和省级工程技术研发中心，新产品开发速度是以前的 10 多倍。

　　以上海、浙江、江苏所形成的长江三角地带的企业科研能力最强。已形成国家级经济技术开发区 9 个，国家级高新技术开发区 8 个。长江三角地带的科研能力主要集中在外资企业，特别是大型跨国公司。近年来国外大型高科技企业不但将中国作为重要的生产基地和销售市场，而且陆续将它们研发中心搬到中国，例如信息产业的微软、IBM、朗讯、制药行业的默克、拜尔，精细化工产业的巴斯夫等都在长三角地带设立研发中心，这大大带动了上海、浙江、江苏三省的科研发展。而且这些研发中心还纷纷和当地高校合作，联合进行项目开发和人才培养。同时，把所生产的高新技术产品向海外出口。山东省虽然也有不少的经济技术开发区和高科技园区，但欧美的大型企业很少，主要还是以韩国和日本的企业为主，而且技术含量不高。往往只是把山东作为一个部件加工基地，科研开发还留在本国。长三角地区的民营高科技企业的发展也居五省市的前列，这主要得益于发达的浙江省民营企业和上海市的人才吸引政策，浙江省民营的高科技企业中 73.8% 的 R&D 的投入在 2% 以上，50.6% 的 R&D 的投入在 3% 以上，而山东的民营高科技企业中 86% 的 R&D 的投入在 1.5% 以下。

　　从发展中国家，例如印度和巴西高科技发展的道路来看，跨国企业和民间企业是主要力量，跨国企业可以带来先进的技术和管理经验，可以培养大量的本土化人才和规范市场，更重要的是它们往往需要一系列本地的上下游高科技企业做配套，这样就可以带动一个产业链。从全国的统计来看，我们也可以发现，外资企业也已成为高新技术产品出口的主导力量。据 2003 年中国科技统计年度报告，2002 年，在我国高新技术产品出口中三资企业所占的比重达到 82.2%，特别是外商独资企业所占的比重首次超过 50%，达到 55.4%。1996 年，国有企业、中外合资企业和外商独资企业在高新技术产品出口中大约是"三分天下"，各占 1/3 左右；到 2002底，这一格局已经发生较大变化，外商独资企业已占据"半壁江山"，而国有企业所占的比重下降了一半，中外合资企业也下降了 10 个百分点。由于高科技企业对适应技术变化的要求很高，民营企业灵活的经营机制和有效的激励措施更能适应市场的激烈竞争，因此，在长三角地区，民营企业科技发展的加速推进也是自然之理。因此，山东要积极借鉴上海、浙江、江苏经验，出台优惠政策，积极吸引国外高科技企业进驻，同时可以建立专门的民营高科技企业专项基金，进行扶持，对民营企业的科研开发进行税收优惠，鼓励民营高科技企业的发展。

4. 经济技术开发区和高新技术开发区

我国为了促进高新技术的发展，在各地设立经济技术开发区和高新技术开发区，在园区内实行优惠的土地、税收等政策，以促使国内外高新技术企业的进驻，形成产业链，取得协同作用。

在所考察的五省市中，上海、浙江和江苏形成的长江三角地带的经济技术开发区和高新技术开发区最为成功。一个很显著的特点是它们已经初步形成了高新科技产业的专业化与分工，形成了聚集效应，例如苏州工业园区，日本、中国台湾和欧美项目分别占项目总数的31%、28%和34%。其中排名世界100强的企业13家，世界十强的企业5家，已汇聚的摩托罗拉中国第二大生产基地，年生产300万台显示器和90万台彩电的飞利浦基地，年生产30万吨聚酯切片的杜邦聚酯基地。外商不断增资是苏州高新区扩大吸收外资规模的重要方式，目前已有2/3的外资都已增资。漕河泾新兴技术开发区是全国唯一的同时享有经济技术开发区和高新技术开发区优惠政策的开发区。漕河泾开发区内的电子通信产业企业已达到全区企业总数的一半以上，电子通信产业产值占到全区工业总产值的78.2%。还有昆山和杭州、南通都在向着世界级高新技术园区的方向迅速发展。

山东省虽然没有长江三角地带优越的地理位置和政策优势，但是同样可以根据自己的实际情况推动高新技术产业的迅速发展。第一，可以减少经济技术开发区和高新技术开发区的数量，提高其审批标准，专心于几个真正有优势的园区。集中优势资源，避免盲目地上项目。第二，政府要转变观念，强化政府的服务职能，规范市场秩序，保护知识产权，维护公平竞争，为推动企业与科研机构的科技合作和科技经济的一体化牵线搭桥，为科技型中小企业的发展提供孵化器、中试基地等。第三，在园区内不可盲目要求企业进行技术创新，可以先从加工做起。从中国台湾和印度的发展经验来看，这是一个地区高科技企业发展的必经阶段，台湾80年代，信息产业的基础很薄弱，先给西方发达国家公司作加工，并成为了全球最大的计算机硬件加工基地，在充分掌握了技术，培养了人才之后，开始在90年代创立属于自己的品牌，最终走向世界。山东省同样可以先为国外大公司，甚至国内著名企业作加工，在形成产业一体化后，再树立自己的品牌，以图发展。

5. 科技发展的制度环境

近年来，世界范围内的科技发展一个最重要的制度环境的创新，就是风险投资的迅猛发展。一个完善、高效的风险投资体制，能使大到一个国家，小到一个省市的科技发展获得跳跃式的进步。高科技风险投资和其他行业的投资相比，是一种更复杂，更高级的金融形式，它对环境的要求更高。全球最成熟的风险投资在美国的"硅谷"。在硅谷，风险投资并不单独构成一个投资行业，而是和律师事务所、会计师事务所等中介机构一同成为一个产业链来为高科技企业服务。对于发展中国家而言，由于没有和风险投资基金相配套的高水平的中介机构，这就使对高科技企业投资的风险比发达国家更大。

在所考察的五省市中，上海的风险投资的环境最好，由于上海是中国跨国公司，特别是金融投资类跨国公司最早进驻，也是最密集的城市，所以集中了国内外最好的法律、会计和咨询机构和人才，上海市政府对企业提供的公共服务的水平也位于全国前列。所以中国的非政府高科技风险投资主要集中在上海，而且以国外投资基金为主，例如 IDG、软银等机构在上海都有大量投资。相比之下江苏、浙江和广东的风险投资环境稍逊，其风险投资基金主要由当地政府筹措。例如，江苏省市两级政府设立的风险投资基金近 20 亿元，占整个江苏省风险投资资金的近 90%。江苏省高新技术风险投资基金在 1992 年成立，由省政府注入 1.5 亿元，到 2001 年由于省政府的专项财政拨款，资金规模达到 6.5 亿元。而且江苏省还根据发展需要积极探索建设专业性的风险投资基金，在 1998 年建立了江苏省"三药（医药、农药、兽药）创建资金，一期总额为 3000 万元。山东省的投资环境和江苏省相似，首批风险投资基金也由政府筹集。但是政府作为风险投资的主体存在着先天的缺陷，由于资本的供给主体是各级政府，因此存在着公司治理机制的缺陷。在选择投资项目时，缺少系统、细致的评估和挑选程序，并且可能受某些行政长官的选择偏好的影响。在确定投资项目后，基本不参与风险企业的管理，甚至直接以发放贷款的方式进行风险投资。因此，传统国有企业的软约束弊端就显现出来。同时风险投资缺乏合理的激励和约束机制。一方面，分配往往只照顾到货币资本的一方，忽视了人的贡献，缺乏对经理人员的激励制度，影响了风险管理人员的积极性。另一方面，如果政府放手不管，则很可能出现道德风险。

从国外发展的规律看，政府基金在开始阶段起到扶持作用是重要的，但它更重要的作用是通过法律手段促进企业公平竞争，市场规范发展，提供有效的公共服务。随着投资环境的逐渐好转，政府基金应逐渐从中退出。所以现阶段山东省政府应做好两方面的工作，一方面，寻找良好的投资风险评价方式，提高投资基金的使用效率。另一方面，为高科技企业牵线搭桥，引进国内外风险投资基金，并逐渐从中退出。

风险投资基金和传统基金不同之处还在于它只是在企业发展的初期起到加速作用，当企业走上良好的发展轨道后，风险投资就要退出，兑现投资收益。风险投资是循环流动的，风险投资资本的退出是风险投资一轮循环的终点，同时也是下一轮循环的起点。没有退出，就没有创业投资新一轮的进入。因此对风险投资退出方式的服务质量也直接关系到风险投资的力度。风险投资的退出方式一般有三种：企业上市，风险投资通过二级市场退出；企业破产，风险投资通过破产清算退出；企业被其他企业兼并收购，风险投资通过转让股权退出。中国的资本市场还不健全，对于第一种退出方式，存在两个问题，一方面，A 股市场流通股和非流通股割裂；另一方面，创业板迟迟不开放，因此风险投资基金想通过股市退出只能在香港或海外上市，这更增加了退出的难度。面对这种现状，上海市的做法主要是，一方面，积极争取高科技公司的海外上市；另一方面，培养高科技股权转让产权市场，使风险投资能顺利退出。

山东省由真正意义上的专业风险投资培育起来的高科技企业不多，近两年投资的风险企业距风险资本的退出也还有一个成长过程，所以风险投资成功退出的案例较少。但有关调查发现，对风险资本的退出问题一直是一些风险投资公司的难题。山东省政府一方面要积极推荐企业到海外上市，或鼓励采取借壳上市等方式在国内主板上市，更重要的是要及时调整政策，鼓励大企业、上市公司、外资企业对创业企业的收购、兼并。同时鼓励创业企业的管理层并购回购，将创业投资公司在创业企业中所持有的股份购回。再者政府要加快发展和完善地方产权交易市场，为暂时不能上市的中小型高新技术企业提供场外交易的条件，为风险投资的退出提供新的途径。

三 山东科技发展的对策

通过对山东省和江苏、上海、浙江、广东五省市科技发展的比较可以看出，山东省科技发展尽管取得了很大的成就，但也存在诸多的问题需要正视和解决。

与其他四省市相比，山东省的高新技术产业相对处于成长初期。2001年，山东省规模以上的高新技术产业总产值为 1376 亿元，占全省规模以上工业总产值的比重为 14.7%，广东、江苏、浙江和上海的高新技术产业的总产值分别比山东省多 3892 亿元、1474 亿元、149 亿元、675 亿元，其比重分别比山东省高 22.8、9.5、4.7、14.4 个百分点。山东省高新技术产业的差距集中在信息技术产业领域。据统计，2001 年山东省的电子信息产业增加值为 244.0 亿元，仅占全省 GDP 的 2.6%。其中电子及通信设备制造业实现增加值 78 亿元，比广东、江苏、上海分别低 577 亿元、175 亿元、136 亿元。从最重要的电子类高新技术产品的生产上看，差距也极其明显。2001 年山东省生产微型电子计算机 39.0 万部，而广东为228.7 万部。全省生产集成电路仅 133 万块，而广东、江苏、浙江和上海分别生产 17.5 亿块、13.0 亿块、3.8 亿块、22.5 亿块。

具体而言，一是科技意识薄弱，据国家科技部统计资料显示，2002年山东省科技意识排序在全国的位次是第 12 位，远远低于上海、浙江、江苏和广东。二是缺乏发展高新技术产业的良好环境。从硬件上看，由于山东省智力密度较低，发展高新技术产业的区位优势较弱，从软件上说，山东省和其他四省区比，缺少政策、服务优势和法律保障。上海、浙江和江苏位于长三角地区，占据了有利的地理位置，同时在制定政策上具有创新性，吸引了大批的人才和企业。三是自主创新、持续创新能力和成果转化能力不足，高层次人才缺乏，每万人中科学家和工程师数量仅居全国27 位，远远低于其他四省区，虽然山东省专业科技人员的数量远远高于其他四地，但大多是传统技术人员，高技术人才和具备现代企业管理经验的人才偏少。四是科研体制滞后，企业的科研机构不规范，政府投资的科研机构还没有很好的激励措施，科研和应用结合得不紧密。山东省 2558

家大中型企业中，只有43%建立了研发机构，而上海的比例为69%。

科技的发展是一个综合性的工程，要解决上述问题以大力推进山东科技的发展，必须从多方面做好工作，采取积极对策，并在未来的科技发展中赢得先机。

一是需要做好科技发展的研究和规划。目前，我国关于国家科技创新体系的研究已经具备了相当的基础，但关于区域科技创新体系的研究才刚刚开始。我们要把山东区域科技创新体系的研究和规划，作为山东科技发展创新的一个重要内容来实施。既要研究宏观的政策和战略，也要研究具体工作中的方法和重点；既要研究国际前沿理论发展的现状和趋势，也要研究国内成功经验和典型案例。通过研究，使我们进一步明确山东科技创新发展体系的真正含义和内在机制，使我们能够更加理性和科学地认识科技创新在山东区域经济社会发展中的重要作用，认识推进山东科技工作的方向和重点。广东的做法给我们提供了很好的借鉴。2003年底，广东省邀请中国科学院院长路甬祥院士担任领导小组组长，并组织了以两院院士为首的200多位各方面的专家学者，重点开展了提高广东高新技术产业竞争力的战略研究，在提升该省高新技术产业竞争力、下一步发展的重点领域和政策扶持措施等方面，取得一系列宝贵的研究成果。为今后的决策提供很好的科学依据。今年，广东省将借此出台促进高新产业发展的措施。

二是要对高校和研究所的科研体制进行改革，积极学习国内外的先进经验，提高基础研究的水平，培养高科技发展所需的人才。要按照全国科技体制改革和全国公益类科研机构改革试点要求，继续推进科研机构改革。我们同样可以借鉴广东的改革思路。在广东，省属69个研究所已分步进行了转制，不同类型科研机构事业费按不同比例全部减拨到位，科技事业费改养人为办事，通过申请承担重大科技项目和研究开发任务获得经费。各类科研机构生存问题已经解决，进入良性发展阶段。公益类科研机构通过深化改革，科研主体和经济实体均得到不同程度的加强。要积极实施人才战略，加快培养造就一批科技拔尖人才。完善和实施以人为本的若干重大政策，力争在人事制度、知识产权制度、科研评价和奖励制度、新创业产权激励政策等方面取得突破，营造良好的创业创新环境。每年继续加大选派科技骨干和企业经营管理者到国外培训的力度，加强与国内外著名高等院校的合作，创造条件吸引他们联合办学和办研究院，培养和造就一批发展高新技术产业的复合型人才。积极参与国际人才争夺战，重点在电子信息、新材料等领域引进一批国内外优秀科技人才，建立科技人员创新创业和向产业领域流动的激励机制，形成以大企业为主吸纳科技创新人才的环境。

三是政府要转变观念，提高服务意识，积极吸引国内外高科技企业的进驻，要认真学习苏州、无锡模式，力争培育出成功的高科技园区，形成完善的产业链，取得集聚效应。特别是苏州工业园区更值得借鉴和学习。在所有国家级经济技术开发区中，苏州工业园区累计引进合同外资以140.3亿美元的成绩高居第二，而单个项目投资额、单位土地面积投资密度、年均引资额则均居首位。之所以如此，第一，园区形成了强烈的"亲商"观念，即政府各部门都强化为客商盈利服务的观念。高效廉洁的政府机构，也是园区成功的重要因素。第二，园区借鉴了国际通行的科学的城市规划原则、方法，先规划后建设，超前规划，不能随意改动规划，避免了许多城市"建了拆，拆了建"的折腾，赢得了投资者的赞赏。同时，园区遵循了高标准、高起点环境保护的理念和方法。区内各项环保标准远远高于一般城市，绿化率高达40%，与发达国家区别甚微。第三，从新加坡中央公积金制度变化而来的园区公积金制度，开辟了一条中国社会保障的新路。员工自己存钱保障自己，而不是年轻人保障老年人，极大调动了员工工作的积极性。第四，在"流动自由、中介规范、法制健全、讲求效率、不断创新、富有活力"思想指导下，园区实现了人力资源的市场化配置，建立了网络化的职业介绍系统、专业化的就业培训系统、市场化的劳动力价格系统、法制化的人力资源管理系统和程序化的评价反馈系统。第五，园区从新加坡借鉴了用制度保证和谐稳定劳资关系的做法。如在经济景气时，引导有秩序地适度加薪；不景气时，引导合理的减薪。第六，借鉴新加坡发展公共组屋，实现了"居者有其屋"的经验，园区超前开发大众住房，让每套大众住房的售价相当于员工家庭收入的400%左右，让员工分享园区发展的成果，目前园区已累计建设商住房400多万平方米，入住居民4万余人；由政府投资兴建"邻里中心"，不以营利为目的，极大地方便了社区居民的日常生活。第七，法规健全，有法必依，是新加坡国际知名的一大优点。园区编制、颁布了关于城市规划、环境保护、投资、劳动、行政收费、公积金和公务员等方面的40多个《管理办法》，并十分注重依法办事，已在投资者中产生了良好的声誉。这一系列借鉴新加坡的独特的管理服务办法，使苏州工业园区在全国工业园区中脱颖而出。

四是要大力提高法律、会计、资产评估等中介机构的服务水平，完善产权交易市场，为风险投资的进入和退出提供完善的渠道。发展科技中介机构，完善科技服务体系。鼓励和支持社会力量创办多层次、多类型的科技中介机构，健全科技中介服务体系。通过与科研机构、大专院校、工程中心以及专家学者建立依托关系，与一批中小型科技企业、乡镇企业建立服务关系，形成面向中小企业技术创新的服务网络。可以借鉴上海的做法，进一步出台相关政策和措施。去年7月，上海已正式启动知识产权战略。推出的《关于进一步加强本市知识产权工作的若干意见》和《上海知识产权发展战略纲要》，以大力推动上海知识产权发展的战略目标：即通过5年时间，实现以知识产权拉动上海产业结构升级的目标。上海同时还正在酝酿对《上海市促进高新技术成果转化的若干规定》的第三次修改，以给予更宽松的政策。该规定颁布于1998年6月，主要鼓励科技成果转化为现实生产力，被誉为从思想观念、政策导向、创业环境等方面破除了壁垒。这一政策实施以来已达到很好效果，转化项目中，出现四个70%：70%的项目属于信息、生物医药、新材料等高新技术领域，70%的项目属国际先进，70%的项目拥有自主知识产权，70%的项目在研制成功一年内顺利转化。由此足见上海大力推进科技发展服务体系的力度和成效。

五是积极推进区域科技创新合作。山东省科技的发展可以借鉴长三角地区和泛珠三角地区的经验，在区域科技创新合作上有新突破，像广东积极推进的粤港澳科技合作和"9+2"泛珠三角区域科技合作就取得了良好的成果。长三角地区的沪苏浙二省一市对其科技合作创新体系建设的目标地位是：一体化、开放型、现代化。"一体化"就是要大批行政区划界限，从长三角整体发展来规划、建设创新体系。"开放型"就是充分利用国际国内两种科技资源，既要区内相互开放，又要面向全国，面向世界，以开放促发展。"现代化"就是要瞄准世界科技发展前沿，遵循市场经济和科技发展规律，建成全国一流、世界先进，具有国际竞争力的创新体系。长三角除了在经济、科技上取得的成就值得其他地区学习之外，这种打破行政区划、组建板块式区域创新体系的意识值得山东借鉴。山东省可以与北京、天津等环渤海地区省市形成互动，进行技术、资金、人力等资源的共享，根据不同的优势形成不同的优势产业带，其可行定位就是共同把环渤海地区打造成高科技产业链最完善、规模最大、技术最全面的地区。

第十一章　投资发展比较

消费、投资、净出口是拉动需求的三驾马车，同时也是促进经济增长的三大动力。特别是投资，在经济发展中起着举足轻重的作用。投资对经济增长既有供给效应，又有需求效应。正因为这种双重效应的作用，投资不仅对当年而且对以后的经济发展都具有重要影响。研究投资，在宏观层面上主要是研究投资规模、投资结构和投资政策。本章通过对山东与苏沪浙粤投资发展的比较研究，进一步探讨加快山东未来投资发展的对策。

一　投资的长期态势比较

30多年来的改革开放，使我国经济发展模式和经济体制都发生了巨大的变化。在这一历史性的变迁过程中，山东经济建设取得了令人瞩目的成绩，实现了国民经济的持续、快速发展，综合实力大大增强。这些成绩的取得，与投资密不可分。固定资产投资增长与经济增长高度相关。从30多年的历程看，除个别年份外，固定资产投资增长与国内生产总值增长的变化相当一致。固定资产投资是影响经济发展的重要因素，也是改革开放30多年来山东经济高速增长的发动机。与此同时，与山东同居东南沿海的苏沪浙粤其经济实力亦在不断增强，投资对其经济的促进作用亦相当突出，在一些方面甚至远甚于山东。下面我们就山东与苏沪浙粤投资的长期态势做一比较。

1. 投资规模比较

投资作为经济增长的第一推动力，在经济发展过程中起着非常重要的作用。改革开放以来，山东固定资产投资规模不断扩大，全社会固定资产

投资额由 1978 年的 41.87 亿元增至 2003 年的 5326.7 亿元①。其中，"六
五"时期山东省全社会固定资产投资 595.5 亿元，"七五"1531.9 亿元，
"八五"4362.8 亿元，"九五"10172 亿元。进入"十五"时期，全社会
固定资产投资进一步增长，三年已达 11643.78 亿元，超过了"九五"的
总和。各时期投资规模不断扩大，促进了全省经济的加速发展。特别是
2003 年，山东固定资产投资规模大幅度增长，在五省市中跃居第二位，
仅略逊于江苏（见表 11-2）。然而从投资的长期态势来看，山东的固定
资产投资规模在五省市中的地位也是不断变化的。从投资规模的长期态势
分析，山东的投资总量偏小、投资率偏低，与经济大省地位不相称。山东
作为全国的经济大省，投资额在 1982 年前一直位于全国首位，占全国的
比重达 8% 以上，很是辉煌了一阵。但是 1982 年以后，山东的投资额在
全国的位次逐步后移，江苏、广东、上海、浙江四省市先后赶上和超过山
东，且差距不断拉大。到 1996 年，山东在全国的位次移居第五位，占全
国的比重也由 1979 年的 8.8% 下降为 1996 年的 6.8%。1997 年，山东的
投资额比广东低 500 亿元，比江苏低 380 亿元，比上海低 200 亿元，与浙
江基本接近（见表 11-1）。

表 11-1　　　　鲁、苏、沪、浙、粤五省市历年投资规模比较　　单位：亿元

时间＼比较对象	山东	江苏	上海	浙江	广东
1978	41.87	21.75	27.91		27.23
1979	61.35	26.75	35.48		28.29
1980	69.97	34.73	45.43		38.29
"六五"时期	595.54	564.89	412.74		548.80
1981	79.60	60.50	54.6		60.40
1982	85.00	76.21	71.34		84.73
1983	96.46	105.27	75.94		88.71
1984	140.15	130.98	92.30		130.37

① 文中 2003 年的数据均为初步统计数；由于统计口径的不同，文中个别数据在不同的统计口径中会有差别。

续表

时　间 ＼ 比较对象	山东	江苏	上海	浙江	广东
1985	194.33	191.93	118.56		184.59
"七五"时期	1531.87	1606.75	1020.34		1549.91
1986	223.08	241.23	146.93		216.50
1987	297.77	317.12	186.30		251.01
1988	369.82	371.87	245.27		353.59
1989	305.54	320.23	214.76		347.34
1990	335.66	356.30	227.08	186.96	381.47
"八五"时期	4362.77	5307.18	3994.67		7498.19
1991	439.82	439.98	258.30		478.20
1992	601.50	711.70	357.38		921.75
1993	892.48	1144.20	653.91		1629.87
1994	1108.00	1331.13	1123.29		2141.15
1995	1320.97	1680.17	1601.79	1357.9	2327.22
"九五"时期	10172.02	12426.20	9620.86		
1996	1558.01	1949.53	1952.05		2327.64
1997	1792.22	2203.09	1977.59		2298.14
1998	2056.97	2535.50	1964.83	1847.93	2668.13
1999	2222.17	2742.65	1856.72		3027.56
2000	2542.65	2995.43	1869.67	2267.22	
"十五"时期					
2001	2807.79	3302.96	1994.73	2776.69	3548
2002	3509.29	3849.24	2187.06	3458	3943.81
2003	5326.7	5335.8	2452.11	4947	4988.9

　　进入 2003 年，情况有较大改观。作为经济增长的"三驾马车"之一的固定资产投资"马力"明显增强，对山东经济增长拉动作用明显。2003 年山东固定资产投资高速增长，实现历史性突破。以开发园区、经

济产业带、半岛城市群建设为重要载体的投资高速增长，各类投资主体扩大投资的动力显著增强。2003 年，全社会固定资产投资完成 5326.7 亿元，首次突破 5000 亿元，增长 51.7%，为历年来的最高增速。

与此同时，其他省市固定资产投资亦有较快增长。2003 年，江苏完成全社会固定资产投资 5335.8 亿元，比上年增长 38.6%，增幅提高 22.1个百分点。上海固定资产投资总量再创历史新高，全年完成固定资产投资2452.11 亿元，比上年增长 12.1%，增幅比上年提高 2.5 个百分点。浙江全年固定资产投资保持高速增长。全社会投资 4947 亿元，比上年增长38.1%，其中，限额以上固定资产投资 4166 亿元，增长 41.7%。广东固定资产投资快速增长。全年完成全社会固定资产投资 4988.90 亿元，比上年增长 26.5%（见表 11 - 2）。

表 11 - 2　　　　　2003 年鲁、苏、沪、浙、粤五省市投资总体情况

单位：亿元；%

指标\分量\比较对象	山东		江苏		上海		浙江		广东	
	总额	增长	总额	增长	总额	增长	总额	增长	总额	增长
全社会投资	5326.7	51.7	5336.8	38.6	2452.1	12.1	4922	39.6	4988.9	26.5
国有及其他	3584.7	53.9	3664.8	57.4	2273.6	13	3057.1	33.1	4111.6	26.6
基建	1809.0	65.8	1864.5	62.8	927.3	18.3	1642.5	39.1	1898.9	40.4
技改	916.4	43.7	668.9	47.6	388.0	-8.2	356.9	0.9	634.3	24.1
房地产	579.6	48.4	809.2	48.7	901.2	20.3	972.4	34.2	1209.9	8.3

2. 投资率比较

投资率是指固定资产投资额占国内生产总值的比重，它是反映投资规模与国力适应程度的一个重要指标。投资率过高，超过了经济的实际承受能力，就有可能导致国民经济发展的失衡；而投资率过低，则投资对经济发展的推动作用就难以充分发挥。从国外经验来看，高投资率是与经济起飞相联系的必然现象。如日本在 1960～1993 年的 34 年中，投资率保持在30% 以上的就有 25 个年份，韩国的投资率近 30 年也一直保持在 30% 上下。新加坡的投资率也由 60 年代的不足 28% 提高到 70 年代后期的 40%以上，到 80 年代仍高达 35% 左右。

改革开放以来，山东的投资率变化较大，最低年份为 1981 年的 21.5%，最高年份为 2003 年，投资率第一次达到 43%。尽管 2003 年山东的投资率有较大飞跃，但从改革开放以来总体的态势来看，低于江苏、上海、浙江、广东的投资率水平，也低于全国的平均水平。以 2002 年为例，山东固定资产投资额占 GDP 的比重为 33.26%，比全国平均水平低 8.93%，比江苏、上海、浙江、广东分别低 2.93、6.64、11.82 和 0.52 个百分点。2002 年五省市中浙江的投资率最高。改革开放以来，浙江的投资率呈逐步上升的趋势。改革开放之初至 1983 年，这一比例基本稳定。从 1984 年到 1992 年，各年间这一比例尽管有所起伏波动，但一直保持在 20% 以上。1993 年固定资产投资超高速增长，从此之后，固定资产投资相当于国内生产总值的比例进一步上升到 35% 以上，到 2001 年达到最高，超过了 40% 大关。由于在市场经济体制成型之前，经济增长相当大程度上是靠增加投入带来的，因此浙江在改革开放之初就具有较高的投资率，但近 20 多年来投资率的大幅度上升，为保证浙江经济的起飞和高速增长创造了前提条件，并初步形成了高积累与经济高增长的良性循环。再看上海，上海在"八五"时期的投资规模平均每年增加 275 亿元，投资率比"七五"时期提高 28.3 个百分点，而 1996 年其投资率更是高达 68.8%，居全国首位，这一时期上海所取得的经济成就也是令人瞩目的。

此外，从投资密度看，山东单位面积投资量虽然大大高于全国平均水平，但与江苏、上海、浙江、广东等省市相比，差距却是十分明显的。2002 年山东每平方千米的国土面积投资量为 223.95 万元，是全国平均水平的 5 倍，但仅为江苏的 56.7%、上海的 6.54%、浙江的 65.9%，与广东的投资密度大体一致。如果从人均投资量上分析，山东的差距更大。2002 年山东人均固定资产投资 3864 元，是江苏的 71.1%、上海的 23.9%、浙江的 51.9%、广东的 77%（见表 11-3）。

表 11-3　　鲁、沪、苏、浙、粤五省市 2002 年投资情况比较

指　标	全国	山东省	江苏省	上海市	浙江省	广东省
固定资产投资额（亿元）	43202	3509.30	3849.2	2158.41	3458	3943.81
投资增长速度（%）	16.09	24.98	16.54	8.21	24.54	13.18
投资率（%）	42.19	33.26	36.19	39.91	45.08	33.78

续表

指 标	全国	山东省	江苏省	上海市	浙江省	广东省
人均投资（元/人）	3363.25	3864.02	5215.01	16171.50	7441.36	5018.48
单位土地面积投资(万元/km²)	45.00	223.95	375.17	3426.05	339.69	221.69

二 投资结构分析

投资结构是指一定时期投资总体所含各要素的内在联系和数量比例。常见的有投资的分配（使用）结构、投资主体结构和投资资金的来源结构等。下面我们对此进行分析，因观察角度变化和数据收集困难，这种分析只能是粗略的。

1. 投资资金使用结构分析

社会投资总量的配置比例，决定和改变着社会经济结构，影响着经济的持续健康发展。投资资金使用结构又称之为投资客体结构。投资客体根据不同的分析目的可分为三次产业分类的投资，生产性投资和非生产性投资，基本建设投资、更新改造投资、房地产开发和其他投资等。

关于投资资金使用结构的分析在此我们主要针对投资资金的产业投向。投资结构与产业结构关系密切，投资结构对产业结构的影响过程，可以从投资产生的需求效应和供给效应进行分析。从投资产生的需求看，它强烈地影响着产业结构的变化方向。某一投资品增多的事实，会促使生产该投资品的产业的扩张。如投资规模过大时，往往会导致钢铁、水泥等建筑材料供应紧张，促使这些物品的价格上涨，从而带动这些行业超常规发展，而这往往容易在这些行业中出现低水平的重复建设，导致局部经济领域出现过热。反之，如果投资需求不足，生产投资品的行业则会相应萎缩。从投资供给看，投资供给会形成新的生产能力，从而直接影响产业结构。现存的产业结构是过去投资供给的结果，而现在的投资供给结构又决定着未来的产业结构。

2003 年山东固定资产投资高速增长，实现了历史性突破。第二、三产业投资增长进一步加快。在国有及其他投资中，第一产业投资完成

58.94 亿元，增长 29.4%，增速同比回落 12.5 个百分点（2002 年山东在国有及其他经济类型投资中，第一产业投资结束徘徊，出现恢复增长，完成投资 45.5 亿元，在上年下降 19.3% 的基础上增长 41.9%，增幅为近年来最好水平）；第二、三产业投资分别完成 1832.4 亿元和 1693.5 亿元，增长 71.3% 和 39.5%，增速同比加快 40.7 个百分点和 13.6 个百分点；三次产业投资构成由上年的 2∶45.9∶52.1 调整为 1.6∶51.1∶47.2，第一、三产业投资比重下降。增长最快的行业当属工业中的制造业，增长 92.3%，一些传统制造行业如冶金、化工、机械、轻纺等投资出现"爆发式"增长，增幅都在 1 倍以上。在能源投资方面，只有煤炭投资增长 45.2%，而电力投资减少 6.6%，石油投资仅增 7.8%。在第三产业内部，投资结构也发生了明显变化，环境和公共设施管理业投资增长最快，为 16.2 倍，批发零售餐饮业增长 1.4 倍，科研技术服务业增长 1.2 倍，文教体育和娱乐业增长 85.3%，公共管理和社会组织增长 73.3%。而交通通信等基础设施投资在前几年大幅增长后，2003 年增幅相对减弱，邮电通信投资减少 4.3%，交通运输投资仅增长 4.8%。但山东高速公路建设始终在全国保持着领先地位。2003 年全省在建高速公路总规模 1301 公里，总投资 101 亿元。上述变化较好地体现了山东新一轮投资结构调整的方向和要求。但与其他省市相比，山东第三产业在总投资中所占的比重是最低的。与投资结构变化相对应的是产业结构的变化，2003 年山东第一产业增加值 1505.0 亿元，增长 5.6%，比上年提高 3.1 个百分点；第二产业增加值 6650.0 亿元，增长 17.0%，提高 2.2 个百分点；第三产业增加值 4275.0 亿元，增长 11.9%，提高 1.3 个百分点。其中工业实现增加值 5855.2 亿元，占 GDP 的 47.1%，增长 17.5%，拉动 GDP 增长 8.2 个百分点，成为推动经济增长的主要动力。第一、二、三产业结构由上年的 13.2∶50.3∶36.5 调整变化为 12.1∶53.5∶34.4。

2003 年江苏在国有及其他投资中，第一产业投资 53.2 亿元，比上年下降 14.0%；第二产业投资 1460.6 亿元，增长 73.4%；第三产业投资 2151.0 亿元，增长 51.0%。工业投资 1445.6 亿元，增长 75.8%，其中能源工业投资 348.7 亿元，原材料工业投资 359.0 亿元，机械电子工业投资 398.6 亿元，轻纺工业投资 270.8 亿元，分别增长 63.7%、61.3%、80.7% 和 106.2%。第三产业投资中，运输邮电通信业投资 449.1 亿元，增长 26.7%；房地产公用服务咨询业投资 1370.0 亿元，增长 69.9%；文教卫生广播福利业投资 169.4 亿元，增长 33.0%。与之相对应，2003 年江苏第一产业增加值 1106.8 亿元，增幅与上年基本持平；第二产业增加值 6782.3 亿元，增长 17.2%；第三产业增加值 4562.7 亿元，增长 11.7%。工业化进程加快，三次产业增加值比例为 8.9：54.5：36.6。

上海在 20 世纪 90 年代中期通过大规模的投资已基本完成了对老企业和传统产业的技术改造，集科技、金融、商贸、制造于一体的现代国际大都市形象正在逐步确立。2003 年上海从产业投向看，第一产业投资 4.18 亿元，比上年下降 18.2%；第二产业投资 806.94 亿元，比上年增长 16.4%，其中工业投资 800.15 亿元，增长 16.2%；第三产业投资 1640.99 亿元，增长 10.2%。三次产业的投资比例为 0.2：32.9：66.9。其中，工业投资占全社会固定资产投资的三分之一强，对全社会投资增长的贡献率达 42.1%，成为全社会固定资产投资较快增长的主要动力之一。从行业看，通信设备、计算机及其他电子设备制造业、黑色金属冶炼及压延加工业和化学原料及化学制品制造业的投资完成情况较好，分别完成投资 128.03 亿元、122.3 亿元和 73.33 亿元。在第三产业中，房地产业（含房地产开发投资）仍占主导，完成投资 926.99 亿元，比上年增长 17.6%；占第三产业的 56.5%，比上年提高 3.5 个百分点。此外，交通运输仓储邮政业投资和文化体育娱乐等社会公益性投资出现较大幅度的增长，分别完成投资 289.36 亿元和 38.31 亿元，增长 41.6% 和 3 倍。与之相对应，2003 年上海第一产业增加值 92.98 亿元，比上年增长 2.3%；第二产业增加值 3130.72 亿元，增长 16.1%；第三产业增速受"非典"的影响而有所减缓，全年实现增加值 3027.11 亿元，增长 8%，增幅比上年下降 2 个百分点。第三产业增加值占全市国内生产总值的比重为 48.4%，比上年下降 2.6 个百分点。

2003 年浙江固定资产投资保持较快增长，特别是制造业投资增长迅猛。在限额以上固定资产投资中，制造业投资 1533 亿元，比上年增长 62.5%，占 48.0%；基础设施投资 1354 亿元，增长 27.6%，占 42.4%。其中，水利环境和公共设施管理业、交通运输仓储和邮政业、电力燃气及水的生产供应业投资额分别为 554.5 亿元和 302.3 亿元和 238 亿元，分别增长 53.8%、25.2% 和 19.1%。基础性产业、公益性事业和第三产业投资比重的上升，为实现浙江产业结构升级及其高度化奠定了初步的物质基础。从长期态势来看，浙江产业结构投资总的变化趋势是第二产业投资比重明显下降；第三产业投资比重大幅度上升。2003 年浙江第一产业增加值 722 亿元，增长 2.7%；第二产业增加值 4830 亿元，增长 16.6%；第三产业增加值 3648 亿元，增长 13.2%。三次产业增加值结构由上年的8.9∶51.1∶40.0 变化为 7.8∶52.5∶39.7。

2003 年广东全社会固定资产投资增速创 1995 年以来的最高水平，投资结构明显优化，以产业结构升级为导向的特征明显。全年第一产业完成投资 28.89 亿元，增长 20.0%；第二产业完成投资 1676.13 亿元，增长37.6%；第三产业完成投资 3283.88 亿元，增长 20.3%。在基本建设和更新改造投资中，原材料工业投资 153.52 亿元，增长 95.2%；能源工业投资 318.09 亿元，增长 10.7%；交通运输业投资 437.61 亿元，增长55.0%；邮电通信业投资 248.72 亿元，增长 17.9%。九大工业产业投资力度加大，投资产业结构进一步优化。2003 年，九大工业产业共完成投资 578.32 亿元，比去年同期增长 55.8%。其中森工造纸业、石油化学工业、电气机械及专用设备制造业是投资增长最快的三大行业，投资额分别为 42.87 亿元、170.81 亿元和 94.97 亿元，分别比上年增长 165.4%、99.0% 和 66.8%。广东投资产业结构已逐步向重型化转变，出现了轻重并举的局面。据统计，1998 年以来，重化工业投资占工业投资一直都保持在 75% 以上；2003 年更是在南海石化、中海石油、广东汽车等大型重化项目的拉动下，重化工业投资加速增长，增长速度达到 46.6%，重型化趋势更为明显。与之相对应，2003 年广东第一产业增加值 1051.60 亿元，增长 1.2%；第二产业增加值 7048.05 亿元，增长 18.0%；第三产业增加值 5350.28 亿元，增长 10.8%。

表 11 - 4　　　　　2003 年鲁、苏、沪、浙、粤五省市产业投资情况

单位：亿元;%

产业	山东		江苏		上海		浙江		广东	
	投资额	比重	投资额	比重	投资额	比重	投资额	比重	投资额	比重
第一产业	58.9	1.6	53.2	1.5	4.18	0.2	3.9	0.1	28.9	0.6
第二产业	1832.4	51.1	1460.6	39.9	806.9	32.9	1809	43.5	1676.1	33.6
第三产业	1693.5	47.2	2151.0	58.7	1641.0	66.9	1343	56.4	3283.9	65.8

续表

产业	山东		江苏		上海		浙江		广东	
	投资额	比重	投资额	比重	投资额	比重	投资额	比重	投资额	比重
交通、通信业	316.5	8.8	449.1	12.3			302	7.3	686.3	13.8
备注	国有及其他		国有及其他		全社会		限额以上		全社会	

2. 投资主体结构

投资主体结构可以从多个角度进行分类。按国际上许多国家的习惯，一般将投资主体分为政府、企业和家庭。而在我国，往往将投资主体按所有制性质分为国有、集体、个体私营及其他，其中又将除国有以外的其他投资主体统称为非国有。各地非国有投资占其全社会总投资的比重这一结构相对指标可以在很大程度上反映各地投资的市场化程度。在此我们用非国有投资占全社会总投资的比重来分析各地投资所有制结构的差异。

在非国有投资中，民间投资又占了较大比重。而民间投资是相对于国有投资、外商投资的一类投资，是以我国公民个人和个人集团为投资主体的投资，包括城乡集体经济投资、私营个体经济投资、股份制、联营等其他经济投资和城乡个人投资。与政府投资相比，民间投资受市场供需规律制约，利益驱动比较明显，某种程度上更贴近市场。

经过 20 多年的经济体制改革，山东的投资格局已发生了很大的变化，投资主体呈现多元化的发展态势。国有投资的比重逐步下降，而非国有投资的比重逐步上升。2003 年山东非国有经济投资完成 3708.7 亿元，增长 62.7%，比全省平均水平快 11.0 个百分点，其中联营股份制、外商港澳台等其他经济类型投资完成 1966.7 亿元，增长 79.5%；城乡集体投资完成 1121.5 亿元，增长 47.3%；个体私营投资完成 620.5 亿元，增长 47.3%。2003 年山东非国有经济投资占全社会固定资产投资的比重已由上年的 64.9% 提高到 69.6%，在五省市中位居第二。

2003 年，江苏国有经济投资 1996.5 亿元，增长 40.4%；外商、港澳台经济投资 973.0 亿元，增长 71.1%；民间投资 2366.3 亿元，增长 27.3%，其中私营个体经济、集体经济、股份制等其他经济投资分别完成 982.53 亿元、461.12 亿元和 922.65 亿元，所占比重分别为 41.5%、

19.5％和39.0％。私营个体经济已成为民间投资的第一主体，其中城镇私营个体经济投资占到97.8％；其单体投资规模也由小趋大，如城镇私营个体投资的项目平均规模为1201万元，是2001年的2.7倍。

2003年，上海国有经济投资811.85亿元，比上年增长9.3％，占全市固定资产投资的比重为33.1％；非国有投资1640.6亿元，占全市固定资产投资的比重为66.9％，位居五省市第三，其中外商及港澳台投资468.2亿元，增长26.6％；民间投资加速启动，全年民间投资795.09亿元，增长20.1％，比重由上年的30.3％上升到32.4％，其中私营企业投资362.84亿元，增长17.6％，投资结构进一步改善。

2003年浙江民间投资活力进一步增强。全年非国有投资3198亿元，比上年增长45.8％，占全社会投资的64.7％，位居五省市第四。在制造业投资中，国有及国有控股投资仅占9.3％，而非国有投资占到90.7％；在基础设施领域投资虽仍以政府为主导，国有及国有控股投资占87.5％，但非国有投资已加快进入，比重已占到12.5％。尽管从2003年的数据比较中似乎看不出浙江非国有投资所占比重较其他省市有多大优势，但如果我们回头看看历史数据则结论会完全不同。2000年浙江非国有投资就已占到全社会投资的61.4％。从全国比较来看，浙江非国有投资比重之高，在各省市区中也是名列前茅的。2000年，浙江非国有投资比重比全国平均高出12.8个百分点，比广东、江苏、山东分别高出2.8、7.0个百分点和8.8个百分点。从投资主体构成的数量变动看，浙江的投资体制已经完成了从政府主导型体制向民间主导型体制的转变，市场引导和配置投资资金的格局初步形成。正是这种民间主导、市场导向的投资主体的积极性和创造性，带来了浙江投资领域乃至整个经济的生机和活力，成为浙江投资和经济规模迅速扩大的一个内在动因，而且强化了投资主体的约束机制，使得在大部分投资者身上"投资饥渴症"已不治而愈。

广东非国有经济投资增速较快，2003年广东非国有经济投资3476.06亿元，增长28.8％，非国有投资占整个投资的比重为69.8％，位居五省市之首。其中民营经济投资得到较快增长。由于广东加大对民营经济的扶持力度，2003年广东民营经济完成固定资产投资1633.12亿元，增长30.0％，增幅比全社会投资高3.5个百分点，民营经济投资占全社会固定资产投资的比重由上年的31.6％提高到32.7％。在民营经济中，私营个体经济（不含建房投资）投资额为 129.19 亿元，是上年的 2.26 倍，拉动城镇集体以上生产性投资增长 3.5 个百分点。2003 年，港澳台及外商经济投资增长速度达到了 38.6%，比全社会固定资产投资快 12.1 个百分点，拉动全社会投资增长 8.9 个百分点。

表 11 - 5　　2003 年鲁、苏、沪、浙、粤五省市所有制投资结构

单位：亿元；%

	国有投资	非国有投资	非国有比重
山东	1618	3708.7	69.6
江苏	1996.5	3339.3	62.6
上海	811.5	1640.6	66.9
浙江	1724	3198	64.7
广东	1512.8	3476.1	69.8

3. 投资资金来源结构

我国投资资金的来源渠道主要包括财政、金融、外资和企业自筹。经过多年的发展和积累，山东省企业自筹投资能力有了很大提高。企事业自筹资金、国内贷款增长明显快于预算内资金，投资增长对政府财政性资金依赖性减小，全省投资自主增长机制正在逐步形成，社会自筹投资增长动力强劲，表明随着经济的向好发展，企业扩大投资的内在驱动力明显增强。企业开始取代政府在拉动投资增长中的主导地位，构成了全省投资快速增长的一个新特征。

2003 年，山东投资资金来源较为充足，充裕的资金来源有力地支持了全省投资的高速增长。全省国有及其他投资项目全年累计到位资会 3688.6 亿元，增长 59.6%，同比提高 27.4 个百分点，快于投资增速 5.7 个百分点，同时资金来源结构也发生了很大变化，国家预算内资金在总资金中的比重明显下降，由 2000 年的 4.2% 降为 2003 年的 2.7%，自筹资金和其他资金所占比重迅速上升，由 2000 年的 65.8% 上升为 74.2%。说明影响投资增长的动力机制中，国家政策性因素在不断减弱，市场周期因素在不断提高，投资自主增长能力增强。2003 年山东利用外资突破百亿美元。全省批准外商投资项目 5305 个，新签合同外资额 198.9 亿美元，

实际利用外资 112.6 亿美元，分别比上年增长 30.5%、72.1% 和 73.2%。其中外商直接投资 70.9 亿美元，增长 48.9%。外资项目的平均规模继续扩大，由上年的 291 万美元扩大到 375 万美元，比上年增长 28.9%。同时，银行作为投融资的重要渠道，在投资快速增长中发挥了积极作用。2003 年金融投放步伐加快。在 2003 年新增银行贷款中，中长期贷款占 37%，同比提高 6.5 个百分点。由于资金支持和政策环境的改善，全省国有及其他投资新开工项目 9355 个，增长 33.8%，占全部施工项目的 76.5%，其中规模在 1 亿元以上的新开工大项目 1026 个，占全部新开工项目的 11%。这些项目的开工建设有力地支撑了全省投资增长。

2003 年江苏在国有及其他经济中，全省共筹措建设资金 4137.45 亿元，同比增长 64.5%，快于投资增幅 7.1 个百分点，有力地支持了投资高增长。自筹资金在江苏固定资产投资中始终占有最大比重，随着宏观经济的向好，投融资体制改革步伐的加快，投资主体自我积累能力和在资本市场上的融资能力不断增强，自筹资金以 48.3% 的速度增长，有效地支撑了投资的高速运行。国内贷款在全省固定资产投资中占有重要位置，今年以来银行对投资的支持力度进一步加大，国内贷款到位 983.54 亿元，同比增长 87.7%。随着对外开放的不断深入，利用外资作为固定资产投资的又一重要资金来源，其规模不断扩大，全年利用外资 417.53 亿元，增长了 68.3%。

浙江投资资金保证度进一步提高。限额以上投资资金保障率达 109.8%，其中自筹资金和外商直接投资比重占到 51.4%。利用外资规模不断扩大。全年新批三资企业 4442 家，增长 32%；合同外资首次超过 100 亿美元，达到 120.5 亿美元；实际到位外资首次突破 50 亿美元，达到 54.5 亿美元，增长 72.4%。其中制造业实际利用外资达到 45.1 亿美元，增长 81.5%。

2003 年广东固定资产投资到位资金是"九五"以来最好的一年。2003 年，到位资金年增长 28.8%，其中，国内贷款、利用外资和自筹资金分别增长 27.9%、29.5% 和 20.4%；完成投资额与到位资金比为 1：1.11，明显高于"九五"以来 1：0.99 的平均水平，亦高于 2002 年 1：1.08 的水平。广东固定资产投资的高速增长，招商引资发挥了决定性的作用。1986～2003 年，广东实际利用外资占固定资产投资的比重为 38.6%，比全国高 24.5 个百分点。

由于数据搜集的困难，在投资资金来源比较表中我们仅列出部分省份。

表 11-6　　　　　2003 年鲁、浙、粤三省投资资金来源情况　　单位：亿元；%

指标\比较对象\分量	山东		浙江		广东	
	总额	比重	总额	比重	总额	比重
总计	3688.6	100	4574	100	2644	100
预算内	100.3	2.7	78.7	1.7	70.95	2.7
贷款	641.3	17.4	1236.0	27.0	534.3	20.2
外资	203.0	5.5	166.0	3.6	354.4	13.4
自筹	2212.3	60.0	2222	48.6	1587.5	60.0
其他	524.9	14.2	867.9	19.0	86.6	3.3
备注	国有及其他		限额以上		基建、技改	

三　加快山东投资发展的若干思考与建议

2003 年拉动宏观经济飞速发展的最大引擎，被经济学家们归功于投资，而与之相对，究竟投资应不应该扮演如此重要的角色，或者说这种状况能否使经济保持良性发展则同时受到了经济学家们较多的质疑。较为一致的观点是，如果 2004 年投资增速略降而消费增速随着收入增加而加快，将会使未来经济保持相当长时期的高速增长。就宏观调控而言，应当从需求管理逐步转向供给调节以消除过剩的低端产能、提高增长质量。而随着国家一系列宏观调控政策的出台，可以预计 2004 年投资增速将适度放缓，而投资质量与效益将受到更多的关注。2003 年山东固定资产投资高速发展，在与其他省市的比较中，山东在一些方面甚至走在前列。面对新的宏观经济形势，如何在未来保持较快的投资发展速度，进一步优化投资结构，提高投资质量与效益，从而促进山东经济健康持续发展，这是当前我们需要认真思考的问题。

1. 保持投资规模的适度增长和投资效益的稳步提高

国内外的实践已充分证明，必须保持适度的投资增量才能带动一定速度的经济发展。投资规模过大或过小，都会引起经济过热或过冷而被迫调整。特别是在 2003 年投资出现高速增长之后，尤其应当注意保持适度的投资率，防止因投资的大起大落而对经济发展产生不利的影响。

目前，山东省现有的 25 项重大建设项目有的正在建设之中，有的正在加紧开展前期工作。按照"竣工投产一批、开工建设一批、争取筹备一批"的工作思路，山东省重大项目建设注重后劲进展顺利，有力地支撑了山东的快速发展。但是，在看到山东经济发展后劲的同时，我们也必须看到，从投资总量看，2003 年山东省固定资产投资已突破 5300 亿元，超过整个"八五"时期的投资总量，投资规模已相当可观。从投资的贡献率看，"九五"以来，投资需求越来越成为全省 GDP 增长的主要动力，2003 年投资贡献率已达 45.9%，投资拉动的空间已较为有限。与江苏、上海、浙江、广东等省市相比，山东省投资的自发性增长因素相对不足。从资金聚集和产业发展方面讲，可以说他们已经走过了资本原始积累和产业积累的过程，已经基本形成了投资自然高增长的经济基础、产业基础和融资机制，因而投资高增长的潜力更大，对经济增长的促进作用更强。因此，尽管 2003 年山东投资增速较快，但我们不可盲目乐观，而应当正视与相关省市之间的差距，努力在缩小差距的基础上实现超越。

在保持投资规模适度增长的同时，应当特别注重投资效益的提高。固定资产投资对经济增长的拉动作用是以有效投资为前提的，如果投资没有效益，投资过度，需求尤其是消费需求没有跟上，反而会发生生产过剩的危机。因此，未来我们既要保持投资规模的适度增长，更要注重投资质量与效益的提高。对于投资是否过热，我们需要判断的一个重要标准就是效益。如果投资是高效的，当投资效益大于资金成本的时候，即使投资规模很大，增长速度很快，投资也是有效投资；而如果投资是低效的，当投资运行效率已经低于资金成本时，则即使投资规模很小，哪怕增长 5% 也是过热，这种增长也是不健康的。

因此，注重投资的数量与质量、速度与效益的统一，避免无效的重复建设，着力提高项目的投资效益，应当成为今后投资工作的重点。近两年，各地为了加快经济发展，对投资拉动经济增长的作用是比较关注的。但与此同时，一些地方也出现了单纯追求投资速度而忽视效益的问题，如有的地方领导不顾当地实情搞所谓的形象工程、政绩工程，结果劳民伤财；有些地方为了加快本地的发展，采取奖惩办法，给下级部门下达招商引资指标，导致一些地方为上项目、增投资，只顾一味放权，忽视了投资的管理；一些地方工业园区的过多、过滥建设，致使珍贵的耕地资源大量流失，而一些园区对能否取得预期的经济效益却缺乏严谨的科学论证，等等。因此，必须树立科学发展观，正确处理好速度与效益、发展与提高、当前与长远的关系，在坚持速度与效益相统一的基础上，抓住机遇，加快发展。同时，在领导干部政绩考核上也应当确定科学的考核指标，以长远的可持续发展的眼光来看待现时的政绩。就投资而言，选好投资项目至关重要，项目是否可行，要从静态和动态两方面算好经济账和社会账，以最大限度地实现固定资产投资质和量的统一。在选择投资项目时，一要注重对投资项目的甄别和选择，既要考虑项目的经济效益，更要充分考虑项目的社会效益。近年来，一些投资项目尽管产生了一定的经济效益，但社会效益却很差，这是必须引起我们高度重视的。我们决不能以降低社会效益为代价来谋取所谓的经济效益。二要充分体现先进性。无论是引进，还是自建，都要坚持先进性原则，要做到设备先进、技术先进、产品先进、管理先进，严格控制低水平的重复建设和高耗能的项目上马。三要坚持可持续发展战略，树立生态投资观念，做好环境保护和资源的有效利用，既不能只顾眼前利益、追求眼前的高效益，更不能为完成任务而盲目投资，切不可因一时之利而贻害子孙。要切实有效地保护生态环境，正确处理投资建设与占用耕地的矛盾，合理规划各类工业园区建设。坚决不上污染型工业，保护和改善人民生活用水水质和大气环境质量，实现人与自然的协调发展。四要集中力量谋划、建设一批具有一定规模、符合产业结构调整方向、外部经济性好和改善区域布局的大项目，集中力量保重点，增强投资对经济增长的拉动作用。

2. 调整投资结构，优化资金投向

在投资率一定的条件下，投资结构则成为影响投资效益的主要因素。当前应进一步确立产业结构升级的投资导向。确立以产业结构升级为导向的投资增长战略，有利于投资结构的优化和投资效益的提高。

当前山东产业结构还存在许多不合理之处，如以工业投资为例，能源和原材料业投资较多，对先进制造业和高新技术产业的投入相对较少。从

重点项目投向看，省级调度投资亿元以上的项目中，基础产业和基础设施类项目比较高，而高新技术项目投资额偏低。这种情况显然与提高企业创新能力、促进工业产业升级不相适应。所以，未来的投资政策应同产业政策、外贸政策、财税政策等紧密结合起来，促使投资在继续以产业结构升级为导向的同时保持较快的增长。要大力推进产业结构向高层化、高质化、高新化升级，根据产业结构优化升级和提高重点产业国际竞争力的要求，注重投资项目的甄别与选择。一是要重点搞好基础设施内部的调整，重点解决薄弱环节，增强支撑能力。如加强城市道路交通、旧城改造、电网改造、绿化美化、空气净化、城市垃圾和污水处理等环境建设；着力解决旅游和文化产业基础设施不配套、特色不明显的问题，等等。二是投资方向应重点向农村的产业化和标准化、传统产业的改造与升级、高新技术产业化以及对提高人民生活有较强带动作用的消费升级领域倾斜，集中财力确保投资重点。

同时，要加快转变经济增长方式，由粗放型、以扩大生产规模为主转变为集约型、以提高技术含量为主，正确处理外延投资与内涵投资的比例关系。要合理调整基本建设投资与更新改造投资之间的比例。但长期以来形成的注重量的扩张、忽视质的提高的倾向，造成以外延扩大为主的投资建设、平地起家的新建项目一直占有较大比重，而以更新工艺设备、提高技术水平和产品档次为主要内容的内涵性投资却成为薄弱环节。更新改造形成同一生产能力一般要比基本建设节省投资30%。日本和亚洲的"四小龙"在经济高速发展和稳定增长的阶段，其设备更新改造投资占固定资产投资的比重都在50%以上。从基建投资与更改投资的比例看，山东省在"八五"和"九五"时期更新改造投资占全社会投资的比重仅为15.1%和14.7%，比基本建设低13.2和16.1个百分点。2003年山东国有及其他经济投资完成3584.7亿元，增长53.9%，其中：基本建设投资完成1809亿元，增长65.8%；更新改造投资完成916.4亿元，增长43.7%，增速分别比上年同期提高38.5个、21.5个百分点。与以往不同的是，在更新改造投资中设备投资比重明显加大，增长42.3%，占全部更改投资的一半以上，这表明企业技术升级改造的意愿和能力进一步增强。但总的来看，基本建设投资与更新改造投资之间的比例还相差悬殊。因此，处理好外延扩大与内涵提高的关系，适当提高更新改造投资占固定资产投资的比重，从政策上鼓励企业加大更新改造投资力度，对于转变经济增长方式，提高集约化经营水平有着重要意义。

3. 加快发展民营经济，大力拓展民间投资领域

从 2002 年山东省"两会"将民营经济确定为"亮点"工程开始，一系列促进民营经济发展的政策措施与推动方案相继出台。2002 年 3 月，山东省委、省政府实施了《关于进一步加快民营经济发展的决定》，2003年 7 月再次出台了《关于进一步加快民营经济发展的补充规定》，将目前有关民营企业的"歧视性政策"一律取消，从而为民营企业清除了发展的障碍。随着山东加快民营经济发展政策的逐步落实，民间投资呈现出了良好的发展势头。但是，与华东其他沿海省市相比，还有相当的差距。山东民营经济的发展不仅落后于毗邻的江苏，更落后于上海、广东、浙江。从上海民间投资发展趋势来看，民间资本已占据上海城市基础设施建设总投入资金的"半壁江山"；全市整个高速公路网投资中，七成左右直接来自于民间资本。大量的民间资本，被动员起来参与上海的市政基础设施建设等固定资产投资，是上海民间资本流动的一个突破性和标志性的现象。在民营经济发达的浙江，投资机制已发生根本性的变化，即大部分的投资已从行政调配资金的轨道转向市场引导和配置资金的轨道。民间资本成为投资主体，这不仅可以弥补政府财力的不足，而且以其产权清晰、自我决策、自担风险和自负盈亏的特性，能够最大限度地减少投资风险，提高投资项目效益。这在很大程度上根除了在投资项目上瞎指挥乱拍板的体制因素，从而大大弱化了"投资饥渴症"以及由此引发的投资规模失控、投资结构失衡的内在动因。反观山东，尽管投资增长对政府财政性资金依赖性逐步减小，投资自主增长机制开始逐步形成，社会自筹投资增长动力强劲，但从投资增长的内在因素分析，积极的投资政策和政府推动作用明显，而自发性投资增长较之其他省市相对较弱，投资高增长的基础还不是很牢固。而以民营经济为主导的内源性经济发育不良，无疑影响到山东提出的由"经济大省"向"经济强省"的跨越。目前山东省社会蕴藏的民间资金还远未得到充分利用，还有相当大的发展空间。因此，应进一步加快民营经济发展步伐，想方设法扩大民营经济总量，促进民营经济走向规模化、集约化、专业化，使民营经济这一"亮点"更亮，力争使民营经

济发展在量和质上都实现飞跃。

当前，省委、省政府出台的一系列政策，已经使山东的民营企业在政策上与苏沪浙粤等省市站在了相同的平台上。现在关键在于政策的具体执行过程。要避免在政策的具体执行过程中出现"中梗阻"现象，如某些地方的政府部门及办事人员政策执行不力，导致某些领域和行业，市场准入仍不公平；有的地方"三乱"现象屡禁不止，"吃、拿、卡、要"现象时有发生，等等。因此，要切实加强对民间投资国民待遇的落实，放宽市场准入，凡是国家产业政策没有明令禁止的行业一律允许民间投资进入，凡是实行特殊优惠政策的领域，其优惠政策同样适用于进入该领域的民间资本。要采取鼓励政策和措施，推动民间资本通过多种方式参与国有企业改革和国有经济的战略调整，鼓励其投资参股大型制造业领域。要彻底打破垄断，让民间资本顺畅进入教育卫生、文化体育、金融保险、电信服务、咨询等新兴服务业，使其成为民间投资的新增长点。选择一批具有良好经济效益的经营性政府投资项目向民间资本开放，按照"政府引导、市场运作"的原则，鼓励民间资本通过独资、合作、联营、参股、特许经营等多种方式参与高速公路、城市供气供热、垃圾和污水处理等基础设施和社会公益事业项目的建设。

4. 整合金融资源，进一步拓宽融资渠道

经济要发展，资金是关键。从投资资金来源结构中可以清晰地看到银行贷款和企业自筹已成为投资资金的主要来源。如何拓宽融资渠道，筹集更多的建设资金，这是当前加快投资发展的关键。根据融资过程中是否有金融机构介入，将融资分为间接融资和直接融资。然而，现有的间接融资体系显然难以适应市场多样化的融资需求。近年来随着非国有经济的发展，非国有经济已成为山东经济发展的重要组成部分和极具活力的经济增长点，与之相对应的是其对金融资源的需求量亦与日俱增。但据粗略统计，山东省银行类金融机构对非国有经济的贷款只占全部贷款的大约20%。很显然，非国有经济、特别是中小企业与民营经济在其发展进程中出现了严重的融资障碍，存在着与其对国民经济的贡献不相称的金融体系信贷支持问题。在金融领域，国有大型金融机构支配了绝大部分信贷资源供应，而这些金融机构将主要客户对象确定为垄断性行业、大型企事业单

位等，目标客户雷同，尚未形成合理分工的商业银行体系。金融体系在规模结构、所有制结构与实体经济企业规模结构、所有制结构不相匹配。而新建立起来的主要为非国有经济和中小企业服务的金融机构体系，掌握的金融资源量极为有限。地方性金融机构，不仅数量少，市场份额低，而且内部运行机制不够完善，尚未建立起健全的现代金融企业制度，进一步发展的后劲不足。实物经济结构与金融结构的这种不对称，使得全社会金融资源的供给与需求存在严重失衡。这种金融资源配置结构与经济结构变化的不一致直接或间接造成金融资源的大量浪费，导致金融资源的低效率分配。一方面，国民经济发展中最具活力的部分——非国有经济无法取得低成本的金融资源满足其生产发展和贸易扩张的需要。另一方面，国有商业银行受制于国有经济制度建设滞后，观念转变缓慢和运行机制僵化，大量金融资源处于闲置状态和低效率甚至无效率分配状态。而在直接融资体系中，由于近年股票市场的低迷，其融资功能受到很大的影响，股市筹资额下降较多，直接融资难有进展，对于现有的股票市场，大量的民营企业和中小企业更是难以指望短期内通过其上市筹资，这又进一步加剧了企业对银行贷款的依赖程度。

因此，就间接融资而言，当前一是要进一步调整信贷投入结构。一方面要提高国有企业使用金融资源的效率。加大对重点行业、重点企业的信贷倾斜，继续增加有效信贷投入，对于国家重点企业、重点行业和有效益的国有大中型企业正常资金需求确定更为合理的授信额度，适时、均衡地投放；另一方面要扩大中小企业和民营企业金融资源的占有率。当前要加大对中小企业和民营企业的信贷投入，实行综合授信。尽快完善对中小企业及民营企业的信贷评级和授权授信制度，对符合条件的抵押、担保贷款实行"一站式"服务，并适当减免费用，提高贷款效率。为此，要加快建立和完善中小企业的信用担保体系。要鼓励民间资本参与中小企业信用担保体系建设，改变现在单纯依靠政府出资设立担保机构的做法。

二是要加快发展地方性金融机构。首先，促进地方中小金融机构的发展，适应不同市场主体对资金的需求。要解决中小企业融资难的问题，不能完全依靠国有商业银行，要积极发展以中小型企业为服务对象的民营中小银行，设立中小企业投资公司。为此，应允许民营企业注资地方中小金融机构。对省内城乡信用社、城市商业银行在有关政策法规允许下，应允许民间资金进入，充实中小金融机构资本，增强抵御风险能力。应鼓励民营企业家以各种形式参与金融投资，发展民间金融资本；民间金融可以享受与国有金融机构同等的政府信用，以防止因信用不抵后者而吸收不到存款；同时实行利率市场化，给予一定利率浮动区间，从而保证民间金融机构的存款来源。其次，在条件成熟时，组建地方金融控股公司。目前金融控股公司的模式已逐渐为国内金融界所接受。金融控股公司是我国分业经营转向混业经营的中间环节，有利于协调金融资源与现行监管制度的冲突，可以说，金融控股公司是地方整合金融资源的一种较佳选择。一般来说，地方性金融机构大多各自为政，经营范围狭窄，业务种类单调，难以满足客户高效、快捷、多样化的金融业务需求，从而削弱了其同业竞争能力和获利能力，制约了业务的发展。而且由于其规模较小，经营风险大，资源整合力量微小，难以抵御和化解各种风险，可持续发展能力也较差。而通过组建金融控股公司，一方面，金融控股公司的协同效应使其风险承载能力和竞争能力强于单个分业经营的金融机构，从而能够提高金融机构在客户中的信誉度，也有利于化解区域内的金融风险；另一方面，在组建地方性金融控股公司的过程中，区域内的地方金融机构按效率和安全的原则重新整合，银行、证券、保险、信托、财务、担保等金融机构在集团的框架内充分发挥各自的作用，通过控股公司这一新的组织形态在同一控制权下和多元子公司的防护屏障之下，实施金融不同行业的服务战略，并可集中进行综合服务、金融工具和产品的创新。地方性金融控股公司可以作为一个整体，与区域内的全国性金融机构和外资金融机构展开公平有序的竞争，从而完善区域内的金融组织体系，增强区域内金融体系的活力，提高区域金融的市场化水平和辐射吸纳能力。

就直接融资而言，应充分运用证券市场的融资功能。一是要大力推动山东企业上市融资。政府要提供各种条件和配套措施，指导和协助企业上市融资，扩大直接融资总量。要对山东省的一些有实力的企业进行改造重组，使之成为符合上市条件的公司；对投资风险较大、科技含量高的高新技术企业积极做好向"二板市场"推介的工作；对"二次创业"中的民营企业，可以通过吸收部分竞争性领域的国有控股企业的股份，进行扩张，改组为上市公司，或是从股票市场上买壳或借壳上市求得迅速的发展；积极鼓励和支持符合条件的企业到香港联交所等境外市场上市。同时要提高上市公司效益，增强上市公司的再融资能力，对于那些已经进入被特别处理行列的上市公司，一定要尽快实行重组改造，使其早日摘帽，尽量避免退市的命运。此外，在条件成熟时，逐步建立或恢复各类产权交易市场。

二是要加快企业债券市场的发展。目前，在国外资本市场构成中，债券市场规模远大于股票市场，美国甚至出现了股票融资下降的趋势。而我国资本市场目前则存在着两个发展不平衡：其一是债券市场发展大大落后于股票市场；其二是企业债券市场发展远远落后于政府债券市场。人们注意到，在2003年第3季度中央银行货币政策报告中特别提到应大力发展直接融资与债券市场，从而成为本次央行报告的亮点之一。央行首次以独立篇幅，对债券市场的发展进行了表述，不仅给予债券市场以明确的发展定位，并且提出了增加债券市场供应等四项相应改革措施。因而我们可以预期债券市场的发展将面临良好机遇。山东应为此提前做好准备，待相关政策出台后方可有不俗的表现。

三是要积极发展产业投资基金和风险创业投资。投资基金是市场经济国家和地区运用和发展比较快的一种融资方式。发展产业投资资金，有利于贯彻国家的产业政策，将社会闲散资金集中起来，投向优势产业和主导产业。山东产业投资基金起步较早，但发展不快。因此应该统筹规划，加快发展。要加快对产业投资基金运作机制的研究，制定包括产业基金方案设计、体系建立、配套措施和扶持政策等一系列问题的发展规划，使产业投资基金成为山东重要的直接融资渠道之一。

同时应鼓励发展风险投资（也叫创业投资），促进山东高新技术产业加快发展。风险投资的最大特点是循环投资：投资—管理—退出—再投资。因此，退出机制是一个重要环节，必不可少。所谓"退出机制"，是指风险投资机构在其所投资的创业企业发展相对成熟后，将所投的资金由股权形态转化为资金形态。在国际上，风险投资的资金来源主要是社会和民间投资，风险投资的退出通常有如下几个渠道：首次公开上市（IPO）、借壳上市（BackDoor Listing）、并购（M&A）、股权转让（Trade Sale）、清算等，其中并购包括兼并、收购、企业回购、管理层收购（MBO）等。由于IPO获得的回报最高，因而是首选渠道。目前，我省风险投资发展迟缓，一个重要原因就是退出机制不健全。在我国，创业板（二板）市场还没有推出，IPO 作为退出渠道极为不畅，给风险投资的退出带来了诸多不便，但是我们必须清楚地认识到，创业板市场并不是风险投资唯一的退出渠道，即便是发达国家，IPO 也并不是主要的退出渠道。以美国为例，一份统计报告曾表明，在各种退出方式中，IPO 仅占 20%，并购占 25%，企业回购占 25%，转售 10%，清算占 20%。鉴于此，除了创业板市场，找到适合我国的退出渠道是快速发展风险投资的关键。就目前我国国情而言，风险投资机构应该积极地在产权市场上，从企业并购、股权回购甚至 MBO 等其他方面，多角度地寻找风险资本的撤出方式。所以，从这个角度来看，山东加快产权交易市场的发展也是十分必要的。

此外，应探讨和运用新型的项目融资方式。如国际上通行的 BOT（Build – Operate – Transfer）融资方式在山东还很少运用。应尽快选择部分领域和项目，探索运用 BOT（建设—经营—转让）及其演化形式 BOO（建设—经营—拥有）、BOOT（建设—经营—拥有—转让）、BLT（建设—租赁—转让）、BTO（建设—转让—经营）等项目融资方式以及新兴的融资方式——资产证券化融资，建立和完善多层次、多渠道、多形式的融资机制。

5. 转变政府职能，优化投资环境

环境就是资源。一个地方的投资环境如何，必然影响其经济发展。加快发展，必须重视环境建设。现在有的地方为了招商引资，一味地给优惠，然而过多的优惠并不一定能引来投资，倒有可能引起投资方的怀疑。资本是讲求回报的，除了项目本身的选择，良好的投资环境才是最重要的。山东省资源丰富，劳动力价格较低，能源、交通、通信和基础设施较好，投资的硬环境优势是明显的。但是就投资的软环境而言，山东与上海、浙江、广东等省市相比仍有一定差距。如前面谈到的发展民营经济遇到的在政策的具体执行过程中出现的"中梗阻"现象，其实就是一个人文环境的问题。人文环境的营造，比起政策环境的改善，更为任重而道远。南方等省市民营经济的发展与其人文环境是密不可分的，在这些地方，重官轻商的意识是比较淡薄的。但是在山东，一些人的"官本位"思想还比较严重，重官轻商意识在一些人的头脑中还比较顽固。如有的民营企业家反映，有的政府部门的工作人员把自己工作分内的事却当成是对

企业的恩赐。还有个体私营业主反映，搞一个小企业，工商、税务、电业局、自来水公司，等等，哪一家也得罪不起，否则，就可能遇到种种麻烦，为以后的经营埋下隐患。凡此种种，不一一列举。解决这些问题，关键还在于转变政府职能，切实把政府经济管理职能转到主要为市场主体服务和创造良好的发展环境上来。政府应从传统体制下的经济建设型政府转变为公共服务型的政府，不应继续扮演要政策、求投资、跑项目的角色。在市场机制可以正常发挥配置功能的领域，政府就不应继续垄断更多的经济社会资源和权力，而应成为以人为本的、只提供公共产品而不拥有自身和部门利益的，有公信力的、廉洁而高效的政府。要深化投资体制改革，按照谁投资、谁决策、谁收益、谁承担风险的原则，确立企业在投资活动中的主体地位。而政府要逐渐由投资主体转变为制度的供给者和政策、规划的制定者，通过良好的公共服务来增加社会投资。要加快构建"小政府、大中介"的管理模式和运作机制，变全能政府为有限政府，使政府主导型经济转向市场主导型经济，进一步理顺政府与企业、政府与市场、政府与社会的关系，更大限度地发挥市场在资源配置中的基础性作用，促使政府与市场关系更加弹性化、间接化。政府该管的事情，必须真正管好，不能出现"管理真空"，而政府不该管的事情，要下决心交给市场、企业和社会中介组织。凡是能由市场调节的、能由中介组织提供服务的、能由企业自主决定的事情，政府部门就不应加以干预。通过政府职能的转变，增强服务意识，提高宏观调控水平和行政效率，为经济发展营造良好的法治和人文环境，建立符合现代市场经济要求的政府监管框架，尤其要加强对税收、工商、司法、公安、土地管理、环保等非市场化的公共职能部门的监管，提高政府服务经济社会发展的整体素质，从而使投资环境得到全面优化，让山东真正成为投资的热土。

第十二章　人口与就业比较

鲁、沪、浙、苏、粤五省市人口占全国总人口的 23.8%，GDP 占全国总量的 44.6%，其中山东省以占全国 1.6% 的土地资源，养育了占全国 7.1% 的人口，GDP 占到全国的 10.2%，跨越了人口消费型低发展压力线。改革开放三十几年来，山东已逐步发展成为一个经济大省，为实现全面建设小康社会的目标打下了坚实的基础。与苏、沪、浙、粤相比，山东省在人口与就业方面有自己的特色和优势，但也面临许多问题和矛盾。尤其是在人口与经济发展协调质量上存在较大差距。因此，继续保持低生育水平，提高经济发展对人口质量要求，促进就业人口的就业水平，变人口压力为人力资源优势，是山东省未来人口与发展的重要任务。

一　人口与就业现状比较

1. 人口数量特征比较

（1）人口基数大、密度高

截至 2002 年底，山东省总人口已达 9082 万人，高居全国第二位，分别比上海、浙江、江苏、广东多 7457、4435、1701、1223 万人，居五省市第一位，是名副其实的人口大省。2002 年山东省人口密度为 580 人/平方公里（如表 12－1），是全国平均水平的 4.3 倍，分别比广东、浙江每平方公里高出 138、124 人，在五省市中居第三位。1992～2002 年十年间山东省人口密度每平方公里增加了 31 人，增幅是全国平均水平的 3 倍，但低于上海、广东、江苏、浙江，这说明这些地区经济的发展吸引了大量的外来人口。

表 12 - 1　　　　　　　2002 年五省市人口密度比较

项　目	山东	广东	江苏	上海	浙江	全国
人口密度（人/平方公里）	580	442	719	2563	456	134
在全国的位次	5	9	4	1	7	
1992~2002 年人口密度增量（人/平方公里）	31	75	45	442	40	11

资料来源：《中国人口统计年鉴（2003）》，中国统计出版社。

（2）人口出生率稳中有升

1992 年山东省人口出生率为 11.43‰，位于五省市第四位，2002 年山东省人口出生率为 11.17‰（如表 12 - 2），上升至五省市第二位，同期江苏、浙江人口出生率从 1992 年的 15‰左右降至 2002 年的 10‰以下，人口出生明显放慢。山东省 1992~1997 年年均出生率为 10.53‰，1997~2002 年年均出生率却上升至 11.16‰，而同期全国、上海、浙江、江苏、广东都为不同程度的下降，山东省保持低生育水平的任务仍然十分艰巨。

表 12 - 2　　　　　　　2002 年五省市人口出生率比较

项　目	山东	广东	江苏	上海	浙江	全国
人口出生率（‰）	11.17	13.29	9.17	5.41	9.98	12.86
1992~1997 年年均人口出生率（‰）	10.53	18.14	13.14	6.04	12.91	17.45
1997~2002 年年均人口出生率（‰）	11.16	15.02	9.98	5.30	10.57	14.52

资料来源：《中国人口统计年鉴（2003）》，中国统计出版社。

（3）人口自然增长率保持平稳，高增长量凸现

1992 年山东省人口自然增长率 4.55‰，居五省市第四位，2002 年山东省人口自然增长率为 4.55‰（如表 12 - 3），上升至五省市第二位。山东省人口自然增长率 1992~2002 年波动较为平缓，基本保持在 4.3‰的平均水平。上海已处于人口负增长阶段，广东、江苏、浙江人口自然增长率下降幅度均大于山东，人口增长明显放慢。山东省 1992~1997 年年均人口自然增长率为 3.81‰，1997~2002 年年均人口自然增长率却上升至

4.79‰，而同期全国、上海、浙江、江苏、广东都有不同程度的下降（如图 12 - 1 所示），值得我们注意。1992 ~ 2002 年的十年间山东省净增人口 472 万人，列五省市第二位、全国第六位。人口形势依然严峻，人口自然增长仍处于刚性增长阶段，控制人口的任务还十分繁重。

表 12 - 3   2002 年五省市人口自然增长率比较

项　目	山东	广东	江苏	上海	浙江	全国
人口自然增长率（‰）	4.55	8.21	2.18	- 0.54	3.79	6.45
1992 ~ 1997 年年均人口自然增长率（‰）	3.81	12.31	6.37	- 1.12	6.28	10.88
1997 ~ 2002 年年均人口自然增长率（‰）	4.79	9.71	3.11	- 1.17	4.27	8.06
1992 ~ 2002 年人口增量（万人）	472	1334	470	280	411	11282

资料来源：《中国人口统计年鉴（2003）》，中国统计出版社。

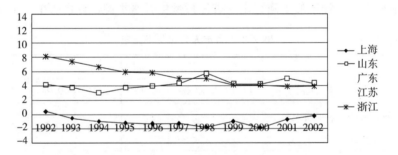

资料来源：《中国人口统计年鉴（2003）》，中国统计出版社。

图 12 - 1   五省市 1992 ~ 2002 年人口自然增长率变化

2. 人口质量特征比较

（1）文盲半文盲人口多

山东省文盲半文盲人口从第四次人口普查的 1426 万人减少到 2000 年第五次人口普查的 768 万人，减少了 658 万人，文盲率由 16.87% 下降为 8.46%，下降了 8.41 个百分点。但与上海、浙江、江苏、广东四省市相比，山东省文盲半文盲人口不仅比上海、浙江、江苏、广东分别多出 679 万、438 万、299 万、436 万，高居全国第一，而且山东省粗文盲率也高于全国6.57%的平均水平,居五省市第一(如表12-4)。这是山东省当前发展不可忽视的重大人口问题。

表 12-4 五省市文盲人口比较

项目	山东	广东	江苏	上海	浙江	全国
文盲半文盲人口(万人)	768	332	469	89	330	8507
粗文盲率(%)	8.46	3.84	6.31	5.32	7.06	6.57

资料来源:全国和地方第五次人口普查公报。

(2)大专以上文化程度人口比重小

山东省大专以上文化程度的人口从1990年第四次人口普查的82万人增长到2000年第五次人口普查的302万人,增长了268%,每10万人中具有大专以上文化程度的人口由975人上升为3331人。与上海、浙江、江苏、广东相比,大专以上文化程度人口的比重和密度偏低,分别为3.33%、3331人,低于全国3.53%、3611人的平均水平,更低于上海、江苏、广东,列五省市第四位(如表12-5所示)。

表 12-5 五省市大专以上文化程度人口比较

项目	山东	广东	江苏	上海	浙江	全国
每10万人中具有大专以上文化程度人口(人)	3331	3560	3917	10940	3189	3611
大专以上文化程度人口占总人口比(%)	3.33	3.56	3.91	10.75	3.19	3.53

资料来源:全国和地方第五次人口普查公报。

(3)老龄人口多

山东省自1994年进入老龄化社会,到2002年,山东省65岁及以上人口为772万人,占总人口8.50%,同1990年第四次全国人口普查相比,65岁及以上老年人口增加249万人,比重上升了2.30个百分点,增幅较大,远超过国际通行的7%的人口老化线,并且超出全国平均水平1.20个百分点,老年人口绝对数全国第一,高居五省市之首,分别为上海、浙江、江苏、广东的3.5倍、1.5倍、1.1倍、1.2倍,成为继上海、北京、天津、浙江、江苏之后第六个进入老龄化社会的省份(如表12-6)。

表 12-6   2002 年五省市老龄人口比较

项目	山东	广东	江苏	上海	浙江	全国
65 岁及以上人口（万人）	772	638	729	219	518	9377
65 岁及以上人口占总人口比（%）	8.50	8.12	9.88	13.48	11.15	7.30

资料来源：《中国人口统计年鉴（2003）》，中国统计出版社。

3. 就业人口特征比较

（1）劳动力资源丰富，就业人口总量大

按国际标准，2002 年山东省 15～64 岁的劳动年龄人口总量已达 6599 万人（如表 12-7），占人口总量 72.7%，是全国劳动力资源第二大省，居五省市第一位，比 1990 年的 5671 万人增加了 928 万人，平均每年净增 77 万人，是同期人口总量年均增长量的 2 倍，使劳动力资源供给呈现出阶段性过剩。2002 年山东省就业人员就达到 4752 万人，为全国第二位，五省市第一位，分别高出上海、浙江、江苏、广东 4009 万、1917 万、1246 万、785 万人，比 1990 年的 4043 万人增加了 709 万人，平均每年净增 59 万人。就业人员年均增长量仅低于广东，居全国第三位，五省市第二位。2002 年山东省总人口劳动参与率为 52.3%，仅次于浙江，居五省市第二位。90 年代以来，山东省总人口劳动参与率呈现缓慢上升趋势（如图 12-2），这说明就业人员的增速高于人口总量的增速。

表 12-7   2002 年五省市劳动就业人口总体情况比较

项目	山东	广东	江苏	上海	浙江	全国
15～64 岁人口（万人）	6599	5269	5264	1232	3365	90302
15～64 岁人口占总人口比（%）	72.7	67.0	71.3	75.8	72.4	70.3
就业人员（万人）	4752	3967	3506	743	2835	73740
总人口劳动参与率（%）	52.3	50.5	47.5	45.7	61	57.4

资料来源：《中国人口统计年鉴（2003）》，中国统计出版社。

（2）就业弹性系数偏低

与劳动力供给的快速增长相比，近年全省就业需求增长却较乏力。随

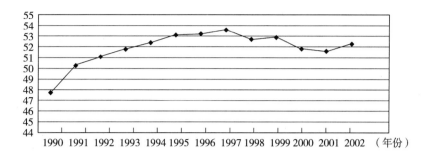

资料来源：《中国人口统计年鉴（2003）》、《山东统计年鉴（2003）》，中国统计出版社。

图 12~2 山东省 1990~2002 年总人口劳动参与率变化

着信息技术的发展和知识经济的到来，劳动、技术、资金等手段对经济增长的推动作用发生了较大变化，技术和资金的作用不断增强，而依靠大量投入劳动的作用则相对减弱，同时由于经济转型和就业体制改革等因素的影响，经济增长与就业增长呈正相关关系的就业增长机制发生了显著的变异，经济增长与就业变动之间呈现出较强的非对称性。表现为一方面经济产出连续保持较高的增长速度，近 10 多年来山东省 GDP 年均增长率达到 11% 左右；另一方面就业需求却增长缓慢，1997~2002 年 6 年间，全省就业弹性系数分别为 0.048、0.055、0.050、0.230、0.060、0.081，就业弹性系数上升缓慢，到 2002 年就业弹性系数也只有 0.081（如表 12-8），同广东、浙江、上海相比还有较大差距，与当年全省经济增长 11.6% 形成巨大反差。有限的就业需求和巨大的劳动力供给形成了较大的缺口。

表 12-8　　　　　　　　　2002 年五省市就业弹性系数比较

项　目	山东	广东	江苏	上海	浙江	全国
就业弹性系数	0.081	0.173	0.046	0.485	0.109	0.122

资料来源：《中国人口统计年鉴（2003）》，中国统计出版社。

（3）城市化水平低，就业人口结构不合理度高

长期以来，山东省人口城市化水平较低，按全国第五次人口普查数据计算 2000 年为 38.00%，远低于上海 88.31%、广东 55.00%、浙江 51.33%、江苏 41.49%，造成大量就业人口滞留在农村，城镇就业人口比重偏低，居五省市最末，乡村就业人员高达 3695.2 万人（如表 12-

9），高居全国第二，五省市第一。

由于山东省城市化水平较低，农村经济不发育，山东省第一产业就业人员尽管从 1992 年的 2698.3 万人减少到 2002 年的 2381.4 万人，但仍然占到总就业人员比重的 50.1%，高于上海、广东、浙江、江苏，居五省市第一。第一产业就业比重过大，使得就业层次较低。2002 年山东省第三产业就业比重为 25%，居五省市末位。在促进就业方面，第三产业比第二产业具有更强的容纳能力，但在山东省第三产业比重较小的情况下，不仅农村剩余劳动力的转移非常困难，同时也造成解决城镇就业问题的难度加大。

表 12 - 9   2002 年五省市就业人口结构比较

项　　目	山东	广东	江苏	上海	浙江
*城市化水平（%）	38.00	55.00	41.49	88.31	51.33
乡村就业人员（万人）	3695.2	2780.3	2649.3	259.5	2185.6
城镇就业人员占总就业人员比（%）	22.2	29.9	24.4	65.3	22.9
第一产业就业人员（万人）	2381.4	1571.7	1373.3	84.2	934.6
第一产业就业比重（%）	50.1	39.6	39.2	11.3	33.0
第三产业就业人员（万人）	1188.3	1334.9	1053.0	352.5	933.7
第三产业就业比重（%）	25.0	33.7	30.0	42.5	32.9

注：*全国第五次人口普查数据。

资料来源：《中国劳动统计年鉴（2003）》，中国统计出版社。

（4）非公有制经济就业比重偏低

虽然非公有制经济近年来已经成为山东省一个新的经济增长点和新增就业的主渠道，2002 年全省城镇新增就业人员中，有 72.95% 在私营经济和个体经济就业。但山东省就业人员中，非公有制经济就业比重仍然偏低，2002 年城镇就业人员中个体、私营企业、外资及港澳台投资等类型就业人员比重为 32.1%，低于上海、浙江、江苏、广东（如表 12 - 10），为五省市最末。

表 12 - 10   2002 年五省市城镇非公有制经济就业比重比较

项　　目	山东	广东	江苏	上海	浙江
国有单位就业人员比重（%）	47.7	32.3	40.0	35.5	27.9

项　目	山东	广东	江苏	上海	浙江
个体、私营企业、外资及港澳台投资企业就业人员比重（%）	32.1	51.4	35.6	44.3	48.4

资料来源：《中国劳动统计年鉴（2003）》，中国统计出版社。

二　山东省未来发展面临的人口压力与挑战

1. 人口基数过大仍然是山东省未来发展中首要解决的人口问题

山东省人口问题突出表现在人口基数过大，人口基数过大也是产生其他人口问题的关键所在。人口数量压力在短时间内不会得到缓解。按山东实际控制能力，计划生育率 90%（10% 的计划外生育），总和生育率 TFR = 1.5819，根据这个方案，用国际上常用的总和生育率法进行预测，全省总人口到 2010 年为 9379 万人，到 2020 年为 9549 万人，达到人口总量高峰，在 2020 年前后实现零增长，然后趋于下降，到 2050 年下降到 7944 万人，因而沉重的人口数量压力仍要持续很长一段时间，且在未来 20 年内逐渐加重。山东省人口数量居全国第二位，沪、粤、苏、浙、鲁五省第一位，是全国人口压力最大的省市之一，人口基数大，即使山东省保持低生育水平，今后 20 年人口总量仍将处于增长期，人口总量控制不过亿的任务依然艰巨。人口总量的持续增长造成山东省未来发展中资源环境压力加大，根据预测结果，山东省人口将达到 9549 万人，届时人均水资源由目前人均 337 立方米下降到人均 320 立方米，人均土地资源由目前人均 2.6 亩下降到人均 2.4 亩，按照联合国人均水资源 1000 立方米生存标准，山东省属极度贫水地区，人均耕地将接近联合国人均 0.8 亩的危险警戒线。随着人民生活水平提高，城市化进程加快，资源消耗增加，实际人均占有量会更小。如果我们仍按不可持续的生产方式、消费方式发展，将会对有限的资源和环境容量构成更大的压力，反过来，有限的资源和环境容量将难以支撑社会经济的持续发展。因此，继续实行严格的计划生育政策，降低人口增长速度，控制人口数量，保持稳定的低生育水平，是解决山东省人口问题的首要任务。

2. 人口素质偏低是山东省未来发展中的主要制约因素

随着市场经济体制的不断完善，一个地区发展和竞争力提高，越来越依赖于人力资源向人力资本的转变，发生这个变化的原因是人力资本已逐渐成为经济发展、科技进步、社会文明、竞争力提高的关键因素。1960年美国经济学家舒尔茨研究发现，美国经济增长和生产率的提高，并不是土地、劳动力数量和资本存量的提高，而是人的知识、能力和技术水平的提高，从而提出了人力资本学说。罗默和卢卡斯等学者将人力资本纳入了"新增长理论"以后，许多研究者开始了经济增长源泉的研究和讨论。通过对发展本质的认识，该理论将人力资本作为内生性增长的源泉，强调人力资本对经济发展的巨大推动作用。由此而言，发展不仅仅依赖于自然资源、劳动力、资本外生性增长，更依赖于人力资本内生性增长。外生性增长是一种刚性增长，长此以往必将导致发展的危机，而内生性增长则是一种柔性增长，符合可持续发展的本质要求，将有助于我们解决资源短缺、环境危机的困境。丹尼森在 1985 年对美国 1929～1982 年经济增长分析表明，美国年均增长 2.92% 的国民收入中，人力资本增加对国民收入增长的贡献率为 13.7%。20 世纪 90 年代，发达国家以人力资本为基础的信息产业和高新技术产业发展越来越证明了这一点。

人口素质包括文化素质、道德素质、身体素质，它是人力资本的重要表征。人口素质总体偏低是山东省未来发展中的主要制约因素。在五省市中，山东省粗文盲率为 8.46%，高于全国 6.57% 的平均水平，高居五省市第一，文盲半文盲人口达 768 万人，高居全国第一。问题不在于第一或第五，而在于庞大的文盲半文盲人口数量。数量如此之多的文盲半文盲人口必将影响山东省未来发展。反映人力资本另外一个重要指标是大专以上文化程度人口比重，根据第五次人口普查资料山东省 2000 年大专以上文化程度人口为 302 万人，每 10 万人中大专以上文化程度人口只有 3331人，占总人口比重为 3.33%，低于全国平均水平，为五省市第四。这反映了山东省是劳动力资源大省，但不是人力资本大省，与 GDP 居全国第三位的经济大省发展水平不相适应。高素质人口数量不足势必成为山东省由经济大省向经济强省跨越的瓶颈。在人口素质较高的情况下，人们能够自觉调节自己的行为，保持合理的人口规模，能够采用科学的资源利用方式和可持续的消费方式，促进资源的可持续利用和生态环境的改善，才有助于转变高消耗、高污染、低效益的传统发展模式。同时，山东省劳动就业问题的突出表现是低素质劳动力相对过剩，高素质劳动力相对短缺，人口文化素质是人口素质的核心内容，通过形成初等、中等、高等普通教育和职业教育相互衔接、比例合理的教育体系，提高劳动者的科学文化素质，能扩大就业，缓解就业供需矛盾。虽然人口素质的提高需要长时期的艰苦努力，但目前提高人口素质的任务已非常迫切，必须将提高人口素质列入各级政府的重要议事日程。只有人口素质得到大幅度提高，人口问题才能从根本上得以解决。

3. 老龄化是山东省未来发展无法回避的社会问题

随着人口再生产类型的转变，山东省人口出生率、死亡率和自然增长率均呈现"三低"的态势，导致山东省人口的年龄结构逐渐趋向老化。自 20 世纪 70 年代以来，由于实行计划生育，山东省人口无节制生育的局面得到根本扭转，人口出生率下降，老年人口增加，同时随着城乡居民生活水平的不断提高和医疗卫生条件的改善，人均预期寿命不断延长，人口老龄化进程将进一步加深。据预计到 2010 年全省 65 岁及以上老龄人口为 1000 万人，约占全省总人口的 11%，到 2020 年为 1325 万人，约占全省总人口的 13.8%。老龄化进程在未来 20 年内将逐渐加快。山东省自 1994 年开始进入老龄化社会，到 2002 年山东省 65 岁以上的人口为 772 万人，老龄化水平为 8.5%，远高于国际标准 7% 的水平。尽管在五省市中，山东省老龄化水平低于上海的 13.48%、江苏的 9.88%、浙江的 11.15% 水平，居五省市第四位，但是，山东省老龄人口绝对数高居全国第一。老龄人口数量多，意味着消费人口多，消费人口多就会增加社会保险、医疗卫生等方面公共支出。不容忽视的是，山东省进入老龄化社会，是在人均GDP 不足 1000 美元的情况下发生的，这与发达国家在人均 GDP 5000～10000 美元才开始进入老龄化社会的条件不同。由于山东省人口老龄化是在经济发展水平较低、人口总量大、素质低、社会发展相对落后的情况下过早地出现的，属低发展型老龄化社会，不但影响国民收入的分配和再分配，影响社会投资和扩大再生产，而且还会带来养老负担加重、医疗费用增长显著、劳动力老化等一系列社会问题，山东省在人口与发展方面面临更大的挑战。因此，必须采取多种措施，建立老有所养、老有所为、老有所乐的社会保障机制，有重点、分阶段地逐步解决老龄化带来的社会问题。

4. 劳动就业是山东省未来发展中影响建设全面小康社会的主要问题

未来 10 年山东省劳动年龄人口规模将继续增长，并形成持续的就业压力。据预测，山东省劳动力资源总数和 16～64 岁劳动年龄人口总量将在 2006 年达到高峰，分别为 6800 万人和 6200 万人左右，2007～2010 年间，劳动年龄人口总量将维持在 6000 万人以上，劳动力资源总数可能略有下降，但基本维持在 6800 万人这一历史较高水平。未来就业的困难程度显而易见：一是在未来十年内，全省城市化速度将大大加快，按山东省"十五"计划，到 2005 年，城市化水平要达到 50%，按 2000 年山东省城市化 38% 水平，也就是十年间要增长 12 个百分点，再加上人口自然增长，需要转移人口数量估计为 1200 万人，即每年大约有 120 万农民离开土地，届时全省城镇人口比重将显著上升，城镇就业压力将只增不减。二是我省正处在经济结构战略性调整和深化改革的关键时期，由于企业技术构成的提高，经济增长对就业的拉动作用降低。1998～2002 年全省国有单位下岗职工累计 77 万人，随着产业结构的优化，更多的国有劣势企业将逐渐退出竞争行列，其职工面临进入劳动力市场实现再就业问题，特别是下岗职工中，年龄偏大、就业技能单一、再就业面临特殊困难的群众为数不少，这无疑将增大就业压力。三是随着国际经济全球化的到来，经济变动的不确定因素增加，在国内经济竞争力及企业抗风险的能力近期不可能全面提高的情况下，国际市场的风吹草动都将影响国内经济的运行，影响就业的波动。

劳动就业问题不但影响经济的快速发展，制约人民群众生活水平的提高，而且成为社会稳定的隐患。解决就业问题是山东未来发展面临的一项艰巨任务。

综上所述，山东省总人口数量多、人口增量大、人口素质偏低、老龄化趋势加快、劳动就业压力大是山东省未来十年人口的基本省情，解决人口问题已成为山东全面建设小康社会的当务之急和关键环节。

三 未来解决山东人口与就业问题的战略选择

1. 加强部门协调，把解决人口问题作为省级调控的主要政策目标

人口问题，既是一个全局性的宏观问题，也是一个涉及稳定和发展的重大政治和经济问题。根据山东省的省情和经济形势，人口工作应包括人口数量控制、人口结构控制、人口素质提高、缓解就业压力和人口老龄化矛盾等方面，而不能狭义地认为人口工作就是计划生育工作。目前计划生育工作是解决人口问题的重中之重，但在搞好计划生育工作的同时，绝对不能忽视人口工作的其他方面，人口问题的各个方面是相互作用、相互影响的，不能孤立对待。目前人口工作分散在计划生育、教育、劳动、老龄等各个相关部门，管理工作中存在着各自为政、分散的问题，制约了人口问题的系统解决。要从根本上解决人口问题，必须进一步深化体制改革，明确责、权、利，发挥部门间的综合协调作用，建立相互配合、相互协调的工作机制，把解决人口问题放在实施可持续发展战略的全局中考虑，以可持续发展原则指导人口工作，为山东省未来发展营造良好的人口环境。

2. 调整利益导向机制，稳定现行生育政策

山东省人口基数大和持续增长对经济发展带来的沉重压力迫切要求控制人口，要求计划生育工作、尤其是农村的计划生育工作比目前要有明显的改善。针对山东省人口控制的重点和难点在农村这一特点，必须稳定现行生育政策，健全相应的奖励政策，完善保障政策，把人口控制同扶贫开发结合起来，建立有利于人口与计划生育的经济社会政策，优先照顾严格执行计划生育政策的地区和家庭脱贫致富。在未来相当长的一段时期内，必须坚持不懈地执行"大力提倡一胎，严格控制二胎，坚决杜绝三胎"的现行生育政策，即使到下世纪上半叶对人口年龄结构进行适当的调整以避免过分的人口老化，也不能放松全局性的人口控制工作，同时注意到山东省各地区之间的社会经济和文化水平差异过大，在制定具体的人口政策时必须充分考虑各地区的实际情况，避免简单的"一刀切"。

3. 实施人才强省战略，大力发展教育卫生事业，提高人口素质

实施科教兴鲁战略，人才强省战略是关键。山东省是一个人口大省，劳动力资源丰富，但是，山东省人均资源量远低于全国平均水平，其中人均水资源仅相当于全国人均水平的 14.7%，人均土地只有全国人均水平的 23.2%，面对严重的自然资源的相对短缺，我们除了走可持续发展之路，逐步由物质资源的优先开发转变为人才资源的优先开发，别无他途。尽管目前山东省劳动者的科学文化水平还不是很高，但只要我们用可持续发展观转变资源观，努力开发人力资源，完全可以把山东省由一个劳动力资源大省建成一个人才资源大省，把人口压力转化为人才优势。

实现现代化，首先必须实现人的现代化，使人的素质现代化。提高人口素质是实现经济发展战略目标的需要。在努力控制人口数量的同时，大力提高人口素质，从而把人力资源变为人力资本，把人口压力变为经济活力。对山东省人口素质的现状，我们必须在以下几个方面加大力度：①坚持优生优育，加强初级保健网络建设，降低出生婴儿缺陷发生率，最大幅度提高出生人口素质。②改进医疗卫生条件，增进居民健康，提高生活质量。健康的体魄是一个人文化技术水平提高的生物基础，所以，人口身体素质的提高对人口素质的整体提高起到了一个保障的作用。③大力发展各项教育事业，提高人口文化素质。逐步建立多形式、多层次、多渠道办学的教育体制，加快教育发展步伐。加强基础教育，争取早日普及高中阶段教育；发展中等职业教育，建立一个结构合理的职业技术教育体系，加强在岗职工的继续教育和下岗人员的转岗培训，提高劳动者的文化素质和职业技能；调整高等教育结构，培养符合市场需求的高素质人才，提高现有人口的整体素质。

4. 注重解决老龄化社会问题

大力发展经济，加速实现现代化，为老龄化问题的解决积累雄厚的物质基础，这是解决人口老龄化问题的根本对策和出发点。与此同时，要正确认识山东省人口老龄化的严峻形势，增强对解决老龄化问题的紧迫性、艰巨性的认识，积极建立以国家法规政策为保障、以社会服务为依托、以

家庭支持帮助为基础、以老年人自立自助为原则的老年社会保障体系；进一步完善城乡养老保险制度和医疗保险体系，建立养老基金保值增值机制，使基金运营和监督分离，实现管理的科学化、规范化；加强老年社会福利、服务设施建设；在全社会形成敬老、养老的道德风尚，保护老年人的合法权益；进一步巩固家庭养老，积极创造居家养老的新环境；各级政府应根据老龄化发展趋势，规划发展老年人服务产业并制定优惠政策，引导企业、集体和个人兴办养老事业，逐步建立设施齐全、环境幽雅、管理规范的现代养老服务体系；实施健康老龄化战略，大力开展老年人健身活动，鼓励老年人参与社会发展。

5. 实施促进就业的宏观经济政策，扩大就业需求

解决就业问题的重要出路在于通过发展经济来增加就业岗位。在制订经济发展计划和经济政策时，应当把扩大就业需求作为一个重要的经济社会发展目标加以考虑，保证经济持续快速健康发展，努力创造出一个有利于促进就业的宏观经济环境。

①扩大投资需求，拉动经济增长。山东省正处在工业化中期阶段，扩大投资需求，是拉动经济增长，保持一定经济增长率的最重要、最直接的手段和途径。通过引导社会资本投资于那些与整个国民经济发展关联度高、对其他行业辐射面广的支柱产业，如信息产业、汽车产业、住宅产业等。通过扩大投资，促进经济增长，为社会提供更多的就业机会。

②扩大消费需求，促进消费结构升级。结构转换是拉动经济增长重要动力之一。山东省目前正处于一个新的消费结构转换期。这一趋向在城镇表现得尤为明显。城镇居民家庭的衣、食和部分用的需要已基本满足，正在向满足住、行的需要和提高生活质量的精神消费方向过渡，其主导内容是住宅、通信及新型家电、轿车、社区服务和教育等。如果消费结构能够顺利升级，那么，就可以直接或间接地带动具有很大增长潜力的建筑、电子、机械、石化、基础设施和第三产业等的发展。因此，应当根据居民的需求特点和规律，积极培育新的消费热点，有针对性地开拓消费市场，启动和扩大市场需求。通过市场的扩大和消费结构的升级，带动或拉动全省国民经济的增长，进而为社会提供更多的就业岗位。

6. 调整优化产业结构，积极发展具有劳动密集型特点的高新技术产业和第三产业

山东省正处于加快重化工业发展、提高产业层次阶段，同时又处于高就业阶段，二者客观上存在着尖锐的矛盾。这就需要找到有利于产业升级和劳动力就业最恰当的结合点，在产业选择上，要特别重视发展那些既属于高新技术产业范畴，又带有劳动密集型产业特点的产业，如电子信息产业中的软件开发、电子组装以及部分新兴第三产业等。第三产业本身具有资本有机构成低，劳动密集程度高，所需投资少，见效快等特点，与发展第二产业比较，同等数额的投资可以提供和创造更多的就业机会，安排更多的劳动力。在山东经济快速发展阶段资金短缺的情况下，加快第三产业的发展，无疑是一种符合省情省力和经济发展要求的正确选择。山东第三产业的发展，一方面，需要继续大力发展交通运输、商业、饮食业等传统第三产业；另一方面，需要在邮电、通信、金融、保险、房地产、咨询、旅游、信息服务和社区服务等新兴第三产业上有所突破。旅游业是第三产业中的新兴行业。经验表明，旅游业的就业关联度也是比较高的。旅游业创造 1 个直接就业岗位的同时，可以带来 5 个间接从业岗位。2000 年，山东旅游业的直接从业人员为 11.2 万人，虽然比 1995 年增长了 4 倍，但加上带动的间接就业人员只占城乡从业人员的 1.24%。未来一个时期，山东通过发展旅游业解决部分劳动力的就业问题有着很大的空间和市场。

7. 调整优化企业组织结构，加快发展中小企业

中小企业在吸纳劳动力就业方面具有独特的优势和作用，所以许多发达国家对中小企业的发展业已给予特殊的关注，千方百计地进行扶持和保护，使之最大限度地发挥中小企业在创造就业机会方面的作用。20 世纪 90 年代中后期，欧盟中小企业的就业人数已占整个就业人数的 66%，日本中小企业吸纳的非农产业从业者占 78%。1993 年以来，美国新创造的就业机会有 2/3 来自中小企业。统计表明，20 世纪 90 年代，山东 60% 的财政收入是由大企业提供的，但 70% 以上的就业机会却是由中小企业提供的。根据山东的实际，借鉴国外的经验，在加快发展大企业、大集团、大公司的同时，要特别重视发展中小企业。第一，要对中小企业吸纳劳动力就业方面的优势和作用给予足够的认识。第二，要在资金、技术、贷款、税收、工商登记和外贸出口等方面，给予中小企业必要的扶持和优惠，以支持中小企业的发展。第三，加快推进中小企业的改革，尽快转变经营机制，使作为整体的中小企业充满活力，快速健康发展。第四，建立健全管理和协调机构，协调好中小企业发展中的各种关系，处理好中小企业发展中面临的各种法律、政策和管理问题，从而推动中小企业更快更好的发展。

8. 培育和发展劳动力市场，完善就业社会服务体系

（1）加快劳动制度改革，建立起全新的就业机制。第一，根据市场化就业的方向和要求，彻底改变计划经济体制下统包统配的劳动管理制度，使劳动者能通过市场机制和平等竞争原则获得就业机会和就业岗位。与此同时，要积极推进企业用人制度和选人制度的改革。一方面，作为劳动者要具有自主选择职业的权利；另一方面，作为企业也要有自主选择劳动者职工的权利，使之真正形成用人单位和劳动者双向选择的"求职—选人"机制。第二，建立灵活的用工制度和劳动预备制度，这也是劳动制度改革的重要内容。包括缩短工作时间，在一些特殊的行业试行非全日制和弹性工作制，在一些行业试行钟点工、临时工和季节工等短工制。同时，对新加入的劳动力，可以实行劳动预备制度。这样一方面可以提高新就业者的素质；另一方面可以缓冲就业压力，为社会提供必要的劳动后备军。

（2）积极创造市场条件，建立统一、开放、竞争有序的劳动力市场。要注重提高劳动力市场的统一性、公开性和竞争性，特别是要打破城乡隔离、条块分割以及既定的身份界限，尽快建立起劳动者能够平等竞争、自行选择、自由流动的市场机制，使劳动力能够真正通过市场就业。

（3）加强对劳动者的职业培训，提高劳动者的技能和素质。对劳动者进行职业培训，提高就业能力。对劳动者进行培训，一方面是提高劳动者素质和就业能力所要求的；另一方面也是缓解结构性就业矛盾的重要措施。在解决就业过程中，要真正把职业培训当成就业工程的一项重要内容。正确认识职业培训所具有的社会特性。我们不能把职业培训仅仅看成是个人的事情和企业的行为，应当把它看成是政府的责任和社会的责任，

全社会都应当来关心和参与职业培训。做到职业培训的多元化，既有政府组织的培训，也有社会组织的培训，还有企业组织的培训，建立起完善的职业培训网络。

（4）加强劳动力就业的配套改革，建立和完善社会保障制度。不仅有利于解除就业和失业者的后顾之忧，也是解决好就业问题的关键所在和重要一环。一是尽快建立统一的企业职工基本养老和医疗保险制度。二是完善失业保险和社会救济制度。三是建立失业职工生活保障基金。

第十三章　居民收入与消费的比较研究

一　居民收入与消费的模型概述

经济增长不仅需要供给作支持，而且还依靠需求作动力，消费需求作为内需的重要组成部分，对经济起着巨大的推动作用，这种作用可以分为直接推动和间接推动。间接推动是消费作为初始变量推动其他需求，又通过其他变量推动经济增长，其主要的表现形式就是消费推动投资，投资拉动经济增长。直接推动是消费通过其本身直接对经济产生的推动力。近年来，各省市都不断出台各种政策法规来鼓励居民进行消费，增加居民的消费信心。但限制居民消费水平的一个主要因素就是居民收入水平，收入结构。它是影响市场活跃，决定需求实现的关键。

1. 恩格尔系数与基尼系数模型

1857 年，世界著名的德国统计学家恩思特（恩格尔）阐明了一个定律：随着家庭和个人收入增加，收入中用于食品方面的支出比例将逐渐减少，这一定律被称为恩格尔定律，反映这一定律的系数被称为恩格尔系数，其公式表现为：

$$恩格尔系数（\%）= \frac{食品支出总额}{家庭或个人消费支出总额} \times 100\%$$

恩格尔定律主要表达的是食品支出占消费支出的比例随收入变化而变化的一定趋势，揭示了居民收入和食品支出之间的相关关系，用食品支出占消费总支出的比例来说明经济发展收入增加对生活消费的影响程度。众所周知，吃是人类生存的第一需要，在收入水平较低时，其在消费支出中必然占有重要位置，随着收入的增加，在食物需求基本满足的情况下，消费的重心才会开始向穿、用、行等其他方面转移。因此，一个国家或家庭生活越贫困，恩格尔系数就越大；反之，生活越富裕，恩格尔系数就越小。国际上常用恩格系数来衡量一个国家和地区人民生活水平的状况。根据联合国粮农组织提出的标准，恩格尔系数在 59% 以上为贫困，50%～59% 为温饱，40%～50% 为小康，30%～40% 为富裕，低于 30% 为最富裕。

经济学中衡量收入分配差距的基本工具是基尼系数。20 世纪初意大利经济学家基尼，根据洛伦兹曲线找出判断分配平等程度的指标，在以人口百分比为横坐标、收入百分比为纵坐标的直角坐标系中，可以画出一条从原点出发、与横轴（或纵轴）成 45°夹角的线，这叫收入分配绝对平等线；还可以画出一条低于上述 45°夹角线，凸向横轴的曲线，这叫实际收入分配曲线。若设实际收入分配曲线和收入分配绝对平等曲线之间的面积为 A，实际收入分配曲线右下方的面积为 B，并以 A 除以 A＋B 的商作为不平等程度，这个数值被称为基尼系数或称洛伦兹系数。如果 A 为零，基尼系数为零，表示收入分配完全平等；如果 B 为零，则系数为 1，收入分配绝对不平等。该系数可在零和 1 之间取任何值。收入分配越是趋向平等，洛伦兹曲线的弧度越小，基尼系数也越小，反之收入分配越是趋向不平等，洛伦兹曲线的弧度越大，基尼系数会越大。如果个人所得税能使收入均等化，那么基尼系数即会变小。联合国有关组织规定：若低于 0.2 表示收入绝对平均；0.2～0.3 表示比较平均；0.3～0.4 表示相对合理；0.4～0.5 表示收入差距较大；0.6 以上表示收入差距悬殊。基尼系数反映了收入的均匀程度。

目前，我国共计算三种基尼系数，即：农村居民基尼系数、城镇居民基尼系数和全国居民基尼系数。

2. 消费结构与收入结构

现代经济发展理论认为，影响产业结构的最终需求结构包括的主要内容为：①私人消费；②政府消费；③国内资本形成；④出口需要。其中，前两项按消费的内容又细分为 A. 食物；B. 饮料和烟草；C. 服装；D. 住房；E. 其他。更特殊的是根据资源配置过程中需求因素的作用，把国内需求结构分为：①私人消费；②政府消费；③食物消费。当然，不管具体划分上的国内需求结构有什么差别，有一点很清楚，那就是消费结构不仅是需求结构的组成部分之一，而且一般看作是主要部分。而且，越来越多的人承认，产业结构的变化趋势与最终需求结构和消费结构的变化是高度相关的。

同时，消费结构是一个具有多层次、多角度规定的经济范畴，从不同的层次、角度，可得到不同的消费结构划分，可以把消费结构按三个层次进行系统的分类。

（1）按城乡居民消费对象的大类划分。其中，城市居民的消费结构划分为10类：①食品；②衣着品；③日用品；④文化娱乐用品；⑤书报杂志；⑥药用医药用品；⑦住房用建筑材料；⑧燃料；⑨其他商品；⑩非商品支出（服务支出）。农村居民消费结构划分为6类：①食品；②衣着品；③住房；④燃料；⑤用品及其他；⑥非商品支出（服务支出）。

（2）按非耐用消费品、耐用消费品、劳务划分。

（3）按食品和非食品划分。

本章，我们采用第一层次的划分方法统计比较。

收入直接决定着消费，农民的收入结构主要包括三部分：①工资收入；②农民经营收入；③财产性与转移收入。农民的工资性收入一般可以分为在非企业组织劳动得到的收入、在本地企业得到的收入、常住人口外出从业得到的收入以及其他收入四个方面，农民经营收入包括：农业、林业、牧业、渔业、工业建筑等其他收入。财产性收入包括：利息收入、股息收入、租金收入及转让无形资产等，转移性收入有在外人口寄回和带回收入、农村外部亲友赠送收入、救济金、保险金等，城镇居民的收入结构主要包括：①国有单位职工工资；②集体单位职工工资；③其他经济类型单位职工工资；④财产性收入；⑤转移性收入。

二 居民收入与消费现状比较研究

鲁、沪、苏、浙、粤五省市，同处我国东南沿海，经济总量和居民收入水平、消费水平在全国各省市中名列前茅。但是，五省市居民收入、消费不仅总量、结构不同，而且增长的速度，增长分布都存在很大的差异，沪、苏、浙、粤四省市收入，消费的特点，对山东来说都有一定的借鉴作用，山东应认真学习沪、苏、浙、粤四省市的经验，找出与四省市的差距并结合山东的实际，努力提高居民收入及消费水平。

1. 收入差距比较

分析五省市农村居民收入的基本情况，首先让我们看看五省市农民人均纯收入的水平及在全国的位次。2001 年，山东、上海、江苏、浙江、广东五省市的农民人均纯收入分别为 2804.5 元、5870.9 元、3784.7 元、4582.3 元、3769.8 元，分别比上年增长 5.5%、4.9%、5.3%、7.7%、3.2%，在全国分别居第 8 位、第 1 位、第 5 位、第 3 位、第 6 位（见表 13 - 1）。山东在五省市排位最靠后，比上海低 2966.4 元，差距明显，若以山东的农民人均纯收入为 1，则上海、江苏、浙江、广东与山东之比为 2.093：1.382：1.634：1.344：1。

表 13 - 1　　　　　　　　五省市 2001 年农民人均纯收入排名

省份	排位	纯收入	+%	工资性收入	家庭经营纯收入	财产性及转移性收入
上海	1	5870.9	4.9	4491.12	966.76	413
浙江	3	4582.3	7.7	2225.87	1999.92	356.56
江苏	5	3784.7	5.3	1819.79	1782.82	182.10
广东	6	3769.8	3.2	1527.17	1956.06	286.56
山东	10	2804.5	5.5	965.67	1705.29	133.54

鲁、沪、苏、浙、粤五省市除在农民收入总量上有一定的差距外，在收入结构上也存在着较大差异，表现为：

（1）工资收入、农民经营收入和财产性与转移性收入三者结构上的差异。从工资性收入占纯收入比重来看，山东农民工资性收入占农民纯收入和纯收入总量一样，均低于其他四个省市，2001 年，山东农民人均工资性收入为 965.67 元，占纯收入的 34.4%；浙江为 2225.87 元，占 48.6%；上海为 4491.12 元，占 76.92%；江苏为 1819.79 元，占 48.1%；广东为 1527.17 元，占 40.5%。

农民家庭经营纯收入在总量上浙江仍居首，其次为广东，山东为第四。但在比重上山东居首位，广东仍居次位，江苏第三，浙江第四，上海第五。2001 年，山东为 1705.29 元，占 60.8%；广东为 1956.06 元，占 51.9%；江苏为 1782.82 元，占 47.1%；浙江为 1999.92 元，占 43.6%；上海为 966.76 元，占 16.4%。

财产性及转移性收入，无论在总量上还是比重上山东都大大低于浙江和广东，2001 年山东人均财产性及转移性收入为 133.54 元，占 4.8%；而江苏为 182.10 元，占 4.8%；浙江为 356.56 元，占 7.8%；广东为 286.56 元，占 7%；上海为 413 元，占 7.0%。

（2）工资性收入内部结构上的差异。浙江由于本地乡镇企业尤其是个体私营企业的发展和壮大，在本地企业劳动得到的收入一直是农民增收的亮点。而广东农民外出打工的增加也是农民收入增长的支持点。山东在本地企业收入方面与浙江也有很大差距，而在常住人口外出从得到的收入方面与广东差距也很明显，2001 年，农民非企业组织劳动得到的收入为 241.13 元，而浙江则达到了 456.15 元，从本地企业劳动中得到的收入浙江仍占先，为 1182.71 元，山东则只有 328.76 元，常住人口外出从业得到的收入广东第一，为 821.22 元，山东仅为 237.29 元。其他工资性收入山东也只有 158.50 元，低于江苏的 171.16 元，浙江的 318.37 元。

（3）家庭经营纯收入内部结构上的差异。农业收入山东以 1091.7 元和占家庭经营纯收入的 64.0% 占据首位，这也是与山东是中国的粮食大省相符的，林业收入五省市相关不大，鲁、沪、苏、浙、粤分别为 28.49 元、17.63 元、31.06 元、24.97 元、31.41 元，牧业的收入广东以 249.81 元居首，山东仅为 168.41 元，渔业收入广东因海洋渔业发达高居第一为 157.41 元，山东只有 17.76 元，只有广东的 7%，工业收入因浙江乡镇企业特别是个体私营企业发展强劲，以 307.19 元居首，山东只有 77.24 元。建筑业收入浙江仍占居首位为 149.28 元，山东为 36.66 元，不及浙江的 30%；第三产业收入浙江仍为先，为 587.23 元；山东为 316.04 元。

（4）财产性和转移性纯收入山东明显低于浙江和广东。2001 年山东农村居民人均财产性纯收入和转移性纯收入为 133.54 元，浙江为 3156.56 元，转移性收入五省市差距不很大，最高的浙江为 183.06 元，山东为 100.24 元，比浙江少了 83%，财产性收入五省市差距甚远，最高的浙江（173.5 元）比最低的山东高 4.2 倍，财产性收入的差距反映了经济实力及收入增长后劲的差别。

（5）农民现金收入的差距明显。农民的收入由现金和实物收入两部分构成，而在市场经济条件下，从本质上讲现金收入才真正反映出农民收入水平以及扩大再生产的能力和农户经济实力的重要指标，2001年，山东农民人均现金收入为3362.19元，相比浙江的5325.68元差距还是很明显的。

相应地，鲁、沪、苏、浙、粤城镇居民收入水平也存在着很大的差距。2001年，城镇居民的实际收入（见表13-2），山东为7141.16元，与其他四省市相比有明显的差距。

表 13-2　　　　　　　　2001 年五省市城镇居民收入

省份	可支出收入	实际收入	国有单位职工工资	集体单位职工工资	其他经济类型单位职工工资	财产性收入	可转移性收入
山东	7101.08	7141.16	4982.71	521.13	315.13	147.83	918.25
上海	2883.46	12981.53	5171.35	274.60	1456.60	38.46	4791.53
江苏	7375.10	7427.51	3472.64	749.94	247.94	91.01	2106.97
浙江	10464.67	10540.37	6394.40	628.35	1340.64	165.32	2607.68
广东	104515.19	10534.67	5132.82	778.04	1039.12	491.49	1766.74

在收入的结构上，五省市也存在着较大的差异：

从国有单位职工工资所占实际收入比重来看，山东的国有单位职工工资占实际收入的66.77%，而同期的上海、江苏、浙江，广东分别为39.84%、46.75%、41.69%、48.72%，五省市间差距还是很明显的，集体单位职工工资占实际收入山东为7.30%，上海为2.12%，江苏为10.10%、浙江为5.96%、广东为7.39%.而反映经济实力及收入增长后劲的财产性收入占实际收入山东为2.07%、上海为0.30%，江苏为1.23%、浙江为1.57%，广东为4.67%，相应的转移性收入占实际收入的比重山东为12.86%、上海为36.91%，江苏为28.37%，浙江为24.74%，广东为16.77%，山东与上海之间还是有很大差距的。

山东近年来居民收入也有了显著提高。到2002年，山东省城镇居民人均可支配收入达到8833元，其中济南、东营两市这一指标均超过

10000 元，而这一指标水平最低的日照也达到 7423 元，农民人均纯收入达到 3667 元，其中威海、青岛 4000 元，最低的日照也有 3121 元。

2. 居民消费的比较

分析五省市居民消费的差异情况，首先让我们看一看五省市居民消费性支出情况。其中，山东城镇居民消费性支出为 5252.47 元，农村居民消费性支出为 1904.95 元，上海城乡居民消费性支出分别为 9336.10 元和 4753.23 元，江苏为 5532.74 元和 2674.66 元，浙江为 7952.39 元和 3479.17 元，广东为 8099.63 元和 2703.36 元（见表 13—3），在两个数据的统计上，山东都远远落后于其他四个省市。

鲁、沪、苏、浙、粤五省市除在居民消费性支出上有一定差距外，在消费结构上也有较大的差异：

（1）食品支出。2001 年山东省城镇居民与农村居民的食品支出分别为 1801.34 元和 802.61 元，恩格尔系数为 34.3% 和 42.1%，与同期的四省市比较，在居民食品消费支出方面山东低于四个省市，城镇居民恩格尔系数低于其他四个省市，农村居民恩格尔系数也仅高于上海市的 40.3%。其中，山东省城镇居民粮食消费为 152.35 元，上海、江苏、浙江、广东分别为 245.82 元、164.03 元、183.50 元、221.07 元。蛋类消费山东为 72.01 元，上海、江苏、浙江、广东分别为 68.14 元、61.78 元、46.17 元、41.00 元，山东的蛋类消费在五省市间位居首位，奶及奶制品消费，山东为 106.58 元，上海、江苏、浙江、广东为 230.57 元、86.20 元、96.60 元和 74.22 元，山东奶及奶制品消费明显低于上海，菜类消费，山东为 146.50 元，上海、江苏、浙江、广东分别为 306.68 元、189.20 元、233.50 元和 269.29 元。显然，山东自施行"菜篮子"工程以来，城镇居民的饮食结构越来越趋于多样化，消费结构也明显的趋于合理化。在酒及烟草的消费上，山东为 172.59 元，上海、江苏、浙江、广东分别为 284.09 元、242.54 元、366.01 元、138.18 元。

（2）衣着支出。2001 年，山东城镇居民在衣着消费上领先其他四个省市达到人均 700.29 元，上海、江苏、浙江、广东分别为 577.39 元、525.88 元、669.03 元、382.98 元，而农村居民衣着类消费则只有 121.85 元，仅高于广东省的 98.60 元。

表 13-3　五省市城乡居民支出

比较对象 分量 指标	山东		上海		江苏		浙江		广东	
	城乡居民	农村居民	城镇居民	农村居民	城乡居民	农村居民	城乡居民	农村居民	城乡居民	农村居民
消费性支出	5252.47	1904.95	9336.10	4753.23	5532.74	2374.66	7952.39	3479.17	8099.63	2703.36
食品	1801.34	802.61	4021.77	1914.51	2194.04	1011.86	2883.28	1448.52	3089.63	1350.36
衣着	700.29	121.85	577.39	226.32	525.88	127.85	669.03	181.93	282.98	98.60
家庭设备用品及服务	522.36	361.36	642.08	889.54	603.36	439.13	926.68	632.00	556.14	374.59
医疗保健	327.49	91.42	557.96	293.93	297.46	114.17	532.69	155.92	392.41	134.79
交通及通信	411.29	114.94	875.35	264.95	483.77	146.98	689.00	252.03	1075.32	118.68
娱乐教育文化服务	777.79	133.12	1359.75	340.19	691.50	176.75	1065.10	299.79	961.79	222.80
居住	441.46	224.07	732.44	672.75	438.16	278.43	724.46	366.71	1126.74	290.10
八项和服务	270.38	55.58	569.37	151.05	298.58	79.49	457.15	142.27	514.61	113.69
恩格尔系数	0.343	0.421	0.431	0.403	0.397	0.426	0.363	0.416	0.381	0.499

（3）居住支出。2001年，山东省城镇居民住房支出为138.88元，上海、江苏、浙江、广东分别为205.30元、113.53元、371.91元、513.11元，山东仅比江苏高出25.35元，相比较广东省则不足其1/3；水电燃料及其他的消费上，山东为302.58元，上海、江苏、浙江、广东分别为527.13元、324.62元、352.55元、613.63元，山东不足广东一半，明显低于其他四个省市。

（4）文化娱乐教育支出。2001年，山东的城镇居民文化娱乐消费为143.11元，上海、江苏、浙江、广东分别为240.60元、130.80元、177.42元、195.42元，其中上海位列第一位，而在教育消费上，山东城镇居民为466.14元，上海、江苏、浙江、广东分别为731.48元、417.63元、636.40元、565.87元，上海仍占据首位。

（5）交通与通信支出。2001年，山东城镇居民交通消费为174.85元，上海、江苏、浙江、广东分别为411.61元、215.00元、261.72元、489.36元。相比于90年代各省份都有了明显增长，但享受的服务量却增加甚微，主要原因是交通工具票价成倍的增长，这种情况是与消费的结构优化相悖的。同时期，在城镇居民通信消费上山东为236.44元，上海、江苏、浙江、广东分别为463.75元、268.77元、427.28元、496.75元，此项支出的多少，关系到人们社会交往的范围和频率，是消费结构优化的一个因素。

（6）医疗保健支出。2001年，山东城镇居民和农村居民医疗保健消费为327.49元和114.94元；上海为557.96元和264.95元；江苏为297.46元和146.98元；浙江为532.69元和212.03元；广东为392.4元和118.68元，相比于90年代，居民更注重保健方面的需求。同时，改革的深入已触及医疗制度，过去完全由公费支出，而现在医疗费的一部分由消费者个人负担。此项消费支出增加较快，比重趋升也是消费结构优化的一个标志。

就全国范围来看，我国总体收入差距也很明显，主要原因是我国城乡居民收入差距太大。2001年，山东城镇居民与农村居民纯收入之比为2.55∶1，相应地，上海、江苏、浙江、广东分别为2.11∶1、1.96∶1、2.30∶1、2.76∶1，山东的城乡收入差距排位也是很靠前的。消费水平很大程度上依赖于收入水平，2001年，山东城镇居民与农村居民消费性支出之比为 2.76∶1，上海、江苏、浙江、广东分别为 1.96∶1、2.33∶1、2.29∶1、3.00∶1。可见山东城乡消费差距也是很大的。

三 居民收入与消费的预测分析

1. 影响消费和收入的因素分析

全国范围来看，2001 年，城镇居民人均可支配收入为 6850 元，增长 8.2%，对 1978～2000 年城镇居民与人均可支配收入的相关分析表明，城镇居民收入每增长 1%，其消费则增长 1.01%，其相关系数高达 0.998，据此可估算城镇居民人均消费大约增长 8.28%，快于 GDP 的增长。山东 2001 年城镇居民人均消费增长约 13.2%，拉动 GDP 增长约 3.6 个百分点，高于全国的平均水平。这表明城镇居民消费已成为拉动我国经济增长的重要引擎。

按照有关资料，2001 年全国农民人均纯收入 2366 元，增长约 4.2%，对 1978～2000 年农民人均消费与人均消费与人均纯收入的相关分析表明，农民人均收入每增长 1%，其人均消费则增长 1.02%，两者相关系数高达 0.996。据此可估算出，2001 年农民人均消费增长率约为 4.28%，不但大大低于 GDP 增长率，而且大大低于 2000 年农民实际人均消费 7.3% 的增长率，同一时期山东的农村居民纯收入只有 1904.45 元，低于全国平均水平，也成为农民消费需求增长缓慢的主要原因。

近几年来，山东农村居民消费增长缓慢，影响了城乡居民整体消费需求的回升，农村收入增长缓慢已成为山东消费需求回升的主要因素。分析可知，制约山东农村居民收入增长慢的因素既有宏观因素、又有微观因素；既有制度因素，又有经济因素，其中主要因素有：

（1）农民纯收入

农民纯收入是综合性指标，是多种来源共同作用的结果，农村收入结构随着经济发展而变换，在不同发展阶段不同的生产增长要素对收入增长的贡献也不同，劳动力是最主要的农业生产要素，劳动力数量变化对收入会有一定影响。户均劳动力数量受家庭规模和劳动力负担系数两个因素影响。

人力资本积累对农民收入增长的影响也越来越大，人力资本投资的主要形式包括：教育、在职培训以及提高健康水平。山东的人力资源丰富，但人力资本投资却落后于其他省份，因此教育投入的增大就显得格外重要，教育就是增加就业、提高劳动力掌握应用新技术、提高劳动生产率的主要手段。

（2）工资性收入

生产性用地的减少是家庭经营以来农民工资性收入增加的主要障碍，山东人口众多，耕地稀缺，随着过剩经济的来临，部分边缘地劣等地退出农业生产领域，造成了生产性用地相对于人口增加的短缺，农村剩余劳动力较多。另外，农业收入的减少降低了劳务输出的机会成本，形成了农民收入持续增长过慢的不良循环。

（3）非农业纯收入

家庭经营非农业产业的发展，改革初期主要依靠家庭或家族劳动力的整合、固定资产投资，如今取决于劳动力文化程度和科学技术的水平，1983～1993年间，户均劳动力数量每增加1%，农村人均非农业纯收入增加6.08%；1994～2000年间，户均劳动力数量每减少1%，农民人均非农业纯收入增加1.41%，劳动力数量对非产业性收入变为负影响。

同时，近年来乡镇企业发展缓慢也制约了农民收入增长，山东近年来农民收入增长缓慢也有这方面原因，因此山东在未来时间里应大力加强乡镇企业的发展，把乡镇企业发展与农村城镇化结合起来，促进农民收入持续稳定增长。

近年来，为扩大内需，国家曾出台一系列刺激居民消费的政策，从目前城镇居民消费特点与趋势分析，有利因素和不利因素并存。

（1）拉动城镇居民消费增长的有利因素

①城镇居民工薪收入快速增长成为带动消费主动力；

②城镇居民购买商品房越来越成为扩大的支持点；

③"超前消费"的模式成为刺激消费的重要来源；

④加入世贸组织为居民提供了良好的消费环境；

（2）限制城镇居民消费增长的因素

①城镇居民收入增长缺乏长期动力，仍然限制着城镇居民需求的增长；

②购买力的分流，将在一定程度上影响居民的消费增长；

③紧缩消费、增加储蓄的预防心理，依然没有根本改变；

④消费壁垒的存在，阻碍消费市场的进一步发展；

⑤消费信用严重滞后。

2. 山东省居民收入与消费水平预测

采用 SPSS 程序包对 1995～2000 年山东城镇居民和农村居民收入水平及消费水平的时序模型进行筛选，其中线性、二次函数和指数函数模型能比较客观地反映原始资料的特征、变化规律和变化趋势，且与实际观测值的拟合程序较好，现把分析结果介绍如下：

对表 13－4 中的数据即山东省城镇居民实际收入进行线性、二次函数和指数函数的时序分析可得到：

表 13－4　　　　　　山东省 1995～2000 年居民收入与消费表

年份	城镇居民消费性支出	农民生活消费性支出	城镇居民实际收入	农民纯收入
1995	3285.50	1338.46	4264.08	1715.09
1996	3770.99	1652.51	4893.33	2086.31
1997	4040.63	1626.27	5190.79	2292.12
1998	4143.96	1595.09	5380.08	2452.83
1999	4515.05	1679.75	5840.54	2549.58
2000	5022.00	1770.75	6521.60	2659.20

线性模型为 $I_1 = -811830 + 409.101T$，

其中 $R^2 = 0.967$，$F = 119.03$；

二次函数模型为 $I_1 = -403250 + 0.1024T^2$，其中 $R^2 = 0.968$，$F = 119018$；

指数模型为 $I_1 = 1.1^{-63} e^{0.0769T}$，其中 $R^2 = 0.968$，$F = 124.62$。

其中，I_1 是所建模型的因变量，代表城镇居民的实际收入估计值，T 是模型中的自变量，代表年份。二次模型的 $R^2 = 0.968$，选择其作为 2001 年山东城镇居民实际收入预测模型可得山东 2001 年城镇居民的实际收入为 6759.70 元，与实际值 7141.16 元相差不大。

同样对山东农民纯收入分别作线性、指数函数模型为

线性模型 $I_2 = -355606 + 179.173T$，其中 $R^2 = 0.933$，$F = 55.66$；

指数函数模型 $I_2 = 2.6^{-68}e^{0.0818T}$，其中 $R^2 = 0.898$，$F = 35.21$。

因为线性模型 $R^2 = 0.933$ 大于指数函数 $R^2 = 0.898$，所以线性模型拟合度比指数模型更优，选择线性模型对 2001 年农村居民收入作出预测为 2919.173 元，这与实际值 2804.5 元非常接近。

利用线性、二次函数、指数函数对山东城镇居民消费预测模型为：

线性模型 $E_1 = -624684 + 314.80T$，其中 $R^2 = 0.967$，$F = 115.73$；二次函数 $E_1 = -31.282 + 0.0788T^2$，其中 $R^2 = 0.967$，$F = 115.84$；

指数函数 $E_1 = 1.0^{-63}e^{0.0768T}$，其中 $R^2 = 0.966$，$F = 112.91$。E_1 为模型中因变量，代表城镇居民支出性消费估计值，T 是自变量，代表年份，由于二次函数模型 $R^2 = 0.967$ 为最大，所以选择其为城镇居民支出性消费的预测模型，可得 2001 年山东城镇居民支出性消费为 5233.28 元，与实际值 5252.47 元非常接近。

同样利用二次函数、指数函数对农村居民生活消费支出作出模型为：

二次函数模型：$E_2 = -124631 + 63.1997T$，其中 $R^2 = 0.655$，$F = 7.54$；指数函数模型 $E_2 = 6.1^{-33}e^{0.0408T}$，其中 $R^2 = 0.637$，$F = 7.03$。选择二次函数模型作为农村农民生活消费支出预测模型，可得 2001 年山东农村居民、生活消费支出为 1831.60 元，与实际支出 1904.95 元相差不大。

用类似方法，可作出其他四省市城乡居民的收入及消费模型，从而得到未来几年的预测值。

第十四章　环境质量现状与保护比较

山东省是经济大省，但同时在经济发展中伴随着环境污染也比较突出，环境保护和经济社会发展的矛盾比较突出，尚未摆脱边发展、边污染、边治理模式，与苏沪浙粤相比，在环境与经济发展质量上存在较大差距。为此，我们要认识到不足，切实实施可持续发展战略，用科学发展观统筹经济发展与环境关系，加大生态环境保护的力度，为实现建设"大而强、富而美"社会主义新山东的奋斗目标奠定坚实基础。

一　环境污染控制与保护现状比较

1. 水污染控制水平比较

（1）废水排放总量稳中有降，居五省市第四

自 1997 年以来山东省废水排放总量呈缓慢下降趋势，由 1997 年的 24.61 亿吨下降为 2002 年的 23.1 亿吨，虽然废水排放得到了一定控制，但总量依然较高，居全国前列。在五省市中，山东省废水排放总量低于广东、江苏、浙江，高于上海，居第四位（表 14-1）。

表 14-1　　　　　2002 年五省市废水排放总量比较

项　目	山东	广东	江苏	浙江	上海
废水排放总量（亿吨）	23.10	49.04	43.20	25.90	19.21

资料来源：五省市环境状况公报。

（2）工业废水排放量逐步下降，居五省市第四

山东省自"九五"计划以来，工业废水排放呈逐步下降趋势，从

1996 年的 14.72 亿吨降到 2002 年的 10.7 亿吨，减少了 27.3%。与其他四省市相比，排放量仅高于上海，为五省市第四（如表 14—2），工业废水排放量占废水排放总量的比重由 1997 年的 53.2% 降到 2002 年的 46.3%，万元工业产值废水排放量由 1997 年的 76.4 吨降到 2002 年的 74.7 吨，工业废水排放总量控制取得初步成效。

表 14-2　　　　　　2002 年五省市工业废水排放量比较

项　　目	山东	广东	江苏	浙江	上海
工业废水排放量（亿吨）	10.70	14.62	26.30	16.80	6.49

资料来源：五省市环境状况公报。

（3）生活污水排放量增长明显，居五省市第四

山东省生活污水排放呈逐步上升趋势，从 1997 年的 11.52 亿吨增加到 2002 年的 12.4 亿吨，增加 7.6%，排放量为五省市第四（如表 14-3），生活污水排放量占废水排放总量的比重由 1997 年的 46.8% 上升到 2002 年的 53.7%，超过工业废水成为废水总量排放中的主要部分。随着人口增加，生活水平提高，山东省人口的高增长量必然导致生活污水排放量的相应增加。

表 14-3　　　　　　2002 年五省市生活污水排放量比较

项　　目	山东	广东	江苏	浙江	上海
生活污水排放量（亿吨）	12.40	34.42	16.90	9.10	12.72

资料来源：五省市环境状况公报。

（4）废水中主要污染物 COD 排放高，居五省市第二

废水中主要污染物化学需氧量 COD 排放从 1997 年的 225.7 万吨下降到 2002 年的 86 万吨，下降幅度显著，但总量仍然很大，居全国第三，五省市第二。与其他四省市相比，山东省的废水排放总量虽然不算太高，但是废水中主要污染物 COD 的污染强度却非常高，分别为广东、江苏、上海、浙江的 1.9 倍、2.1 倍、2.2 倍、1.7 倍，居五省市第一（如表 14-4），这表明山东省的废水污染强度较高，对环境危害程度较大。

表 14 - 4 　　　　　　　　 2002 年五省市 COD 排放量比较

项　目	山东	广东	江苏	浙江	上海
废水中 COD 排放量（万吨）	86.0	95.2	78.4	57.9	33.0
每万吨废水 COD 排放量（吨）	3.7	1.9	1.8	2.2	1.7

资料来源：根据五省市环境状况公报计算而得。

（5）工业 COD 排放量高，居五省市第一

1997 年以来，山东省工业 COD 排放得到了进一步削减，到 2002 年工业 COD 排放降为 41.7 万吨，与其他四省市相比，山东省的工业废水中主要污染物 COD 排放总量和污染强度居高，为五省市第一（如表 14 - 5），万元工业增加值 COD 排放量山东省分别是上海、广东、江苏、浙江的 4.3 倍、2.3 倍、1.4 倍、1.1 倍，与苏沪浙粤相比，这表明山东省的工业增长属粗放型，环境污染负荷较重。

表 14 - 5 　　　　　　　　 2002 年五省市工业 COD 排放比较

项　目	山东	广东	江苏	浙江	上海
工业废水中 COD 排放量（万吨）	41.7	20.7	30.2	28.4	4.8
每万吨工业废水 COD 排放量（吨）	3.9	1.4	1.1	1.7	0.7
万元工业增加值 COD 排放量（千克/万元）	9.0	4.0	6.3	8.1	2.1

资料来源：根据五省市环境状况公报计算而得。

（6）生活 COD 排放量稳中有降，居五省市第三

山东省生活污水中主要污染物 COD 排放量呈缓慢下降趋势，从 1997 年的 49.1 万吨减到 2002 年的 44.3 万吨，居五省市第三，但每万吨生活污水 COD 排放量高，污染强度居五省市第一（如表 14 - 6）。山东省生活污水中 COD 排放量占当年化学需氧量排放总量的 51.5%，成为 COD 排放的主要来源，人口数量的持续增长将加大山东省生活 COD 排放控制的压力。

表 14 - 6　　　　　　2002 年五省市生活污水中 COD 排放量比较

项　目	山东	广东	江苏	浙江	上海
生活污水中 COD 排放量（万吨）	44.3	74.5	48.2	29.5	28.2
每万吨生活污水 COD 排放量（吨）	3.6	2.2	2.9	3.2	2.2

资料来源：五省市环境状况公报。

2. 大气污染控制水平比较

（1）工业废气排放总量逐步攀升，居五省市第一

山东省工业废气排放总量呈现逐年递增的趋势，从 1997 年的 9614 亿标立方米增加到 2002 年的 14306 亿标立方米，增幅 49%，总量远大于其他省市，高居全国第一，万元工业增加值工业废气排放量山东省也高居五省市第二（如表 14 - 7），工业废气排放控制形势依然严峻。

表 14 - 7　　　　　　2002 年五省市工业废气排放总量比较

项　目	山东	广东	江苏	浙江	上海
工业废气排放总量（亿标立方米）	14306	10468	14286	8532	7440
万元工业增加值工业废气排放量（万标立方米）	3.1	2.0	3.0	2.4	3.2

资料来源：五省市统计年鉴。

（2）工业二氧化硫排放量高，居五省市第一

山东省工业二氧化硫排放总量呈逐年递减的趋势，从 1997 年的 195 万吨减少到 2002 年的 139.4 万吨，下降了 28.5%。但总量依然高居全国第一，同时万元工业增加值二氧化硫排放量山东省也远高于苏沪浙粤，为五省市第一（如表 14 - 8）。其中电力蒸汽热水生产供应业、非金属制品业二氧化硫排放占工业二氧化硫排放总量的 72%，是工业二氧化硫排放的两大行业。

表 14 - 8　　　　　　2002 年五省市工业二氧化硫排放量比较

项　目	山东	广东	江苏	浙江	上海
工业二氧化硫排放量（万吨）	139.4	95.3	105.5	59.4	32.5

项　目	山东	广东	江苏	浙江	上海
万元工业增加值二氧化硫排放量（千克）	30.1	18.2	21.9	16.9	14.1

资料来源：五省市环境状况公报。

（3）生活二氧化硫排放量高，居五省市第一

生活二氧化硫排放从 1997 年的 52.3 万吨下降到 2002 年的 29.6 万吨，下降了 43.4%，但总量仍然很大，居五省市第一（如表 14-9）。这表明山东省居民生活用能中煤炭消费比重过高，加上居民生活燃煤热效率平均只有 22% 左右，直接导致了二氧化硫的过多排放。

表 14-9　　　　2002 年五省市生活二氧化硫排放量比较

项　目	山东	广东	江苏	浙江	上海
生活二氧化硫排放量（万吨）	29.6	2.2	6.5	3.0	12.2

资料来源：五省市环境状况公报。

（4）工业烟尘排放量高，居五省市第一

山东省工业烟尘排放总量逐年减少，从 1997 年的 95.9 万吨降到 2002 年的 50.2 万吨，下降了 47.7%。但总量和排放强度依然高居五省市第一（如表 14-10）。其中火力发电、非金属制品、化学制品、石油加工、造纸行业工业烟尘排放量占到工业烟尘排放总量的 82.9%，是工业烟尘的五大排放行业。

表 14-10　　　　2002 年五省市工业烟尘排放量比较

项　目	山东	广东	江苏	浙江	上海
工业烟尘排放量（万吨）	50.2	18.0	37.0	18.7	5.6
万元工业增加值烟尘排放量（千克）	10.8	3.4	7.7	5.3	2.4

资料来源：五省市环境状况公报。

（5）生活烟尘排放量高，居五省市第一

山东省生活烟尘排放基本保持稳定，略有下降，总量从 1997 年的

12.5 万吨减到 2002 年的 11.7 万吨，下降了 6.4%，总量居五省市第一（如表 14-11）。这与山东省生活能源消费结构中煤炭所占比重过高密切相关，加上热效率低，导致了生活烟尘排放量的居高不下。

表 14-11　　　　　　2002 年五省市生活烟尘排放量比较

项　　目	山东	广东	江苏	浙江	上海
生活烟尘排放量（万吨）	11.7	1.3	1.6	1.0	5.1

资料来源：五省市环境状况公报。

（6）工业粉尘排放量高，居五省市第一

山东省工业粉尘排放总量呈现逐年递减的趋势，从 1997 年的 121 万吨减少到 2002 年的 60.3 万吨，下降了 50.2%，但总量和排放强度远超过苏沪浙粤，为五省市第一（如表 14-12）。其中非金属制品、冶金行业粉尘排放量占整个工业粉尘排放总量的 93.6%，是工业粉尘排放量的主要来源。

表 14-12　　　　　　2002 年五省市工业粉尘排放量比较

项　　目	山东	广东	江苏	浙江	上海
工业粉尘排放量（万吨）	60.3	33.6	22.6	32.6	1.5
万元工业增加值粉尘排放量（千克）	13.0	6.4	4.7	9.2	0.6

资料来源：五省环境状况公报。

3. 固体废弃物控制水平比较

（1）工业固体废物产量大，居五省市第一

山东省工业固体废物产生总量呈逐年上升趋势，从 1997 年的 5130.6 万吨增加到 2002 年的 6558.5 万吨，增长了 27.8%。工业固体废物产生总量和产生强度均高居五省市第一（如表 14-13），其中采掘业、电力蒸汽热水的生产和供应业、冶金业、化学制品四大行业固体废物产生量占工业固体废物产生总量的 88%，这表明山东省仍然是以资源的高投入、高消耗为特征的工业结构。

表 14 - 13 2002 年五省市工业固体废物产生量比较

项　目	山东	广东	江苏	浙江	上海
工业固体废物产生量（万吨）	6558.5	2044.9	3796.0	1777.8	1595.3
万元工业增加值固体废物产生量（吨）	1.4	0.4	0.8	0.5	0.7

资料来源：五省市环境状况公报。

（2）城市生活垃圾清理量大、五省市第二

山东省城市生活垃圾清理量随着城市化进程的推进也呈逐年上升趋势，由于数据来源和统计口径的欠缺，这里采用生活垃圾清理量来代替分析生活垃圾产生量，到 2002 年山东省城市生活垃圾清理量已达 888.9 万吨，居五省市第二（如表 14 - 14），给山东省的城市环境卫生带来了巨大压力，加剧了城市的脏、乱、差，垃圾围城和二次污染突出。

表 14 - 14 2002 年五省市城市生活垃圾清理量比较

项　目	山东	广东	江苏	浙江	上海
城市生活垃圾清理量（万吨）	888.9	1315.5	723.2	576.0	376.9

资料来源：《中国统计年鉴（2003）》，中国统计出版社。

4. 生态环境建设水平比较

（1）森林覆盖率较低，居五省市第三

森林对改善生态环境、维护生态平衡起着决定性的作用，当前人们所面临的一系列环境问题如物种消失、水土流失、土地沙漠化等都与森林的锐减密切相关。"九五"以来，山东省的森林覆盖率基本保持稳定，略有下降，从 1997 年的 20% 降到 2002 年的 18.8%，下降了 6.1%，总量居五省市第三（如表 14 -15），与广东、浙江差距甚远，保护和建设山东省森林刻不容缓。

表 14 - 15 2002 年五省市森林覆盖率比较

项　目	山东	广东	江苏	浙江	上海
森林覆盖率（%）	18.8	57.2	10.6	59.4	12.2

资料来源：五省市环境状况公报。

（2）自然保护区覆盖率五省市第三

自然保护区是为了更好地保护自然环境和自然资源，促进国民经济的持续发展，将一定面积的陆地和水体划分出来，进行特殊保护和管理的区域。山东省的自然保护区建设取得了很大成绩，截至 2002 年底山东省已建成各类自然保护区 66 处，面积 89.2 万公顷，自然保护区覆盖率为 5.6%（如表 14-16），居五省市第三，自然保护区建设力度还有待进一步加大。

表 14-16　　　　　　2002 年五省市自然保护区情况比较

项　　目	山东	广东	江苏	浙江	上海
各类自然保护区（个）	66	191	22	29	3
自然保护区覆盖率（%）	5.6	4.3	5.7	1.4	14.7

资料来源：《中国统计年鉴（2003）》，中国统计出版社。

（3）环境保护投入低，五省市第四

"九五"期间，山东省全省共完成环境保护投资 397 亿元，占同期国内生产总值的 1.1%，环境保护建设取得了很大成绩。2002 年山东省环境保护投入 148 亿元，占同期 GDP 的 1.4%（如表 14-17），与"九五"相比有了较大提高。但与上海、广东、浙江相比，山东省的环保投入还相对较少，占 GDP 比重小，制约了山东省环境的进一步改善。

表 14-17　　　　　　2002 年五省市环境保护投入比较

项　　目	山东	广东	江苏	浙江	上海
环境保护投入（亿元）	148	288		174	162
环境保护投入占 GDP 比重（%）	1.4	2.5		2.3	3.0

资料来源：根据有关资料整理而得。

二　山东省未来发展面临的环境压力与挑战

1. 环境与发展矛盾尖锐，水环境恶化、水资源短缺压力突出

环境问题实质上是发展方式问题，有什么样的发展方式就有什么样的环境状态。在环境与发展的关系上，我们有三种路径的选择：一是先发展

后治理；二是边发展边治理；三是可持续发展下的协调发展。第一种选择是发达国家走过的弯路，是一条不可持续的发展道路。工业文明带来的环境危机，正是这种选择所造成的，先发展后治理的模式，只能使环境污染和破坏加剧，环境质量越来越恶化，反过来制约人类社会生存和发展，这是早已被实践所证明是一条难以为继的发展模式。第二种选择虽然可以减缓环境污染的危害，但从根本上不能解决环境问题。这种末端控制的发展，不是以提高资源利用效率，改善经济结构为前提，忽视从源头和生产全过程控制污染，是一种被动式的发展模式。第三种选择是一种全面、持续的科学发展模式——可持续发展。可持续发展是既满足当代人的需要，又不对后代人满足其需要的能力构成危害的发展，它不仅是人类社会的共识，而且是我国未来发展的基本战略。可持续发展不否定经济增长，而是要求经济增长方式由粗放型向集约型转变，减少经济活动对资源环境的压力，将环境污染消除在经济发展过程中。它的目的是建立环境与发展相互协调系统，促进资源可持续利用，提高环境承载力，实现人与自然的和谐。尽管"九五"以来，山东省在处理环境与发展矛盾上有了很大进步，2000年SO_2排放量比1995年下降26.3%，烟尘排放量下降44.2%，工业粉尘排放量下降53.2%，COD排放量下降61.0%，工业污染源基本实现达标排放，城市环境综合整治成效显著，生态环境和海洋保护受到重视。但是，由于人们对可持续发展认识不足，环境与发展综合决策机制落实不够，经济增长粗放型特征改观不明显，环境与发展的矛盾尖锐，环境污染和生态破坏问题仍然很严重。〈水环境质量是环境与发展是否协调的重要指标，也是环境污染和生态破坏程度的重要表征。〉目前，山东省每年的废水排放量在23亿吨左右，排放达标量仅占30%，工业废水排放10.7亿吨，均居五省市第四，然而工业废水中，山东省每万吨工业废水COD排放量是广东的2.7倍、上海的4.3倍、江苏的3.6倍、浙江的2.3倍；万元工业增加值COD山东省排放量是广东的2.2倍、上海的4.3倍、江苏的1.3倍、浙江的1.1倍，山东废水COD污染强度五省市第一。全省城市污水集中处理率只有40.3%，仍有近60%的城市污水未经处理直接排入地表水体；化肥、农药施用量高出全国平均水平近1倍；造纸、化学制品、火电、煤炭采选、纺织、食品饮料加工制造、油气开采加工行业等高废水排放行业比重较大，这些行业规模以上工业总产值占到了山东省全部规模以上工业总产值比重的 46.8%，其所排放废水份额占到全省废水排放总量的 82.4%，山东省高耗水、高污染的产业特征比较突出。山东省废水/径流比高达 10.2%，导致山东省水体自然稀释能力有限，造成山东省地表水系严重污染，水环境质量功能区达标率仅为 30%。全省没有一条河流和一个湖泊水质符合I类水质标准，严重污染（超V类）的河流占 75%，形成有河皆干、有水皆污的危险局面，加剧了水资源的短缺程度。山东省要提前基本实现现代化，提前全面建成小康社会，到 2020 年国内生产总值再翻两番，即使保持目前的废水和污染物排放下降速度，废水及废水中主要污染物的总量排放压力仍将持续很长一段时间，如果不进一步加大水污染治理力度，不仅经济增长难以满足，水生态环境也将无法承载。

2. 大气环境结构型污染特征明显，制约经济发展质量

随着能源结构的调整，山东省以煤为主的能源结构将向多元化能源结构转变，但在未来 20 年内煤炭仍将是山东省主要的能源来源，其消费量将占到能源消费总量的 70% 左右。目前，山东省工业废气排放总量，居五省市第一，工业废气中，SO_2 排放量达 139.4 万吨，万元工业增加值 SO_2 山东省排放量是广东的 1.7 倍、江苏的 1.4 倍、浙江的 1.8 倍、上海的 2.1 倍；山东省生活 SO_2 排放量达 29.6 万吨，是广东的 13.4 倍、江苏的 4.5 倍、浙江的 9.8 倍、上海的 2.4 倍；工业烟尘排放总量，山东省达 50.2 万吨，是广东的 2.8 倍、江苏的 1.4 倍、浙江的 2.8 倍、上海的 8.9 倍山东省万元工业增加值烟尘排放量是广东的 3.1 倍、江苏的 1.4 倍、浙江的 2.0 倍、上海的 5.3 倍山东省高污染、高投入、高排放的经济增长方式，工业增加值每增长一万元，付出的环境代价远远高于粤、浙、苏、沪，经济发展成本高，资源环境价值损耗严重。山东省工业废气和废气中主要污染物排放总量的四分之三以上是来自于火电、非金属制品、化学制品、冶炼业等高耗能行业，这些产业也是山东省的重要支柱产业，经济结构调整任务艰巨。城市集中供热率仅为 31%，仍有 69% 的居民采用燃煤、小锅炉等取暖。因此山东省由燃料结构引起的煤烟型污染和主要由电力、化工、冶金等行业主导的结构型污染仍将继续存在。尤其是城市大气环境中可吸入悬浮颗粒物普遍超标且污染程度较为严重，它对人体健康和大气能见度的影响显著，全省有 8 个设区市城区环境空气质量劣于国家二级标

准。另一个不可忽视的因素是随着汽车保有量增长迅速，机动车尾气污染已成为山东省城市越来越重要的问题，机动车排放的一氧化碳和氮氧化物对大城市的空气污染负荷已经分别占到 80% 和 40%，特别是城市主要交通路口和交通干道沿线污染物严重超标，部分城市如济南的大气污染类型已经由煤烟型转变为复合型。

山东省已采取了一定的治理措施，削减了各类大气污染源的排放量，并取得了明显的效果，使一些主要污染物，如工业二氧化硫、工业烟尘和粉尘，在工业废气排放总量逐年递增的情况下，其排放量逐年削减，但是，由于缺乏适用的环境治理技术及资金等因素的制约，对二氧化硫、氮氧化物等大气污染物的总体治理效果仍然不尽如人意，由此未来 20 年中山东省大气环境质量恶化的压力依然沉重，需要在加强大气污染浓度控制的基础上继续推进污染物总量控制外，应将经济结构调整、改造、升级作为重中之重的任务。

3. 源头控制程度低，固体废弃物污染日益突出

固体废弃物的种类繁多，成分繁杂，数量巨大，是环境的主要污染源之一，到目前为止，全省工业固体废弃物累计堆存量已达 3.2 亿吨，占地 23 平方公里，危害程度不亚于水污染和大气污染造成的危害。山东省在固体废弃物的处理利用方面已取得一定进展，并出现了一些适合山东省目前经济技术发展水平的固体废弃物处理技术，但还远远不能满足经济和社会发展的需要。山东省矿物资源开采量大，属资源开采大省，但由于加工和生产技术落后，资源利用效率较低，致使大量资源转化为危害环境的固体废弃物，单位工业增加值固体废弃物产生量大。五省市中，山东省工业固体废弃物产生量是广东的 3.2 倍、江苏的 1.7 倍、浙江的 3.7 倍、上海的 4.1 倍；万元工业增加值固体废物产生量，山东省为 1.4 吨/万元，广东为 0.4 吨/万元，江苏为 0.8 吨/万元，浙江为 0.5 吨/万元，上海为 0.7 吨/万元。山东省均高居五省市第一。随着改革进程的发展，山东省工业结构、管理技术、投资政策和其他相关政策在内的工业政策将发生巨大变化，工业结构将由重点发展普通加工工业转变成重点发展基础设施和基础工业。加工工业在重组和转型，一些超出合理需要的加工工业的生产能力被压缩，能耗高、低品质、污染重的落后（低效）产品会被淘汰，生产

能力低、运行费用高、效益差的企业会关闭，新技术、新工艺和新设备会被采用以便提高产品的质量。虽然工业结构的调整、高新技术的采用和管理水平的提高会减少单位产值工业固体废弃物的产生量，但是由于山东省正处于经济高速发展的阶段，未来 20 年经济增长率将保持在 10% 左右，对原材料和能源的需求旺盛。工业固体废弃物的年产生量仍然会不断增长，保持在一个高水平。

伴随着城市化进程的加快，山东省城市规模、数量和城市人口迅速扩大，城市垃圾问题也日趋尖锐，不仅对城市环境造成巨大压力，而且也限制了城市的发展，目前山东省现有的城市垃圾处理设施还不能适应城市垃圾增长的要求，生活垃圾和有害废物大多未得到有效妥善处置，城市第三产业、居民生活产生的各类废物都是混合收集，医疗废弃物等特殊废物的专门集中处理设施缺乏，随着普通生活垃圾的处理或堆放，城市生活垃圾无害化处理率只有 30%，而且处理标准普遍较低，随意堆放对环境的即时和潜在危害很大，垃圾围城和二次污染问题比较突出，其含有的和产生的综合废弃物，将对大气、土壤、水体造成污染，严重影响环境质量。

4. 生态环境退化日益严重、自然灾害频繁发生

当前山东已进入工业化中期阶段，随着山东省经济规模的进一步扩大，社会经济活动对生态环境影响的程度日益增大，生态环境的压力将更加突出，同时资源开发利用方式不当，更加剧了生态环境破坏的程度。

山东省水土流失和土地沙化较为严重，水土流失面积占全省国土面积的 41.5%，土地风沙化面积已达 1250 万亩；局部生态环境破坏继续加剧，矿山生态破坏面积以每年 30 平方公里的速度增加，矿区地面塌陷面积达 332 平方公里，粗放开采造成植被和景观破坏、湿地减少、调控功能明显降低；地下水超采，水位埋深大于 6 米的平原超采区面积为 2.75 万平方公里，超采地下水形成的漏斗区面积达 2 万平方公里，海水入侵面积已达 1120 平方公里，地面沉降逐渐加重；同时生态恢复进展缓慢，仍有 100 万亩荒山荒滩没有达到绿化标准，3660 万亩农田没有实现林网化，每年流失土壤 1.53 亿吨；海洋生态问题严峻，近海污染严重，轻中度和严重污染海域分别占 18.6% 和 13.4%，海洋生物多样性受到威胁，传统渔业资源严重衰退；由于森林覆盖率低且结构不合理，水源涵养、防风固

沙、净化空气等生态功能低下，导致旱涝、风沙、冰雹等自然灾害频繁发生和农业生态的恶化，每年因自然灾害造成的直接经济损失高达100亿～200亿元；生物多样性锐减，现有120多种高等植物、200多种陆栖脊椎动物处于受威胁和濒危状态，生境破碎并呈整体恶化趋势；黄河出现了历史罕见的汛期断流和跨年度断流，自1972年出现经常性断流以来，断流时间越来越长，使得沿岸地区的生态环境日趋恶化。

三　生态环境保护的战略选择与对策

1. 树立科学发展观，切实落实环境与发展综合决策机制

经济建设与环境协调发展是一项跨部门、跨行业、跨地区的战略工程，决策的失误往往造成严重的损失，因此，我们必须树立科学发展观，实施可持续发展战略，建立有效的综合决策机制，从宏观决策的源头统筹兼顾经济效益、社会效益、环境效益，促进经济建设与环境保护相互协调和可持续发展，彻底转变单纯追求经济数量、超出环境承载力的生产方式和消费方式，才能彻底解决环境问题。

（1）完善重大决策环境影响评价制度

环境影响评价是环境与发展综合决策过程的重要组成部分。随着深化实施可持续发展战略，环境影响评价制度的适用范围不断拓展，越来越多地用于政策、计划和区域评估，在环境与发展综合决策过程中发挥着不可替代的作用。一是政策环境影响评价，根据深化实施可持续发展战略的形势要求，对现行政策进行适应性评价，提出政策修订、制定的建议和依据。二是计划、规划环境影响评价，对区域开发、城市发展、资源配置、生产力布局等重大计划、规划和重大建设项目进行环境影响评价与论证，确保环境与发展重大决策的科学化。三是区域环境影响评价，针对一定的区域进行环境与发展态势监测与评价，定期向社会公布监测、评价报告，为环境与发展综合决策及监督提供背景依据。

（2）将环境指标纳入地方政府综合考核体系

环境问题是个发展问题，解决环境问题是各级政府义不容辞的责任，各级政府应切实履行改善本辖区环境质量的职责，定期研究部署重大环境保护行动和政策措施，有重点地解决制约本地区发展的环境问题，加强资

源、环境生产力的保护，促进经济建设与环境协调发展。领导干部环境责任实绩考核是环境保护基本国策激励与约束政策的体现，是调控一个地区发展方向、发展质量的重要措施，应增加环境与发展综合决策机制运行情况的考核内容，考核结果作为评价政府工作和领导干部政绩的重要依据之一。

（3）建立健全污染物总量控制制度

污染物总量控制是确保区域污染负荷控制在自然环境承载能力之内的规划管理措施，是环境与发展综合决策的重要内容和依据。一是区域排污总量控制，根据国家和地方的环保目标要求，编制排污总量控制计划，逐级分解下达排污总量控制指标，发放区域排污总量许可证；二是重点流域排污总量控制，设置排污总量控制断面，制定控制指标，发放断面排污总量许可证；三是企业排污总量控制，根据区域或流域排污总量控制的要求，确定企业排污总量控制指标，发放企业排污总量许可证。污染物总量控制制度建设，应根据经济建设与环境协调发展的形势要求，在实践中不断改进与发展，并建立完善的监控技术体系和责任目标体系。

2. 加快经济结构调整，实现经济增长方式的根本性转变

经济增长方式粗放是造成山东环境问题的根本原因。21 世纪初期，必须适应高新技术革命和经济全球化的形势要求，走新兴工业化道路，加快山东经济结构的战略性调整，促进经济增长方式向集约化转变，逐步建立起可持续发展的经济体系：

（1）加快农业结构调整，建立生态良性循环的农业生产体系

加快农业结构的战略性调整，以科技为先导，以市场为导向，提高农业劳动生产率、土地产出率、农产品商品率、农产品加工增殖率，逐步建立节水、节地、生态良性循环的农业生产体系。

①调整农业种植结构和农产品结构。在保证粮食安全供给的前提下，适当压缩粮食种植面积，扩大优质高效经济作物和专用饲料作物的种植面积，逐步向"粮食作物、经济作物、饲料作物"的三元结构转变。围绕优化品种、提高质量、增加效益，运用现代基因工程、细胞工程与传统农业技术相结合，开发推广优质、高产、抗逆动植物新品种，扩大高附加值畅销产品特别是出口创汇产品的生产和加工，提高农产品的品质和档次。

②加快农业产业化步伐。适应现代农业规模化经营和农民增收的客观要求，解决好规模农户、龙头企业、产业链延伸、组织结构创新等关键问题，发展绿色农业、订单农业和创汇农业，培植一批蔬菜、畜牧、水产、果品等龙头企业，使之成为农业产业化发展的排头兵。同时，大力改善农业生产条件，在全省普遍实行防渗输水，推广喷灌、滴灌、微灌等节水灌溉技术，合理使用化肥、农药、地膜，加快农业废弃物的资源化利用。

③深化生态农业示范建设。本着"立足示范，着眼推广、注重基础、讲求效益"的原则，进一步开展生态农业示范建设，依靠科技进步，把生态农业示范建设与调整农业结构结合起来，与改善农业生产条件和生态环境结合起来，与发展无公害产品结合起来，建成一批具有一定规模、水平高、辐射能力强的生态农业示范区，总结出不同类型的生态农业模式、先进技术和管理经验。

（2）加快工业结构调整，建立高效的环境良好型工业生产体系

加快工业结构的战略性调整，着眼于产业升级和产业创新，完成工业化中期阶段以重化工业为主的产业格局构建，不失时机地发展新兴产业和高新技术产业，解决好工业发展中的资源、环境问题，逐步建立高效的环境优化型工业生产体系。

①加快高新技术产业发展。发挥山东科技创新的优势，大力发展资源消耗少、环境污染轻、产品附加值高的电子信息、生物工程、新材料、海洋等四大高新技术产业，加快建立风险投资基金，促进高新技术与金融资本、产业资本的结合，依托大型企业集团和高新技术产业园区，尽快形成一批具有山东特色的高新技术产业群和开发生产基地，形成工业发展的新增长点，带动工业结构调整和升级。

②加快传统工业技术改造。紧紧围绕增加品种、改善质量、节能降耗、防治污染和提高劳动生产率，实施重大技术改造项目，发挥高新技术的引导作用，更新技术和装备，提高生产水平和经营效益。重点在山东现有传统工业行业中培植食品、化工、纺织、家电、汽车、造纸等前景广阔、产业关联度大的6个优势产业，培植一批龙头骨干企业和名牌产品。进入国内外市场竞争，辐射带动行业发展。

③严格限制高投入、高污染、低效益的行业和企业发展。综合运用经济、法律和必要的行政手段，依法关闭产品质量低劣、浪费资源、污染环

境、不具备安全生产条件的厂矿，淘汰高耗能、高污染的生产工艺和设备，压缩部分行业过剩生产能力，积极稳妥地关闭资源枯竭的矿山。

④积极推进清洁生产。做好清洁生产宣传、教育和培训工作，增强行业管理者和企业经营者的清洁生产意识和管理水平。结合现行环境管理制度，研究制定相关政策法规，鼓励企业实施清洁生产，在重点地区和典型行业积极开展清洁生产示范。建立清洁生产管理机构和技术服务机构，面各企业提供技术咨询和服务，开发、推广先进适用的清洁生产新技术、新工艺、新设备、新产品。

⑤大力发展循环经济。循环经济作为当今国际社会的发展趋势，是以资源循环利用和废弃物高效回收为主要特征的生态经济体系，是"资源—产品—再生资源"的多重闭环反馈式循环过程。由于它将对环境的破坏降到最低程度，并最大限度地利用资源，从而大大降低了经济发展的社会成本。一是要加快制定促进山东省循环经济发展的政策、法律法规。二是要加强政府引导和市场推进作用。三是在山东省经济结构战略性调整中大力推进循环经济。四是要建立山东省循环经济的绿色技术支持体系。

（3）加快服务业结构调整，建立促进文明消费、文明生产的现代服务体系

加快服务业结构的战略性调整，按照市场化的要求，创造全新的体制与政策环境，大力发展新兴服务业，改造传统服务业，提高技术含量和服务水平，建立商贸餐饮、金融保险、信息服务、科技咨询、社区服务相配套，促进文明消费、文明生产的现代服务体系。

①调整服务业结构。形成新的支柱产业，带动服务业优化升级。大力发展信息服务、科技咨询、金融保险、现代物流、中介服务等生产性服务业，促进与第一、二产业紧密结合，最大限度地发挥产业间的资源偶合效应，提高服务业对经济增长的贡献率。

②运用现代经营方式和服务技术改造传统服务业。以技术创新为依托，推行连锁经营、物流配送、多式联运、网上销售等组织形式和服务方式，缩短运输距离，减少流通环节，提高服务业的技术含量和服务水平。推行绿色包装，发展清洁能源型交通运输工具，减少资源浪费和环境污染。

③突出发展旅游产业。积极开发和保护旅游资源，把旅游开发与生态

建设结合起来，丰富旅游产品，开发一批高创意、高水平的旅游项目和产品，形成系列化、产业化、规模化和集约化。

3. 加快生态省建设，构筑发展新优势

加强山东省生态省建设的组织领导，全面实施《山东生态省建设规划》，使所有重点资源开发区、生态功能区和生物多样性保护区的生态环境都得到恢复和重建。

①加强水、土、森林、海洋、矿产、旅游等重点资源开发项目的生态环境监管。严格禁止造成不可逆转的区域性、长期性生态破坏影响的开发建设项目，对于造成局部或短期生态环境影响的开发建设项目，生态保护和生态恢复工程应与资源开发工程同步设计、同步施工、同步检查验收，建立"谁开发、谁保护，谁破坏、谁补偿"的生态补偿机制。

②重视小城镇建设的生态环境管理。严禁违背生态规律的城镇规划，防止破坏重要生态功能的用地和侵占城镇绿地。按照区域经济发展和城镇化的规律，合理调整城镇发展方向，实行集中型工业化和城镇化模式，科学地合村并镇，降低乡镇工业和城镇化的土地占用量。逐步实行小城镇环境综合治理定量考核，促进生活垃圾处理和生活污水处理等基础设施建设。

③实施黄河（山东段）治理工程。黄河高堤悬河、尾闾摆动、河口不稳等问题严重制约山东沿黄地区的发展，应采取稳定黄河现行流路与分流超标洪水相结合的工程措施，从河口开始尽快实施挖沙降河工程，建设河口双导堤工程、西河口高位分流工程和黄河三角洲平原水库，防止河床进一步淤积抬高，形成有效的防洪调控系统。

④加快国土绿化工程建设。对自然林实行禁伐保护，对 25 度以上陡坡耕地实行退耕还林、还草，大力开展工程造林和居民点造林绿化，组织实施沂蒙山区防护林、沿海防护林、平原农田防护林、沿黄防护林、黄河三角洲造林绿化、治沙造林、济南保泉绿化等八大生态林建设工程，使全省森林覆盖率达到 25% 以上。

⑤加强自然保护区建设与管理。按照森林保护型、水源涵养型、鸟类保护型、河口三角洲保护型、珍贵稀有鱼类保护型的自然保护区类型划分，积极开展自然保护区建设，采取技术和管理措施，绝对保护核心区的

生态环境，使之不受人为干扰，在缓冲区把科研、教育、生产、生态旅游等有机结合起来，探索以生态保护为主导的具有多种功能的自然保护区建设模式。

第十五章　自然资源可持续利用水平比较

自然资源是人类生产资料和生活资料的重要来源，是社会经济发展的物质基础。自然资源不仅是区域的天然优势所在，也是制定区域发展战略的出发点。正确地分析比较山东与上海、广东、浙江、江苏等地的自然资源优势，可以更好地为加快山东现代化建设提供有力依据。

一　自然资源特征与可持续利用比较

1. 水资源特征及可持续利用水平比较

（1）当地水资源总量小，居五省市第四

山东省多年平均年降水量为 685.8 毫米，折合水量 1050 亿立方米；多年平均河川径流量为 222.9 亿立方米，多年平均地下水资源量为 152.57 亿立方米，扣除重复计算量 69.65 亿立方米，山东省多年平均水资源总量为 306 亿立方米（如表 15－1），仅占全国水资源总量的 1.1%，低于广东、浙江、江苏，按平均年产水模数来看，山东省不仅低于其他四省市，更低于全国每平方公里 28.6 万立方米的平均水平。若考虑粤沪苏浙丰富的过境水资源，山东省的水资源总量要远小于粤沪江浙四省市。

表 15－1　　　　　　　　　　五省市水资源总量比较

项　　目	山东	广东	江苏	上海	浙江
当地水资源总量（亿立方米）	306	1860	327	25.6	937
占全国比重（%）	1.1	6.8	1.2	0.1	3.4
平均年产水模数(万立方米/平方公里)	19.5	104.5	31.9	40.4	92.0

资料来源：根据水利部有关资料计算而得。

（2）人均水资源占有量少，居五省市第四

山东省人均水资源占有量 337 立方米（按 2002 年末统计人口数）（图 15 - 1），仅为全国人均占有量的 15.8%（小于 1/6），为世界人均占有量的 4.0%（为 1/25），位居全国各省（市、自治区）倒数第三位，五省市第四，高于上海，但考虑水资源因素的话，山东人均水资源占有量将远小于上海、广东、浙江、江苏四省市。

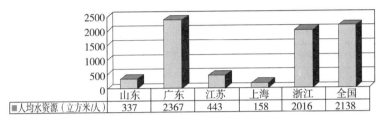

	山东	广东	江苏	上海	浙江	全国
■人均水资源（立方米/人）	337	2367	443	158	2016	2138

资料来源：根据水利部有关资料计算而得。

图 15 - 1　五省市人均水资源量比较

（3）用水总量较大，五省市第三

2002 年山东省用水总量为 252.4 亿立方米，低于广东、江苏，位列第三（如图 15 - 2），虽然山东省的用水总量与其他四省市相比不算太高，万元 GDP 用水量五省市中仅高于上海，但考虑到山东省的水资源总量小，山东省的用水负荷仍然相对较重。

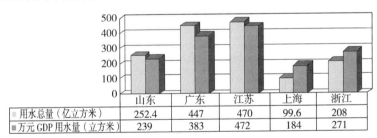

	山东	广东	江苏	上海	浙江
■用水总量（亿立方米）	252.4	447	470	99.6	208
■万元 GDP 用水量（立方米）	239	383	472	184	271

资料来源：根据水利部有关资料计算而得。

图 15 - 2　2002 年五省市用水量比较

2. 土地资源特征及可持续利用水平比较

（1）土地资源总量较为丰富，产出效益低，居五省市第四

山东省的土地资源总量与其他四省市相比，较为丰富，低于广东居五省市第二（如表 15 - 2）。由于山东省地势比较平坦，山地少，垦殖率高，

耕地面积比例高，2002年为707万公顷，占全国耕地面积的7.1%，高居全国第三，五省市第一。但从土地产出效率来看，由于上海市是都市型经济，土地产出效率每平方公里高达8531.2万元，与江浙粤三省比较，山东省仅高于广东，为五省市第四，这说明山东省土地产出效率较低，集约化程度不高，还有待进一步提高。

表15-2　　　　　　　　2002年五省市土地资源总量比较

项　目	山东	广东	江苏	上海	浙江
土地资源总量（万平方公里）	15.67	17.79	10.26	0.63	10.18
耕地资源总量（万公顷）	707	307	490	30	205
土地产出效率（万元/平方公里）	673.4	656.2	1036.2	8531.2	753.4

资料来源：根据有关统计资料整理而得。

（2）人均土地资源五省市均小，山东居中

山东、江苏、广东、上海、浙江五省市均属于人均土地资源占有量偏少地区（如图15-3），虽然山东省土地资源总量在五省市中相对丰富，但由于山东省是人口大省，人口基数大，因此山东省人均土地资源占有量在五省市中并不占优，2002年山东省人均土地2.6亩，低于广东、浙江，高于江苏、上海，人均耕地山东省为1.2亩，高于江浙沪粤，但与山东省实现从农业大省向农业强省转变的要求而言，保护耕地的任务依然艰巨。

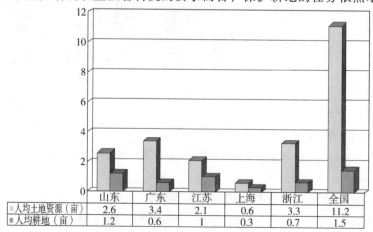

	山东	广东	江苏	上海	浙江	全国
人均土地资源（亩）	2.6	3.4	2.1	0.6	3.3	11.2
人均耕地（亩）	1.2	0.6	1	0.3	0.7	1.5

资料来源：根据有关统计资料整理而得。

图15-3　2002年五省市人均土地资源量比较

3. 矿产资源特征及可持续利用水平比较

（1）矿产资源结构五省市各有特色，矿产资源价值山东第一

五省市矿产资源结构各有特色，其中山东省矿产资源优势明显。截至1999年底，山东省全部矿产D级以上保有储量潜在总值43577亿元，占全国总量的4.65%，位居全国第七、五省市第一。45种主要矿产D级以上保有储量潜在总值40394亿元，占全国总量的4.56%，同样居全国第七、五省市第一。

①山东省探明矿种比较齐全，探明矿产储量总量较大，储量丰富的一些重要矿产在全国占有重要位置。现已探明的保有储量列全国前10位的矿产有58种，列全国前5位的有36种，其中金矿、自然硫、石膏、玻璃用砂岩等8种矿产居全国第一位；石油、钴矿、菱镁矿、金刚石等7种矿产居全国第二位；晶质石墨、滑石、锂盐、碱用灰岩等8种矿产居全国第三位。国民经济赖以发展的15种支柱性重要矿产在山东省都有探明储量，其中煤、石油、铁矿、铝土矿、金矿、钾盐、石灰岩、矿盐等矿产居全国前10位。

②江苏省矿产资源分布广泛，品种较多，已探明30多种。能源矿产主要有煤炭、石油和天然气。非金属矿产有硫、磷、钠盐、水晶、蓝晶石、蓝宝石、金刚石、高岭土、石灰石、石英砂、大理石、陶瓷黏土；金属矿产有铜、铅、锌、银、金、锶、锰等。非金属矿产中黏土类矿产、建材类矿产、化工原料矿产、冶金辅助原料矿产和特种用途矿产是江苏矿产资源的优势，其中方解石、泥灰石、凹凸棒石黏土、保温材料黏土、水泥用辉绿岩、水泥混合材料用闪长玢岩等6种矿产的保有储藏量列全国第一位。

③广东省矿产资源丰富，种类繁多。广东已探明储量89种，产地1400多处。其中大型矿产约占10%，中型20%，小型70%；固体矿产探明储量规模达到大中型者有300多处。广东矿产储量占全国前五位的有34种，其中占第一位的有高岭土、泥炭、冶金用脉石英、水泥用粗面岩、锗等；占第二位的有铅、铋、银、油页岩、玻璃用砂等；占第三位的有锡、铌、钽、硒、冰洲石、玉石等；占第四和第五位的有硫铁矿、压电水晶、陶瓷土、稀土、锌、汞等；富铁矿、钨矿、铀矿、砂钛矿和金矿在全国亦占重要位置。近年来广东的金、银等矿产勘查工作成绩显著，已探明有我国所发现的最大的独立银矿床，优质高岭土、硅灰石、膨润土、大理

石等非金属矿产以及海上石油、天然气等的勘查评价也获重大进展，极具开发前景。

④浙江矿产资源构成的特点是金属矿产和能源矿产短缺，非金属矿产比较丰富，在全国具有一定优势。目前浙江已发现各类非金属矿产 60 余种，其中已探明储量的有 30 余种。明矾、沸石储量最大，质量较好，在已探明储量的矿产中，石煤、吸矾石、叶蜡石、伊利石居全国第一位，萤石第二位，硅藻石第三，沸石、硅灰石、珍珠岩、高岭土、花岗岩、大理石、膨润土和水泥灰岩等在全国都占有一定的地位。

⑤上海市缺乏金属和非金属矿产资源，但近海油气资源丰富，具有我国近海海域最大的油气盆地，油气资源储量约 60 亿吨，附近黄海经过调查和勘探，发现油气资源估算储量 2.9 亿吨。

（2）山东省矿业工业比重大，居五省市第一

2001 年山东省规模以上矿业工业增加值为 478.45 亿元，矿业增加值占工业增加值 16.5%（如表 15 - 3），远高出其他四省市，居五省市第一。矿产资源的开发，促进了山东省经济和社会的发展。但从一个侧面也表明与其他四省市相比，山东省的工业结构层次和整体素质不高，山东省工业仍以资源开采型、初加工型和粗放型工业为主，矿业、原材料工业、资源依赖型工业所占比重过大。

表 15 - 3　　　　　　　　2001 年五省市矿业工业比较

项　　目	山东	广东	江苏	浙江	上海
矿业工业增加值（亿元）	478.45		54.51	15.25	10.28
矿业增加值占工业增加值比重(%)	16.5		1.9	0.8	0.6

注：表中所涉及的工业增加值均为规模以上工业企业数据。

资料来源：五省市统计年鉴。

4. 海洋资源特征及可持续利用水平比较

（1）海洋资源丰富，居五省市前列

海洋资源系指贮藏于海洋中的各种可供人类利用的物质、能量和空间，它可分为海洋渔业资源、海水资源、海洋空间资源、海洋旅游资源等。海洋资源是地球上迄今尚未充分开发利用的领域，也是全球可持续发

展的重要依托。山东省海洋资源丰富，大多数指标位居全国前三，与沿海的江浙沪粤相比，山东省也占有一定的优势（如表 15-4）。海岸线总长3121 公里，约占全国海岸线总长的 1/6，居五省市第三位，海岸地形多样，港湾众多，滩涂广袤，沿海岸线有天然港口、海湾 20 余处，浅海滩涂可养殖面积 35.8 万 km^2，仅次于广东，居五省市第二，这为发展海洋渔业、盐业、交通运输业、旅游业等提供了优越条件，是建设海上山东的可靠保障。

表 15-4　　　　　　　　　五省市海洋资源特征比较

项　目	山东	广东	江苏	上海	浙江
大陆海岸线长度（公里）	3121	3368	954	450	6486
浅海滩涂可养殖面积（万 km^2）	35.8	83.6	13.9	0.3	10.1
可建中级以上泊位的港址数（处）	24	42*	14	3	28
主要海滨景点（个）	34	53	12	8	33

注：＊数据含海南省

资料来源：《中国资源信息》，中国环境科学出版社 2000 年版。

（2）海洋产业五省市各有优势，总量山东省居五省市第三

20 世纪 90 年代以来，山东省海洋经济发展很快，2002 年，山东省主要海洋产业总产值实现 994.61 亿元，居五省市第三位，全国第四位（如表 15-5）。

表 15-5　　　　　　　　　2002 年五省市海洋产业比较

项　目	山东	广东	江苏	上海	浙江
主要海洋产业总产值（亿元）	994.61	1693.71	221.54	721.96	1082.72
海洋水产业产值（亿元）	628.81	441.89	147.70	12.88	382.39
海洋石油与天然气（亿元）	29.98	216.28	—		
海洋盐业（亿元）	64.24	0.67	6.20	—	2.75
海洋生物制药和保健品（亿元）	5.58	1.20	10.77	—	23.70
沿海造船业（亿元）	42.24	46.95	23.14	99.40	71.41
海洋交通运输业（亿元）	87.14	166.93	11.33	421.50	140.47
沿海旅游（亿元）	32.11	394.09	7.09	188.18	60.04

资料来源：《中国海洋统计年鉴（2003）》，中国统计出版社。

从海洋产业结构来看，五省市各有优势。与江浙沪粤相比，山东省在海洋水产业、海洋盐业方面占有较大优势，居五省市第一位。在海洋石油与天然气业有一定优势，居五省市第二位。在沿海旅游业、沿海造船业、海洋交通运输业方面与广东、上海、浙江有较大差距，居五省市第四位。海洋生物制药和保健品业落后于江苏、浙江，居五省市第三位。

二 山东省在未来发展中自然资源面临的主要压力与挑战

1. 水资源短缺已成为制约山东省未来发展的主要瓶颈

水资源是基础自然资源，是实现山东省可持续发展的重要物质基础。因此，提高水资源的承载能力，既是关系山东人口、资源、环境与经济社会协调发展的长远战略，也是当前发展的一项紧迫任务。近年来，随着山东省经济发展、人口增长和城市化进程的加快，水资源短缺的形势日趋严峻，水资源短缺已成为制约山东省经济和社会发展的"瓶颈"。山东省水资源总量不足，人均水资源量偏低。山东省以仅占全国水资源总量的1.1%的水资源，养育着占全国7.1%的人口，灌溉着占全国7.2%的耕地，生产着占全国10%的粮食，完成了占全国10.2%的国内生产总值。山东省多年平均降水量为685.8毫米，当地水资源总量多年平均306亿立方米。按多年平均当地水资源计，人均占有水资源337立方米，为全国平均水平的1/6，是世界平均水平的1/25，列全同各省、市、区第25位。按国际公认的M. 富肯玛克的水紧缺指标标准，山东省人均水资源量远远小于维持一个地区经济社会发展所必需的1000立方米的临界值，属于人均占有量小于500立方米的严重缺水地区。同时黄河入境水量日趋下降，可利用量呈减少趋势。根据1951～1999年黄河高村水文站实测资料分析，多年平均径流量为385.8亿立方米。由于受流域降雨丰枯变化和流域内引黄用水量逐年增加的影响，高村站来水量基本呈逐年减少的趋势，20世纪五六十年代来水分别比多年平均来水偏多23.1%、28.9%；七八十年代分别比多年平均来水偏少6.6%、3.1%；进入90年代则骤减至222.1亿立方米，比多年平均减少42.4%。黄河是山东省最大的客水来源，提供全省年均用水量的40%。目前全省使用黄河水有11个市、68个县市区。由于流域内降水减少和中上游工农业用水量的增加，在1972～1998

年的 27 年间，下游年年出现断流，累计达 1050 天。特别是进入 20 世纪 90 年代，断流历年增加、河段延长。其中 1995 年、1997 年山东段全河断流，1997 年情况最为严重，全年断流长达 226 天，断流 700 多公里，黄河下游已快变成季节性河流。今后随着国家两部大开发战略的逐步实施，黄河上中游的引黄水量将大幅度增加，黄河来水量还将继续减少，70 亿立方米的引黄水量难以得到保证。黄河水"可用而不可靠"的状况已日趋明显。

水环境的日益恶化，加剧了水资源的短缺程度。由于传统的粗放型经济发展模式，越来越多的工业废水和城市污水排入河道、湖泊、水库，造成水体的严重污染，有些已失去了利用功能，并且废水及废水中主要污染物总量的排放压力未来仍将持续很长一段时间，致使水质型缺水问题日益突出。目前，山东省废水排放总量达 23.1 亿吨，受污染河段比 10 年前增加了 1 倍多，严重污染（超 V 类）的河流占 75%，已失去水资源的利用价值。20 世纪 80 年代以来，由于淄博、莱芜、泰安、济宁、潍坊、烟台、青岛等地区长期超采地下水，实际开采量与可开采量之比在 114% ~ 182% 之间，导致地下水位持续下降，形成了许多区域性地下水漏斗区，漏斗区面积达 2 万平方公里，海水入侵面积已达 1120 平方公里，造成了严重的工程地质和水文地质问题，水生态环境损失不可估量。因此，抑制和解决山东省水环境恶化，将是缓解山东省水资源短缺问题的有效途径和必然选择。

一方面水资源相当缺乏；另一方面水资源浪费严重，用水效益低，进一步加剧了水资源的短缺程度。"短缺"与"浪费"并存是山东省水资源问题的重要特征。占总用水量 70% 的农业灌溉用水利用系数平均仅为 0.50 左右，渠道渗漏和大水漫灌使一半水白白浪费掉，而农业增加值仅占国民生产总值的 18%。目前山东省万元工业增加值取水量为 136 立方米，是发达国家的 5 ~ 10 倍。工业用水重复利用率为 55% 左右，而发达国家为 75% ~ 85%。城市生活用水方面也存在浪费问题。中水回用率低，城市输配水管网和用水器具的漏失率在 20% 左右。以上情况表明，山东省在工农业生产、生活耗水量等方面节水大有潜力，也势在必行。因此，无论从当前还是长远看，山东都必须把节水放在首位，建立节水型社会。

目前水利工程条件下，平水年、枯水年、特枯年总的可供水量分别为

278、248、212 亿立方米。随着山东省经济社会的快速发展，2005 年、2010 年、2030 年需水量将大幅度增加，据分析计算，平水年份需水分别达到 359 亿、402 亿、491 亿立方米，如果不按照可持续发展的原则采取措施，到 2005 年、2010 年、2030 年平水年份将分别缺水 81 亿、124 亿、213 亿立方米，缺水率分别为 23%、31%、43%。枯水年、特枯年份缺水程度将更加严峻，水资源短缺将严重制约山东省的未来发展。

2. 人多地少、土地质量下降的矛盾是山东省未来发展中的重要制约因素

山东省以占全国 1.6% 的土地资源，养育着占全国 7.1% 的人口，人多地少的矛盾十分突出。20 世纪 80 年代以来，随着工业化和城市化的发展，山东省城镇及工业用地、交通用地日趋增加，大量耕地被占用，耕地资源总量持续减少，同时山东省人口总量持续高速增长，耕地减少与人口增长的逆向发展，加剧了人地矛盾的严峻性。山东省人均土地面积 2.6 亩，人均耕地 1.2 亩，均远低于全国平均水平。其中有 6 个市、47 个县（市、区）人均耕地低于 1 亩，有 2 个市、37 个县（市、区）人均耕地低于联合国粮农组织确定的 0.8 亩的警戒线。1990～2000 年 10 年间山东省的耕地、林地、牧草地、水域的面积分别减少了 13.6 万 km^2、14.9 万 km^2、1.1 万 km^2、35.5 万 km^2，减少总量大约相当于 4 个县级市的面积，从一个侧面表明了山东省的经济发展仍属于外延式增长。山东省土地利用率已达 88%，大大高于全国 73% 的平均水平，后备土地资源严重匮乏，且生态环境比较脆弱，开发利用制约因素多，利用难度较大，今后的建设用地增量在很大程度上仍将大量占用耕地，人多地少的矛盾将进一步加剧。近年来，山东省经济发展将保持强劲势头，用地需求逐年增加，建设用地供需矛盾将进一步加剧。据预测，到 2010 年山东省新增建设用地 45 万公顷，其中要占用耕地 26 万公顷，占新增用地总面积的 57.7%。在耕地面积减少的同时，耕地质量也在不断下降。由于重用轻养和大量使用化肥、农药、农膜，造成土壤板结、结构破坏、肥力下降，大部分耕地普遍缺氮，严重缺磷，部分缺钾，生产能力大大降低。目前山东省中低产田占耕地面积的比例约为 2/3。近年来占用的耕地大多是城镇周围的高产稳产良田，而新开发复垦的耕地生产条件不完善，熟化程度低，其生产力水平

不能与被占用的良田相提并论，耕地质量整体上呈下降趋势。土地开发层次低，集约利用水平不高。目前山东省城镇中约有10%的土地未得到开发利用。特别是各地开发区热有所抬头，盲目搞开发，大量圈占耕地，造成新的闲置浪费。城镇建筑密度和建筑容积率偏低，在中小城市和乡村尤为突出。城市建设用地结构不合理，工业用地比例偏高，布局不合理，致使城市土地资源整体载体功能发挥不好，结构性效益不高。土地资源不合理利用和开发将成为山东省未来发展的突出矛盾。

3. 矿产资源保证度下降是山东省未来发展中不可忽视的重要问题

山东省的地质勘查程度较高，找矿难度日益增大，勘查效益有所下降，新发现矿产地明显减少，重要矿产储量消耗大于新增探明储量，储采比失衡，供需矛盾日益突出，后备资源储量难以满足经济持续发展的需要。山东省保有的矿产资源储量潜在总值居全国第7位，居五省市第一位，但矿业总产值却占全国的15.7%，居全国第2位。矿产资源不可持续开发，在推动山东省经济增长的同时，导致资源粗放型投入，环境污染严重，使资源保证程度下降。

①一些重要矿产，如石油、煤炭剩余可采储量分别居全国第3位、第11位，但年产量分别占全国总产量的18.70%和9.68%，均居第2位；金矿保有储量居全国第2位，但产量占全国总产量的24%，位居首位；水泥、盐、溴素的年产量分别占全国总产量的11%、30%、80%．均居第1位。此外，石膏、石墨、滑石等重要非金属矿产，开发强度相当大，供大于求。铁、铜、铅、铝、硫、磷、钾等矿产资源紧缺，市场供需矛盾越来越突出。矿产资源结构性短缺与矿产品供给过剩并存。山东省矿业开采量远大于新发现的储量，长期处资源亏损状态，现在能开的矿几乎都在开，基本没有储备，加上开发中仍然存在着采主弃副、采富弃贫、采易弃难、乱采滥挖等现象，煤、金、石膏等矿产存在大矿床办小矿山的问题。有些地方盲目建冶炼厂和小选矿厂，形成采、选、冶失衡，造成生产布局和结构不合理的局面。

②山东省矿业总体技术水平与发达国家相比落后15～20年。经营粗放，综合利用率低，浪费和破坏矿产资源的现象仍比较严重。全省83%的煤矿和75%的金矿均为小型矿山，建材矿山规模通常都较小。各类矿

山企业，包括一些大型矿山的采选水平、综合同收率和综合利用率均比较低，资源总回收率仅为 30% ~ 40%，致使该回收的资源没有回收利用。初级矿产多，深加工产品少，产品档次低，影响了矿产资源开发的经济效益。矿山生态环境问题日渐突出。矿产开发中"重开发、轻保护"，忽视矿山生态环境和地质地貌景观保护的现象依然存在，矿山生态环境遭受破坏和污染程度加剧。一些地区由采矿造成的土地、植被、山体破坏和水体土壤污染相当严重，地面塌陷、滑坡、泥石流等次生地质灾害时有发生。

③预计到 2010 年，45 种主要矿产能满足需求的仅有煤、菱镁矿、石墨、石膏、矿盐、膨润土、石灰岩等 8 种；保证程度低，需求有缺口的矿产，主要有石油、天然气、铁、铝土矿、金、金刚石、耐火黏土、重晶石等，其中石油、天然气、铁、铝土矿等在未来 10 年中供需缺口不断扩大，自给程度明显下降，将不得不依赖外省和进口矿石保证需求；短缺或稀缺矿产主要有硫铁矿、磷矿、钾盐、铜、铅、锌、高岭土、石棉等，其中，铜、铅、锌等成矿条件差，探明储最少，今后扩大储量的困难很大，硫、磷、钾是山东省短缺矿产，虽然探明储量较多，但属贫矿，开发条件差，目前尚难开发利用。山东省到 2020 年矿产资源供需矛盾将更加突出。

4. 海洋资源退化、重用轻养的矛盾是未来"海上山东"建设必须解决的问题

山东省是海洋大省，海岸线长达 3121 公里，占全国的 1/6，居全国和五省市第 3 位，浅海滩涂面积和滨海景点居五省市第 2 位，不仅提供了丰富的生物资源，而且提供了丰富的化工、矿产、动力资源和旅游资源。自 20 世纪 90 年代初期，山东省提出并实施"海上山东"建设以来的十年间，山东海洋资源开发及其所形成的海洋产业发展迅速，2002 年山东省主要海洋产业总产值已达 994.61 亿元，有力地促进了山东省的经济发展。但是山东省在开发海洋资源、发展海洋经济的同时还存在不少问题。

①由于海洋资源开发过程中重用轻养，粗放式的利用行为加之海陆系统相互作用及海洋自然灾害的影响等，造成了海洋资源质量明显下降、生物种类和数量锐减，生态功能衰退，海洋环境污染严重等突出问题，已成为实现 21 世纪海洋经济战略目标的严重障碍。山东近海渔业资源由于长期重捕捞轻养护，致使优质渔业资源趋于过度利用或严重衰退状态。据统

计，近海 43 种主要捕捞品种中有 6 种严重衰退，27 种过度利用，两者合计占主要捕捞品种的 78%，使作为山东省海洋支柱产业之一的海洋捕捞业的衰退趋势日趋明显。据统计，山东省主要入海河流和排污道每年向海洋排放工业污水约 2.7 亿吨以上，内含多种有毒物质，对滩涂底质和近岸水域污染相当严重，包括海上石油开采、油船泄漏、陆上油田废水和落地油流向海洋排放，轻中度和严重污染海域分别占 18.6% 和 13.4%，严重威胁到海水水产业、海盐业、滨海旅游业的发展，为此，必须采取有力措施，尽快解决这些问题，以保证 21 世纪海洋经济的持续稳定发展。

②山东省海洋产业结构不够合理，资源高投入、高消耗型为主的海洋第一产业比重过大。2002 年海洋水产业占到主要海洋产业总产值的 63.2%，以远洋渔业、海水名特优品种养殖和以海洋生物制药保健品为特征的海洋水产品精加工产业虽然初具规模，但仍处于调整阶段，结构优化的任务依然艰巨。沿海造船、海洋运输等第二产业比重与上海、广东、浙江相比还有待加强，滨海旅游、海洋服务等新兴第三产业与上海、广东、浙江差距较大，与山东省海洋科技大省地位很不相称。如何更好发挥山东的海洋区位、海洋资源、海洋科技三大优势，在海洋资源的开发上更加科学合理，实现海洋资源的可持续利用，推进海洋经济的健康发展，将是山东省未来发展面临的重要课题。

总之，上述四大方面问题的存在表明山东省的自然资源形势严峻，资源与发展的矛盾十分突出。除了受自然条件的制约外，造成上述问题的根源在于长期以来落后的资源利用方式，它以牺牲资源储量和综合生产能力为代价，走的是以粗放经营、破坏生态环境为特征的不可持续的道路。自然资源是国民经济和社会发展的物质基础，山东省人口众多、资源相对不足，随着工业化、城市化的推进，资源供应将长期处于其承载力的边缘。因此，我们必须摒弃落后的资源利用方式，实施资源可持续利用战略，坚持开发与保护并举、利用与节约并重、把节约放在首位的方针，提高资源利用的效率和技术水平，寻找替代资源，缓解自然资源相对不足对经济社会发展的压力，以较小的资源环境代价获取较大的发展效益。否则，山东省的资源形势将进一步恶化，全面建设小康社会的目标将难以实现。

三 自然资源可持续利用的战略选择与对策

1. 以科学发展观为指导，加强对国土资源开发利用与保护的宏观调控

导致山东省资源问题突出的根本原因是传统发展观的偏误。由于过分关注 GDP 增长，一味追求经济增长规模和速度，一方面，发展的刚性要求对环境保护和资源消耗构成巨大压力；另一方面，我们在相当程度上，还没有完令摆脱高消耗、高污染的发展模式，结果加剧了山东省人口、资源、环境之间的矛盾。因此，必须以科学的发展观为指导，实现山东省经济增长方式由粗放型向集约型的转变，充分考虑资源的承载力，合理开发和高效、节约使用各种自然资源，坚持速度与结构、质量、效益相统一，形成有利于节约资源的生产模式和消费方式，努力建设循环型的国民经济和资源节约型社会，加强市场经济条件下政府对国土资源开发利用与保护的宏观调控和监管，建立高效统一的协调管理机制，管好、用好、保护好有限的国土资源。一是根据山东经济社会发展的总体目标和资源的基本形势，提出中长期资源消耗、储备、勘察、开发与保护总体方案，制定和实施山东国土资源开发利用与保护总体规划。二是加强水资源的调控与管理，理顺水资源管理体制，实行地表水与地下水、水量与水质、城市用水与农村用水统一调度和优化配置，建立农业用水按成本收费、工业和生活用水按成本加微利收费的水资源价格体系，促进水资源的优化配置和合理利用。三是建立和完善土地利用管理调控机制，强化土地利用总体规划控制，完善土地利用计划管理，以土地利用总体规划为依据，制订部门用地专项规划和年度计划，引导和制约建设项目投资。四是加强矿产资源的统一管理，严格审批发放勘查许可证和采矿许可证，对浪费资源、污染环境的矿山进行考核和限期治理，真正实现矿产资源开发利用从无序到有序、从有序到科学的转变。五是建立森林资源监测、检查、监督管理体系，实行林地面积总量建控制和征占林地审批、补偿制度，严格执行采伐限额制度和木材采伐、运输、加工经营许可证制度，确保森林资源采伐量低于生长量。

2. 合理开发利用水资源，缓解水资源短缺的瓶颈制约

全面推行节约用水，建立节水型社会。合理开发利用与保护水资源是山东经济社会发展的战略问题，其核心是提高用水效率，把节约用水放在突出位置。一是树立节约用水、保护水资源意识，把节约用水、保护水资源作为保障山东经济社会发展的一项长期坚持的基本方针。二是建设节水型农业，在全省普遍推广防渗和低压管输水技术，逐步推广粮田喷灌、果树微灌、蔬菜滴灌为主的节水灌溉技术，取消大水漫灌，逐渐使农业用水的有效利用系数由目前的 0.5 提高到 0.7，实现农业需水的零增长。并可实现节水 50 亿立方米。三是建设节水型工业，优化调整工业布局和工业结构，严格以水定产、以水定点、以水定规模，发展低耗水工业，限制高耗水工业，使工业用水重复利用率达到 70% 以上，降低万元产值耗水量。四是建设节水型城市，适当提高水价，增强人们的节水意识，实行集中供水，重视管网节水，加快城市污水回用，推广使用中水，在沿海城镇大力推广海水利用技术。五是重视节水工程建设，将节水工程、污水回用工程与新建水源工程摆在同等重要位置，在基本建设计划中优先安排。六是地下水超采地区要严格控制开采量，合理调整井点布局和取水层，使漏斗区逐步得到恢复；对已发生严重地质灾害、地下水持续下降的永久漏斗区，要列为禁止开采区。七是实现严格水资源保护政策，治污开源，达标排放，中水回用，解决水质型缺水的问题。

3. 充分发挥土地的载体功能，为工业化和城市化发展提供保证

加快城市化进程不仅有利于推进工业化，也有利于资源的集约利用和环境问题的集中解决。应选择符合可持续发展规律的城市化模式，充分发挥土地的载体功能，最大限度地集约利用土地资源，保护生态环境。一是科学地规划城市化进程，充分考虑资源、环境的承载能力，使城市建设、经济建设、环境建设同步规划、同步实施、同步发展。二是深化土地使用权制度改革，实行土地资产化管理，使其作为生产资料在市场机制的作用下合理流动，以利于优化资源配置，盘活存量资产，提高土地利用效益。三是充分挖掘城镇建设用地的潜力，把城镇存量建设用地再开发作为土地开发利用的重要方面，积极组织实施旧城改造、土地功能置换、企业土地资产重组等，逐步对城镇中闲置土地、低效利用土地进行深度开发利用，建立集约利用新机制。四是实行集中型工业化和城市化模式，使城市建设规划与第二、三产业布局有机结合起来，设立集中的乡镇工业小区，降低乡镇工业和城镇化的土地占用量。五是按照经济发展规律，科学地合村并镇，合理调整城镇发展方向，节约居住用地，挖掘耕地潜力。六是重视小城镇建设的生态环境管理，防止违背生态规律的城镇规划，严禁破坏生态功能的用地和侵占城镇绿地。

4. 充分利用国内、国外两种资源、两个市场，保障矿产资源供需平衡

在经济全球化趋势日益加强和我国加入 WTO 的形势下，国内外市场竞争日趋国际化，山东省只有进一步扩大对外开放，广泛参与国际合作，充分利用国内、国外两种资源、两个市场，才能有效缓解资源、环境压力，把自身的比较优势和潜在优势转化为市场竞争优势。一是建立国外优质能源供应渠道，长期以来山东的能源生产与消费一直是以低质煤炭为主，导致高耗低效的能源利用方式和突出的环境问题，为此我们应克服省内资源条件的限制，不失时机地向世界能源主流靠拢，采取有效措施介入世界能源共享体系，使进口石油也成为山东能源供应的重要渠道。二是建立省外、国外矿产资源供应基地，抓住国内、国际矿产资源市场不断扩大和国际矿产资源市场价格降低的有利时机，积极开拓省外、国外矿产资源供应渠道，扩大石油、天然气、富铁矿、铜矿、钾矿、铝矿等矿产的购进，弥补山东紧缺矿产的供应缺口，实现矿产资源的优化配置和稳定供给。三是发展以进口矿物原料为主的临海加工产业群，充分发挥山东港口众多的优势，在沿海城市积极构建"两头在外"的钢铁、化工、造船等临海工业，推进经济资源优化配置的国际化，拓展发展空间。四是积极开展跨国经营，以山东省的优势产业为主、以生产企业为主、以投向发展中国家为主，合理规划布局，加强信息引导和政策支持，加快培育自己的跨国公司，利用国际资源实现跨国经营。南美各国资源丰富，市场潜力较大，具有一定的基础条件，应作为"走出去"的重点地区加以突破。

5. 合理利用和保护海洋资源，建设"海上山东"

（1）坚持科教先行，加快海洋资源开发技术的研究与推广，促进海洋资源可持续利用。一是加强海水养殖方面的生物技术研究开发与产业化推广，改造和提升传统的水产养殖业；二是加强对生物工程制品的开发，尽快形成高附加值的海洋生物制品新产业群；三是重视海洋探测技术研究，特别是海洋油气勘探开发技术；四是积极参与国内、国际的海洋科学研究项目合作，提高山东省的海洋科学研究水平；五是依靠驻鲁科研院所的技术优势，培养高水平海洋科技人才，为"海上山东"建设提供人才保障。

（2）调整和优化海洋产业结构。山东省海洋产业结构层次较低，粗放的海洋资源开发方式使海洋资源浪费严重。加快海洋科技成果产业化的步伐，调整海洋产业结构，大力发展海洋交通和海洋旅游业等海洋第三产业，实现海洋产业结构由"一、二、三"向"三、二、一"的转变。强化沿海地区的海洋产业定位，根据各地海洋资源特点和技术状况发挥地区优势。

（3）保护海洋环境，强化公众的海洋意识。一是积极实施"碧海行动计划"，治理污染流域，限期关停并转沿海的水污染企业，建设污水处理厂处理入海污水，严格控制陆源污染物对海洋的污染；二是合理控制近海养殖面积和养殖密度，减轻养殖废水对近海的污染；三是加强海洋环境检测，建立和完善海洋环境、海洋灾害的预报预警服务系统；四是加强海洋法制建设，对海域实行有序、有效、科学的管理。

6. 实施生态建设工程，增强资源系统的支持能力

切实加快生态省建设，通过生态评价、生态调节和生态工程建设，增强资源环境系统的支撑能力，为山东经济社会发展提供保障。一是实施水源地保护和重点流域水环境污染综合防治工程。制定和实施山东省水源保护规划，采取有效措施严禁在水源地建污染企业，严格控制水源区化肥、农药、除草剂等化学品的使用，限期治理水源区现有污染企业，加大水源区造林绿化力度，提高水源涵养能力；集中力量重点抓好"三河"、"二湖"水环境污染综合防治，使南四湖、沂沭河达到国家规定的水质标准，

小清河、东平湖达到省综合治理规划确定的水质标准，徒骇河、马颊河基本恢复饮用水功能。二是实施土地整理工程。以提高土地质量、保持耕地动态平衡、改善生产条件、美化自然环境为宗旨，确定全省土地整理的基本目标和任务；实行田、水、路、村综合整治，提高土地的利用率和产出率；建立土地整理的激励机制，调动社会、集体、个人参与土地整理的积极性；把占用耕地和造地复垦结合起来，推行占用耕地需要开垦相应数量和质量耕地的补偿制度。三是加快实施矿山"三废"综合治理工程，积极开展矿山"三废"综合利用研究，促进矿山尾矿、废水的资源化和无害化，对矿山废弃地按照"开发者补偿"、"破坏者恢复"的原则予以复垦。四是实施国土绿化工程，实行自然林禁伐保护，对 25 度以上陡坡耕地实行退耕还林，大力开展工程造林、居民点造林绿化和生态林建设，使全省森林覆盖率达到 25% 以上。

第十六章　综合实力比较分析与研究

一　综合经济实力分析的指标体系与模型研究

1. 国民生产总值

国民生产总值是一个区域在一定时期内生产的最终产品和劳动的总规模。在实际统计中，又分为国内生产总值（GDP）和国民生产总值。国民生产总值已经被广泛地应用于量度区域经济发展水平。第二次世界大战后，该指标被联合国采用，成为考察国际经济活动的重要依据之一。但是，由于汇率的折算，各国相对经济结构差异，以及不同的国民收入核算体系等问题，有可能使得名义上的国民生产总值与实际国民生产总值之间存在差异；同时国民生产总值的统计没有包括非市场或非货币化的经济活动，或地下经济活动，故其统计数字有时并不能完全反映区域经济发展的实际；另外，国民生产总值不能完全地反映区域经济福利或居民生活水平，所以在处理起来必须要求做出修正。

2. 综合性指标体系

国民生产总值衡量区域经济发展水平的缺陷，使得综合性指标体系得以采用，在采用综合性指标对区域经济发展进行分析中，比较有代表性的指标体系有以下几种：

（1）UNRISD 的指标体系

UNRISD 是联合国社会发展研究所（United Nation Research Institute for Social Development）的英文缩写，该机构在 1970 年出版的《社会发展的内容和衡量标准》一书中，提出了包括 15 个指标在内的区域发展衡量指标体系，其中包括 9 项社会指标；6 项经济指标。这些指标包括：

①出生时预期寿命；

②人口中在 2 万人以上居民点居住的人口所占的比例；

③人均每天动物蛋白消费；

④中小学入学人口总和；

⑤职业教育入学人数；

⑥每 4 人中报纸发行份数；

⑦每一居室平均居住人数；

⑧职业人口中有电、水、煤气的人的比例；

⑨工薪收入者在整个从事经济活动的人口中所占的比例；

⑩每个男性农业劳动者的农业产量；

⑪人均电力消费；

⑫人均钢材消费；

⑬人均能源消费；

⑭制造业在国内生产总值中的比例；

⑮人均外贸额。

用该体系计算的发展指数，对发达国家的经济发展水平的反映与人均国民生产总值的反映相当接近。但是，上述指标体系也受到一些指责。主要原因是因为这些指标体系是按照发达国家的模式设计的，总是强调对产出的衡量，并且是依据结构变化而不是人民福利去衡量发展过程，在方法上也是包含着发展中国家必须按照发达国家的模式发展的假定。

（2）PQLI 指标体系

PQLI 是物质生活质量指数的英文缩写，该指标体系由莫里斯于 1977 年提出。PQLI 是由一些容易获得并能够反映大多数人的不同基本需要的一系列指标组成的较为简单的综合指数。这些指标包括预期寿命、婴儿死亡率和识字率等。每个指标由 1 ~ 100 之间的数字表示其好坏程度：1 表示最坏，100 表示最好。

因为，PQLI 指标体系主要是衡量居民的生活福利状况和大多数人的基本需求的满足程度，因此，它可以在一定程度上反映一个国家或区域的经济发展水平。

（3）刘再兴的 9 项指标体系

中国人民大学的刘再兴教授选择了 9 项指标组成的评价指标体系，建立了一个衡量全国各省市区（不包括台湾省）经济社会发展水平的综合指标。该指标体系包括以下内容：

①区域经济总规模：用区域国民生产总值指数表示；

②经济增长活力：以一定时期内社会总产值的年递增率表示；

③区域自我发展能力：地区实际积累率/地区资金占用系数；

④工业化结构比重数：由以下公式算出：

$$工业化结构比重数 = \sqrt{\frac{区域工业总值}{区域社会总产值} \times \frac{区域工业劳动者}{区域社会劳动者}}$$

⑤结构转换条件：以人均国民收入水平为主导指标，并兼顾人口规模、资源丰度、现有机构层次。根据国外确定的进入结构转换加速期之临界值，将当时全国 30 个省市区分为三组：

第一组，人口在 2000 万以下，自然资源不丰富，以工业为主的京、津、沪三市；

第二组，人口在 2000 万以下，资源丰富，以初加工为主的琼、藏、青、宁、新五省区；

第三组，人口在 2000 万以上的其他省市区。

第一组三市的人均国民收入分别除以临界值 2000 元/人；第二组五省区的人均国民收入分别除以其临界值 1800 元/人；第三组的省区的人均国民收入分别除以其临界值 900 元/人，从而得到各省区的人均国民收入指数。

(6)人口文化素质（百人中大学文化程度以上人口数/百人中文盲半文盲的人口数）；

(7)技术水平指数：技术水平由下列公式计算出

$$技术水平指数 = \frac{地区工业劳动生产率 \times 地区城市市区工业总值}{全国工业劳动生产率 \times 全国资金产出率}$$

(8)城市化水平：由以下公式给出：

$$城市化水平 = \sqrt{\frac{区域城市市区总人口}{区域总人口} \times \frac{区域城市市区工业总产值}{区域工业总产值}}$$

(9)居民生活质量：以居民消费水平指数表示：

居民消费水平指数 = 区域居民消费水平/全国居民消费水平

上述 9 个指标全部计算出来后，再计算其几何平均数 m，该几何平均数即为区域经济发展水平综合指数。

刘再兴教授的 9 项指数体系，指标覆盖面积较大；缺陷是经济效益指标、生活质量指标分量不足，且用几何平均法计算的综合指数假定各指标对区域社会经济发展水平的贡献相同，而实际上这些指标贡献不可能是相同的。

3. 构建实力因子

结合刘再兴教授给出的计算综合经济实力的 9 个指标，运用多元统计中因子分析的方法给出影响综合经济实力的因子。

数据选取鲁、沪、粤、苏、浙五省市 2001 年的经济数据，统计数据如表 16 - 1。

表 16 - 1 　　　　　　　**鲁、沪、粤、苏、浙五省市统计数据**

比较对象 / 经济指标	鲁	沪	粤	苏	浙
国民生产总值指数	111.6	110.9	111.7	111.6	112.5
人均国民收入（元）	11645.0	40627	14908	14397	16570
区域工业总产值（亿元）	4629.54	2312.77	5288.53	4826.18	3580.00
区域社会总产值（亿元）	11552.06	5408.76	11769.73	10631.75	7796.00
区域工业劳动者（万人）	826.5	274.3	805.6	775.6	791.9
区域社会劳动者（万人）	4751.9	742.8	3966.7	3505.6	2834.7
国民生产总值年递增率（1992~2001）	13.7%	12.48%	15.1%	14.25%	14.21%
大专以上文化人口（万人）	4759	2331	3693	2656	2496
文盲与半文盲人口（万人）	8180	1170	4045	8477	5177
区域市区人口（万人）	3432.6	1013.61	2402.31	1925.22	1296.25
区域总人口（万人）	8997.2	1640	7783	7355	4613

资料来源：《2002 年中国统计年鉴（2002）》，中国统计出版社。

鲁、浙、沪、苏、粤各省市 2001 年统计资料。

由表 16 - 1 的数据，我们以相应地计算出刘再兴教授的 9 个指标体系中的指标参量，指标体系数据如表 16 - 2。

表 16 - 2   **指标体系数据**

比较对象 经济指标	鲁	沪	粤	苏	浙
国民生产总值指数	111.6	110.9	111.7	111.6	112.5
居民生活质量	1.042	3.771	1.547	1.242	1.455
工业化结构比重数	0.276	0.397	0.302	0.317	0.358
人口文化素质	0.582	1.992	0.913	0.313	0.482
经济增长活力	0.139	0.1248	0.151	0.1425	0.1421
结构转化条件	12.939	20.337	16.564	16.00	18.411
城市化水平	0.487	0.745	0.534	0.427	0.469
技术水平指数	0.705	1	1.451	0.99	0.453
自我发展能力	1.785	1	1.894	1.431	1.081

以上数据部分直接采用了原始数据，部分由刘再兴教授指标体系中公式计算得来，其中反映经济增长活力的指标，选取 1992 ~ 2001 年，各省市国内生产总值的平均增长率技术水平指数，选择 2001 年各省市对科学研究与实验发展（R—D）经费总支出与上海市的 R—D 经费总支出的比率作为技术水平指数。其中山东省为 52.0 亿元，上海市为 73.8 亿元，浙江省为 33.4 亿元，江苏省为 73.1 亿元，广东省为 107.1 亿元。

自我发展能力选择 2001 年各省市新增固定投资与上海市新增固定投资作为自我发展能力的评定，其中山东省为 378.66 亿元，上海市为 212.12 亿元，浙江省为 229.38 亿元，江苏省为 303.46 亿元，广东省为 401.70 亿元。

结合表 16 - 2 中的指标数据做因子分析模型得如表 16 - 3 的主因子荷载矩阵。

由表 16 - 3 可以得到 3 个主因子的因子模型：

国民生产总值 $= -0.611 \times F_1 - 0.676 \times F_2 + 0.317 \times F_3$

居民生活质量 $= 0.987 \times F_1 + 0.148 \times F_2 + 0.04834 \times F_3$

$$工业化结构比重数 = 0.892 \times F_1 - 0.378 \times F_2 + 0.244 \times F_3$$

$$人口文化素质 = 0.91 \times F_1 + 0.356 \times F_2 + 0.009877 \times F_3$$

$$经济增长活力 = 0.456 \times F_1 + 0.103 \times F_2 + 0.502 \times F_3$$

$$结构转换条件 = -0.849 \times F_1 - 0.358 \times F_2 + 0.383 \times F_3$$

$$城市水平指数 = 0.918 \times F_1 + 0.321 \times F_2 - 0.0232 \times F_3$$

$$技术水平指数 = 0.04051 \times F_1 + 0.864 \times F_2 + 0.470 \times F_3$$

$$自我发展能力 = 0.633 \times F_1 + 0.659 \times F_2 - 0.0362 \times F_3$$

表 16 - 3 　　　　　　　　　主因子荷载距阵

比较对象\\经济指标	compent		
	1	2	3
国民生产总指数	- 0.611	- 0.676	0.317
居民生活质量	0.987	0.148	0.834E - 02
工业化结构比重数	0.892	- 0.378	0.244
人口文化素质	0.91	0.356	9.877E - 03
经济增长活力	0.456	0.103	0.502
结构转移条件	- 0.849	- 0.358	0.383
城市化水平	0.918	0.321	- 2.321E - 02
技术水平指数	4.051E - 02	0.864	0.470
自我发展能力	0.633	0.659	- 3.62E - 02

注：$E - 02 = 10^{-2}$

其中 F_1、F_2、F_3 为公共因子。从各因子模型中可以看出，第一个因子主要由"居民生活质量"、"工业化结构比重数"、"人口文化素质"、"结构转换条件"、"城市化水平"决定，这也正体现了一个省（市）经济结构与发展水平；第二个因子是由"国民生产总值指数"、"技术水平指数"、"自我发展能力"决定，体现了一个省（市）经济发展的潜力；第三个因子由"经济增长活力"决定。

综合来看，一个省（市）综合经济实力也就由经济发展结构、经济发展水平、经济发展潜力、经济发展活力四个因素所体现。

二　综合经济实力的比较和分析

多年来，山东、上海、广东、江苏和浙江一直是我国经济发展最快和综合实力最强的五个城市。改革开放以来，山东国民经济更是得到了迅速的发展，经济基础明显增强，人民物质生活显著提高，整体上达到了温饱，部分地区实现了小康。但是在经济发展的过程中也存在着很多不协调的状况，并且在经济发展的综合实力上也与其他一些沿海城市之间存在着差异。

利用刘再兴教授的 9 个指标全部计算出来后，利用求几何平均数的方法来确定不同区域经济社会发展水平的综合指数显示，山东省在经济社会发展水平上相比较 1998 年已经超过了浙江省，但是相比较经济发展成熟地区的上海、江苏、广东，还有一定的差异。山东省在全国范围内还是经济的成长区，但经济发展的势头近年来明显地增强，显示出经济实力不断地增强，人民生活水平不断的提高。纵观上海、广东等经济发展的强省，无一不是开放式政策和锐意改革和创新的结果。

五省市经济发展的比较如下

1. 综合实力和发展速度

经济总量：从改革开放到现在，山东省的国内生产总值一直处于五省市的中上游水平。1978～1981 年，山东省的 GDP 仅低于上海、江苏，列于第三位；仅仅经过四年的时间，山东省的 GDP 一跃成为全国第一位，并且一直维持了四年的时间；1986 年，居江苏之后位于第二位；1993 年后，山东的 GDP 均次于广东、江苏、列于第三位，在经济总量和排位的交替变化中，山东省的优势并不突出。

增长速度：从经济发展速度的变化上看，山东省在五省市中大体位于中下游水平。2001 年与 1978 年相比，山东经济增长 10.12%，仅高于上海的 9.60%，低于江苏、浙江以及广东经济增长率，山东省的经济增长的势头不如上海、浙江、广东。90 年代 GDP 的年增长速度与 80 年代相比，山东提高了 4.2 个百分点，而上海、浙江、江苏分别提高了 4.9 个、3.7 个百分点和 3.4 个百分点。同时，山东经济的稳定性上也远不如上海。90 年代中后期，在国家实施了宏观调控的大背景下，五省市的经济增长速度均有回落，但上海市的差落最小，"九五"计划前四年 GDP 年增长率与"八五"时期年增长率相比，上海市仅回落了 0.8 个百分点。

人均 GDP 和财政收入：2001 年山东人均 GDP 为 11645.0 元，上海 40627 元，广东 14908 元，江苏 14397 元，浙江 16570 元。山东在五省市中位居最后。山东的人均 GDP 与上海还存在很大的差距，当然其中一方面还要考虑山东人口基数大的因素。2001 年山东实现地方财政收入 573.18 亿元；上海为 609.47 亿元；江苏为 572.47 亿元；浙江为 500.69 亿元；广东为 1160.51 亿元。分别占全国总财政收入的 7.34%、7.81%、7.33%、6.41% 和 14.87%，这都表明，山东集中财力的规模和能力都是逊于上海、广东的。

2. 经济结构和转换能力

五省市经济结构虽然都有向合理化和高度化转变的共同特征，但个性也比较鲜明，相比较而言，山东的差距在于：

第一、第二产业比重较高，第三产业份额偏低（见表 16-4）。

表 16-4

经济指标 ＼ 比较对象	鲁	沪	苏	浙	粤
国内生产总值	9438.31	4980.84	9511.91	6748.15	10647.71
第一产业	1359.49	85.50	1082.43	695.15	1001.35
第二产业	4654.51	2355.53	4907.46	3459.25	5341.61
工业	4092.24	2121.19	4270.90	3106.29	4732.61
第三产业	3424.31	2509.81	3522.02	2593.25	4301.75

资料来源：《中国统计年鉴（2002）》，中国统计出版社。

到 1999 年底，山东第一产业增加值的比重为 15.9%，远高于上海的 2.0%，同样也高于江苏的 13.2%，广东的 12.1%，浙江的 11.9%。第二产业，工业总产值占比重山东为 87.92%，上海 90.05%，江苏 87.03%，浙江为 89.80%，广东为 88.60%，不存在明显的差距；第三产业的比重是，山东 36.28%，上海 50.39%，江苏 37.03%，浙江 38.43%，广东 40.4%，山东与上海比较起来，差距是显然的，说明山东的结构层次还有待进一步提高。

第二，产业结构调整力度不如上海，技术创新对结构调整的带动作用不够强，在整个 90 年代，上海第三产业比重提高了近 2 个百分点，而山东提高不到 1 个百分点；同期上海第二产业的比重由 63.8% 下降到 48.4%，山东则由 49.21% 上升到 51.32%，目前上海经济增长主要由第二、第三产业共同推动，而山东仍主要由第二产业，特别是工业来支持，这一状况主要是由技术创新能力偏低造成的，山东高新技术产业的比重远低于上海和广东。近年来，山东在此方面也做出很大努力，不断建立的高新技术开发区推动了山东技术产业的发展。在通信、计算机设备制造方面，上海和广东已具有自主知识产权，而山东在此方面比较欠缺。

第三，所有制结构中国有经济的比重，个体私营经济发展水平比较低。2001 年，山东省国有及国有控股工业占全部国有及规模以上非国有工业总产值的比重为 29.71%，仅低于上海的 34.92%，这高于江苏的 15.83%，浙江的 6.41% 和广东的 15.62%。山东近几年的个体私营经济有了明显的发展，但总体水平仍不如浙江、江苏和广东。山东的乡镇企业发展也有长足的进步，在主要指标如利润、营业收入、上缴税金方面也领先于其他省市。

3. 经济增长动力因素

最终消费要求：2001 年，山东达 4582.61 亿元，居广东（5841.32 亿元）之后列第二位；上海为 2149.07 亿元；江苏为 4295.96 亿元；浙江 3306.10 亿元；其中与广东差距主要在居民消费上。90 年代以后，最终消费需求总额占 GDP 增长额的比重，山东为 48.8%；江苏 42.3%；上海 42.8%；浙江 40.4%；广东 51.9%；表明山东消费需求对经济增长的贡献弱于广东。另外，山东社会消费品零售总额与广东、江苏相比较也存在一定差距。

资本形成：山东资本形成总额大于最终消费，对经济增长的贡献程度相对较高，这种格局与上海、浙江、江苏相似。2001 年山东资本形成总额为 4513.32 亿元，相对于江苏的 3860.81 亿元，上海的 2294.46 亿元，浙江的 4239.17 亿元和广东 891.02 亿元，是居第一位的，主要原因是山东的存货增加额一直以来明显地高于其他省市。

货物和服务净出口：2001 年，山东出口总额为 182.67 亿美元，仅与浙江的 183.06 亿美元相差无几，而与江苏的 312.57 亿美元，上海 386.18 亿美元存在很大的差距，另外，山东净出口占 GDP 的比重远远低于江苏省份，所以山东在对外贸易和发展上还与其他省份差距很大，这也是山东近年来政府工作的中心。

4. 经济效益和居民收入

用三个指标来衡量经济效益状况。一是全社会劳动生产率。2001 年山东为 22216.5 元，低于上海市的 72862.1 元，广东的 27502.7 元，江苏的 29174.2 元，浙江的 29121.2 元。二是投资效果系数。各省市间相差不大，说明五省市依靠投资拉动经济增长的外延扩张特征比较相似。三是全部国有及规模以上工业经济综合指数，山东在五省市中排位也是仅高于江苏省，居民收入方面，2001 年，山东城镇居民人均可支配收入为 6923 元，低于其他四省市，其中上海为最高，14447 元，江苏 7267 元，浙江 9459 元，广东 9730 元。

5. 人口文化素质

山东省是人口大省（见表 16-5），人口资源丰富，但人口基数过大也在一定程度上影响了山东经济的发展。

表 16-5

比较对象 经济指标	鲁	沪	苏	浙	粤
总人口	9079	1674	7438	4677	8642
15 岁以下所占比例	20.85	12.19	19.65	18.07	24.17
15~64 岁人口所占比例	71.12	76.28	71.59	73.09	69.78
64 岁以上人口所占比例	8.03	11.53	8.76	8.84	6.05

资料来源：《中国统计年鉴（2001）》，中国统计出版社。

表 16 - 6 　　　　　　　十万人中拥有各种受教育程度人数

比较对象 经济指标	鲁	沪	苏	浙	粤
大专以上	3331	10940	3917	3189	3560
高中及中专	11036	23018	13039	10758	12880
初中	36634	36803	36372	33336	31190
小学	32736	18934	32881	36622	33145

资料来源：《中国统计年鉴（2001）》，中国统计出版社。

山东人口的老龄化程度低于上海、江苏和浙江，但 8.03% 的比例也是未来山东经济发展的障碍。在人口文化素质上，山东大专及以上学历的人口仅占总人品的 3.33%，这远低于上海的 10.94%（表 16 - 6），这也限制了山东的技术进步，从而影响了山东经济的腾飞。

三　经济综合实力变动分析

竞争力的概念具有多角度多层次的含义，竞争力的内涵在本质上是随着社会经济的发展不断修正而发展和完善的。以 WEF 和 IMD 的定义最具代表性，他们认为："竞争力是一个国家或公司在世界市场均衡地生产出比起竞争对手更多财富的能力。"对一个国家而言，即是由于影响经济综合实力的因素变动而引起社会经济的发展波动。近年来，对省（市）间综合竞争力的研究和比较分析也引起学者和各省（市）政府的重视，并作了大量的工作。

周振华等对城市综合竞争力研究认为，城市综合竞争力是一个城市凭借经济实力高效配置和利用生产要素与资源的能力。其本质是城市对生产要素和资源的集聚与扩散能力，也就体现了一个省（市）政府，如何根据当前经济实力，调整、改善和优化社会经济发展结构，协调影响经济综合实力的因素，从而实现未来经济的走向和趋势。

相对于一个国家经济综合竞争力，区域综合经济竞争力的研究模型中必须考虑到以下几个方面：一是坚持区域内经济规模与速度的统一，发展质与量的统一；二是坚持经济发展与社会进步的统一；三是坚持区域经济对国内市场和国际市场影响力的统一；四是坚持自然资源禀赋与政府合理制度安排的统一；五是坚持经济要素与非经济要素的统一。以求能较为系统地反映综合竞争力。但是，在理论分析模型和统计指数体系之间建立起直接联系是有一定困难的，因为任何一个理论模型都是抽象化的，它不可能将统计体系所包含的所有要素和指标体系都纳入一个变量方程，而建立起与统计体系相对应的模型。

根据区域综合竞争力的内涵，本章将综合竞争力划分为核心竞争力指标、基础竞争力指标和辅助竞争力指标等 3 个一级指标，7 个二级指标，19 个三级指标和 88 个子指标。对指标体系简要说明如下：

核心竞争力是区域内经济实力、科技水平和金融实力的体现，也是综合竞争力的最重要部分。

其指标 A 包括：

经济水平 A_1：分析经济总量、经济质量、经济结构、外向经济等指标，反映区域所达到的实际发展水平和发展趋势。

科技水平 A_2：分析区域内科技人才总量和千人均有量，科技投入量和科技成果等指标，评价区域在科技进步、研究开发和技术创新等方面的基础和能力。

金融实力 A_3：通过对区域内金融机构存贷款额、保险收入和金融市场运营状况的分析、反映区域内金融市场的发育成熟程度和资金通融能力。

基础竞争力对区域核心竞争力的提高具有支撑作用，是区域社会经济可持续发展的保障。

其指标 B 包括：

基础条件 B_1：通过分析交通运输、信息通信、能源供应、环境状况等，反映区域基础条件对经济可持续发展的支持和保障作用。

教育及居民素质指标 B_2：分析区域内中学、大学教育规模和千人拥有大学生数、教育投入、高等教育发展等指标，反映区域内教育对经济社会发展的潜在作用。

辅助竞争力能协调区域内的核心竞争力和基础竞争力增长的不平衡状态，并能通过对人流、物流的集聚扩散作用，促进综合竞争力的提高。

其指标 C 包括：

政府作用指标 C_1：通过分析区域内政府对财政收入支出的财政调动能力、区域内主要城市的城市化率、社会保险覆盖率、城镇职工就业率等指标反映政府对区域社会经济发展的主要促进作用。

生活环境指标 C_2：通过分析城镇居民人均可支配收入、消费支出、农民纯收入、人均储蓄、居民消费价格指数、恩格尔系数、城镇居民人均居住状况、医疗卫生状况等，反映区域内主要城市对人流、物流、资金流的聚集和吸纳能力。

根据德尔菲赋权法对上述各指标进行赋权和加权处理，可以得到区域核心竞争力值 a，基础竞争力值 b 和辅助竞争力值 c。综合竞争力 p 并不是三种竞争力的简单加权平均，而是通过三维竞争力模型得出，即

$$p = \sqrt{a \cdot a + b \cdot b + c \cdot c}$$

若对核心竞争力、基础竞争力、辅助竞争力以核心竞争力为基准进行标准化比较，则 $a:b:c = 1:\alpha:\beta$，α、β 分别为基础竞争力和辅助竞争力对核心竞争力的支撑系数。

根据对我国具有代表性的，区域综合竞争力较高的 8 个区域综合竞争力提升路径的研究发现，相对优化的路径模式为 $a:b:c = 1:\alpha:\beta = 1:0.75:0.3$。

以此为标准，对我国不同区域综合竞争力提升的路径选择分析如下：

（1）$\alpha > 0.75$，$\beta > 0.3$，则说明经济发展没有充分吸收基础条件和辅助条件的优势，基础竞争力和辅助竞争力对核心竞争力的贡献不足，该地区主要任务是提高核心竞争力。如北京市。

（2）$\alpha < 0.75$，$\beta > 0.3$，说明区域内基础条件制约经济的发展，基础竞争力影响了综合竞争力的提升。如天津市。

（3）若 $\alpha > 0.75$，$\beta < 0.3$，说明区域内辅助竞争力较弱，影响了区域经济对人流、物流的吸聚作用。

（4）若 $\alpha < 0.75$，$\beta < 0.3$，说明虽然区域核心竞争力较强，但在长期内区域基础和生存环境将会制约综合竞争力的提升。如长江三角洲的苏中南地区和珠江三角洲地区。

研究表明，上海市在综合竞争力的增长过程中，其三种竞争力的比较 $1:0.71:0.3$，是提升综合竞争力比较理想的路径，这也可从上海市迅速发展增长的综合竞争力中得到证实。

第十七章　发展进程的总比较

　　当今中国的经济社会发展是包括现代化①和市场化等基本内容在内的历史过程，它是一个发展②转型和体制转轨的双重历史过程。这一点与众多已经发达起来的"先行"和"后发"国家不同，这些发达国家的现代化是在其已经具有较发达的市场化基础的情形下进行的。因此，发展进程的总比较如下进行。

一　山东与江苏、上海、浙江和广东
第一次现代化实现程度的比较

　　据权威研究，2002 年山东第一次现代化的实现程度为 80.7%，分别比江苏（86.9%）、上海（97.5%）、浙江（82.8%）和广东（81.2%）低 6.2、16.8、2.1 个百分点和 0.5 个百分点；按 1980～2002 年发展速度计算，山东第一次现代化实现程度达到 100% 需要的年数尚有 10 年，除比广东（11 年）早 1 年外，分别比江苏（7 年）、上海（3 年）和浙江（4 年）晚 3 年、7 年和 5 年；山东尚处于第一次现代化的第一阶段（发展期），而江苏、浙江和广东已处于第一次现代化的第三阶段（成熟期），上海则已处于第一次现代化的第四阶段（由第一次现代化向第二次现代化的过渡期）（表 17－1）。

---

　　① 狭义的现代化概念，它仅指包括工业化和城市化在内的历史进程，有理由认为，广义的现代化概念，应当包括市场化内容在内。

　　② 这里的发展也是狭义的概念，它是指除体制变革以外的经济和社会演进过程；同样有理由认为，广义的发展概念，也应当包括体制变革内容在内。

表 17 - 1　　　　　**山东与苏、沪、浙和粤第一次现代化①发展速度**

和实现第一次现代化预期时间比较

比较对象 指　　标	山东	江苏	上海	浙江	广东
1980 年实现程度（%）	51.2	56.3	82.3	52.7	59.2
2000 年实现程度（%）	77.2	83.1	96.5	82.8	81.2
2002 年实现程度（%）	80.7	86.9	97.5	90.2	83.8
1980~2000 年均增长率（%）	2.08	1.97	0.80	2.29	1.59
实现程度达到 100% 需要的年数 （按 1980~2000 年速度）	13	10	4	8	13
1980~2002 年均增长率（%）	2.09	1.99	0.77	2.47	1.59
实现程度达到 100% 需要的年数 （按 1980~2002 年速度）	10	7	3	4	11
2002 年发展阶段②	2	3	4	3	3

　　注：①第一次现代化是指从农业社会、农业经济和农业文明向工业社会、工业经济和工业文明的转变；相应地第二次现代化则是指从工业社会、工业经济和工业文明向知识社会、知识经济和知识文明的转变。②4 代表过渡期；3 代表成熟期；2 代表发展期；1 代表起步期。

　　资料来源：中国现代化战略研究课题组：《中国现代化报告 2004——地区现代化之路》，北京大学出版社，第 331 和 334 页。

二　山东与江苏、上海、浙江和广东
第一次现代化信号比较

　　产业结构的演进水平是衡量现代化水平和进程的重要信号。据权威研究，在三次产业的增加值结构信号方面，2002 年农业增加值占 GDP 的比例山东为 13.2%，明显高于江苏（10.5%）、上海（1.6%）、浙江（8.9%）和广东（8.8%）；农业增加值/工业增加值山东为 0.26，也明显

---

　　①　狭义的现代化概念，它权指包括工业化和城市化在内的历史进程；有理由认为，广义的现代化概念，应当包括市场化内容在内。

高于江苏（0.20）、上海（0.03）、浙江（0.17）和广东（0.17）（表17-2），这说明与发达省市江苏、上海、浙江和广东相比，山东三次产业的增加值结构的演进水平比较低，从而决定了其第一次现代化水平也比较低。在三次产业的劳动力结构信号方面，2002年山东农业劳动力的比例为50.1%，明显高于江苏（39.2%）、上海（11.3%）、浙江（33.0%）和广东（39.6%）；农业劳动力/工业劳动力山东为2.01，也明显高于江苏（1.27）、上海（0.27）、浙江（0.97）和广东（1.48）（表17-3）。这说明与发达省市江苏、上海、浙江和广东相比，山东三次产业的劳动力结构演进水平比较低，从而决定了其第一次现代化水平也比较低。

表17-2　　　　2002年山东与苏、沪、浙和粤第一次现代化
信号（增加值结构）比较

比较对象 指　　标	山东	江苏	上海	浙江	广东
农业增加值占 GDP 比例（%）	13.2	10.5	1.6	8.9	8.8
2002年发展阶段①	3	3	4	3	3
农业增加值/工业增加值	0.26	0.20	0.03	0.17	0.17
2002年发展阶段	3	3	4	4	4

注：①4代表过渡期；3代表成熟期；2代表发展期；1代表起步期。

资料来源：中国现代化战略研究课题组：《中国现代化报告2004——地区现代化之路》，北京大学出版社，第331页。

表17-3　　　　2002年山东与苏、沪、浙和粤第一次现代化
信号（劳动力结构）比较

比较对象 指　　标	山东	江苏	上海	浙江	广东
农业劳动力占劳动力比例（%）	50.1	39.2	11.3	33	39.6
2002年发展阶段①	1	2	3	2	2
农业劳动力/工业劳动力	2.01	1.27	0.27	0.97	1.48
2002年发展阶段	1	2	3	2	2

注：①4代表过渡期；3代表成熟期；2代表发展期；1代表起步期。

资料来源：中国现代化战略研究课题组：《中国现代化报告2004——地区现代化之路》，北京大学出版社，第331页。

三　山东与江苏、上海、浙江和广东第一次现代化指标分量达标程度的比较

据权威研究，2002 年在 10 个英克尔斯评价指标体系所确立的第一次现代化评价指标分量中，山东有当年价人均 GDP、服务业增加值占 GDP 比例、农业劳动力占总劳动力比例、城镇人口占总人口比例这 4 个指标分量的达标程度比江苏、上海、浙江和广东都低，而大学入学率这一指标分量仅高于广东，也比江苏、上海和浙江低（表 17 - 4），这决定了山东第一次现代化水平比上述发达省市低。

表 17 - 4　　　　2002 年山东与苏、沪、浙和粤第一次现代化
指标分量达标程度比较

比较对象 指　　标	山东	江苏	上海	浙江	广东
人均 GDP（当年价美元）	1406(21)①	1738(27)	4909(75)	2034(31)	1815(28)
农业增加值占 GDP 比例(%)	13(100)	11(100)	2(100)	9(100)	9(100)
服务业增加值占 GDP 比例(%)	37(81)	37(83)	51(100)	40(89)	41(91)
农业劳动力占总劳动力比例(%)	50(60)	39(77)	11(100)	33(91)	40(76)
城镇人口比例(%)	38(76)	41(83)	88(100)	49(97)	55(100)
医疗服务（医生数/千人)②	1.4(100)	1.4(100)	2.7(100)	1.6(100)	1.3(100)
婴儿死亡率③	14(100)	12(100)	4(100)	11(100)	14(100)
预期寿命(年)④	74(100)	74(100)	78(100)	75(100)	73(100)
成人识字率(%)	89(100)	86(100)	92(100)	86(100)	93(100)
大学入学率⑤	10.3(69)	17.0(100)	31.7(100)	14.1(94)	6.5(43)

注：①括号内数字为达标程度（%）。②医疗服务为 2001 年数据。③婴儿死亡率中国大陆内地地区为 2000 年数据。④预期寿命中国大陆内地地区为 2000 年数据。⑤根据在校大学生数和 19～22 岁人口推算。

资料来源：中国现代化战略研究课题组：《中国现代化报告 2004——地区现代化之路》，北京大学出版社，第 332 页。

四 山东与江苏、上海、浙江和广东市场化各方面、各指标的排名及得分、总排名及总得分比较

（1）据权威研究，在政府与市场的关系方面，2000 年山东在 30 个省、市、自治区（不包括台湾省、香港和澳门特别行政区以及西藏自治区）中排名第 9，落后于江苏（第 2）、上海（第 6）、浙江（第 1）和广东（第 3）（表 17－5），说明与发达的沿海省市江苏、上海、浙江和广东相比，山东省的政府依然是"强势"的，市场机制的调节作用明显发挥得不够充分。究其原因，主要是山东在减轻农民税费负担、减少政府对企业的干预、缩小政府规模等方面的排名明显落后于上述发达省市，有的方面甚至落后于大多数省份（表 17－5）。

（2）在非国有经济的发展方面，2000 年山东在全国 30 个省、市、自治区中排名第 7，落后于江苏（第 5）、上海（第 6）、浙江（第 1）、和广东（第 2）（表 17－5），说明与发达的沿海省市江苏、上海、浙江和广东相比，山东的民营经济发展还不够快。究其原因，主要是山东非国有经济在全社会固定资产总投资中所占比重、非国有经济就业人数占城镇就业人数的比例等方面的全国排名明显落后于上述发达省、市（表 17－5）。

（3）在要素市场的发育程度方面，2000 年山东在全国 30 个省、市、自治区中排名第 8，落后于江苏（第 6）、上海（第 2）、浙江（第 4）和广东（第 1）（表 17－5），说明与发达的沿海省市江苏、上海、浙江和广东相比，山东的要素市场发育比较迟缓。究其原因，主要是山东本省技术市场成交额、科技人员数等方面的全国排名明显落后于上述发达省市（表 17－5）。

（4）在市场中介组织的发育和法律制度环境方面，2000 年山东在全国 30 个省、市、自治区中排名第 10，落后于江苏（第 7）、上海（第 3）、浙江（第 8）和广东（第 2），说明与发达的沿海省市江苏、上海、浙江和广东相比，山东的市场中介组织的发育和法律制度环境状况还比较差。究其原因，主要是山东的市场中介组织的发育、对生产者合法权益的保护等方面的全国排名明显落后于上述发达省市（表 17－5）。

（5）在市场化相对水平的总排名和得分方面，2000 年山东在全国 30

个省、市、自治区中排名第5，仅比上海（第6）排名靠前1位，比江苏（第4）、浙江（第2）和广东（第1）都落后；而总得分为7.15.略高于上海（7.04），明显低于江苏（7.90）、浙江（8.32）和广东（8.41）。

山东第一次现代化的达标程度明显落后于发达的江苏、上海、浙江和广东；而在衡量市场化相对进程的五大类指标的全国排名中，有四大类指标明显落后于上述发达省市，总排名和得分也仅上述省市中的上海靠前。这一切说明，虽然山东经济社会发展像其他沿海发达省、市一样，处于全国的先进行列，但山东发展的总进程比更为发达的江苏、上海、浙江和广东明显落后。

表 17－5　山东与苏、沪、浙和粤市场化各方面、各指标的排名及得分、总排名及总得分比较

地区\指标	山东 排名	山东 得分	江苏 排名	江苏 得分	上海 排名	上海 得分	浙江 排名	浙江 得分	广东 排名	广东 得分
1. 政府与市场的关系	9	7.38	2	18.12	6	7.49	1	8.37	3	7.99
1a. 市场分配经济资源的比重	3	9.85	1	10.00	20	5.06	4	9.69	11	7.33
1b. 减轻农民的税费负担	24	6.36	14	7.72	1	9.83	4	9.63	2	9.82
1c. 减少政府对企业的干预	10	8.01	3	9.14	1	10.00	5	8.10	2	9.88
1d. 减轻企业的税外负担	11	6.52	26	3.76	20	4.93	19	6.05	18	5.37
1e. 缩小政府规模	15	6.14	1	9.83	8	7.06	5	8.05	9	7.05
2. 非国有经济的发展	7	7.00	5	8.27	6	7.40	1	10.69	2	9.69
2a. 非国有经济在工业总产值中所占比重	6	7.15	3	9.02	7	5.70	1	10.48	2	9.66
2b. 非国有经济在全社会固定资产总投资中所占比重	9	8.04	7	8.48	6	8.50	2	10.18	3	9.49
2c. 非国有经济就业人数占城镇总就业人数的比例	12	5.70	7	7.38	5	7.63	1	11.45	2	9.92
3. 产品市场的发育程度	3	9.17	2	9.61	23	6.57	4	8.99	5	8.89
3a. 价格由市场决定的程度	4	8.67	2	9.48	12	8.27	9	8.48	18	7.65
3b. 减少商品市场上的地方保护	4	9.69	3	9.74	28	4.80	5	9.52	1	10.18
4. 要素市场的发育程度	8	5.05	6	5.80	2	6.76	4	6.37	1	7.87
4a. 金融业的市场化	2	7.74	4	7.67	1	7.94	3	7.68	6	6.37
4a1. 金融业的竞争	2	10.01	12	6.71	1	10.72	4	8.91	7	8.03
4a2. 信贷资金分配的市场化	17	2.19	1	10.00	21	1.20	7	4.70	15	2.37
4b. 引进外资的程度	9	2.42	4	5.37	6	4.97	10	1.83	1	8.46

续表

地 区 指 标	山东 排名	山东 得分	江苏 排名	江苏 得分	上海 排名	上海 得分	浙江 排名	浙江 得分	广东 排名	广东 得分
4c. 劳动力流动性	6	3.65	8	3.12	16	1.80	3	7.99	2	8.47
4d. 本省市技术市场成交额/科技人员数	11	5.11	9	5.99	1	10.60	5	7.31	3	8.70
5. 市场中介组织的发育和法律制度环境	10	5.63	7	6.29	3	6.98	8	6.24	2	7.29
5a. 市场中介组织的发育	22	1.55	14	2.10	2	9.31	9	2.43	6	3.18
5a1. 律师人数/总人口	24	1.58	21	1.78	2	10.15	6	3.95	5	4.05
5a2. 会计师人数/总人口	18	1.52	10	2.48	2	8.29	28	0.61	12	2.15
5b. 对生产者合法权益的保护	21	5.48	6	7.83	1	8.95	13	6.56	5	7.95
5b1. 经济案件收案数/GDP	27	5.04	12	7.94	3	8.99	28	4.96	4	8.91
5b2. 经济案件结案数/经济案件收案数	13	6.01	4	7.70	2	8.90	3	8.47	9	6.79
5c. 知识产权保护	3	4.85	6	2.84	5	3.22	2	8.07	1	11.77
5c1. 三种专利申请受理量/科技人员数	3	5.43	6	3.00	5	4.87	2	8.78	1	12.59
5c2. 三种专利申请批准量/科技人员数	4	4.26	5	2.68	8	1.53	2	7.35	1	10.93
5d. 消费者权益保护	5	7.81	6	7.61	24	5.07	11	7.06	10	7.15
5d1. 消费者协会收到的消费者投诉案件数/消费者投诉案件数/GDP	20	6.12	7	8.32	2	9.64	14	7.20	1	10.18
5d2. 消费者投诉案件解决数/消费者投诉案件数	2	9.68	11	6.82	30	0.00	10	6.92	26	3.80
2000年市场化相对水平	5	7.15	4	7.90	6	7.04	2	8.32	1	8.41

资料来源：樊纲、王小鲁、朱恒鹏：《中国市场化指数——各地区市场化相对进程报告》，经济科学出版社2001年版，第117、122、128、149和169页。

第十八章　总的战略对策选择

综合上述各方面的比较分析，为了创造省区发展新优势，全面提升省区竞争力，及早建成"大而强、富而美"的社会主义新山东，提前建成全面小康社会和提前基本实现现代化的战略目标，山东现阶段总的省区经济社会发展战略对策应当进行如下选择。

一　牢固树立和落实科学发展观，加快省级政府职能和财政功能由经济建设型向公共服务型转变

科学发展观是以人为本，全面、协调和可持续的发展观，是能够实现统筹城乡发展、统筹区域发展、统筹经济社会发展、统筹人与自然和谐发展、统筹国内发展和对外开放的要求的发展观。经过30余年的改革、开放和现代化，随着这一过程日益向纵深发展，总结包括山东与江苏、上海、浙江和广东在内的有条件率先基本实现现代化的中国沿海发达省市经济社会发展的经验和教训，人们越来越清楚地认识到，要充分发挥市场在资源配置中的卓有成效的基础性作用以便为全面建设小康社会和实现工业化、城市化和现代化提供强有力的体制保障，包括省（市）级政府在内的整个政府体系的职能必须由过去的经济建设型向公共服务型转变。相对于发达省市江苏、上海、浙江和广东而言，山东省竞争力较弱的重要原因之一就是各级政府在直接经济活动中还扮演着"强势政府"的角色，有着对经济直接介入的强烈冲动，经济项目的财政投资比重还比较大，政府对企业的干预还比较多。

二　确立超然于"黄河边的中国"的跳 跃式和国际化的新省区发展观

受自然条件、历史文化和现实发展基础等基本省（市）情所综合决定，在当今中国，长江流域的省份更多地具有工业经济、工业社会和工业文明的发展特征，而黄河流域的省份则更多地具有农业经济、农业社会和农业文明的发展特征。于是，就有了关于"长江边的中国"[①] 和 "黄河边的中国"[②] 之说。很显然，"黄河边的中国"各省区的"三农"问题更为突出，解决"三农"问题的任务更为艰巨。山东在地理位置上隶属"黄河边的中国"，而且与发达省市江苏、上海、浙江和广东相比，山东迄今为止也是一个地地道道的"三农"大省。作为地处"黄河边的中国"的"三农"大省，在当今经济全球化和地区经济在协作中竞争发展的大背景下，山东要及早地赶上乃至超越上述发达省份的发展和现代化步伐，必须经由两条基本路径：一是实施超常规跨越式发展战略，创造持续高速发展省区；二是最大限度地突破地域限制，充分发挥"后发优势"积极引进国外先进技术和管理方法与经验，充分利用国内外两种资源、两种资本和两个市场，进而形成自己的竞争优势和发展优势，创造出国际化的崭新省区。也只有这样，才能跃出"低水平均衡陷阱"，才能从根本上改变落后于发达省市的发展格局，才能及早地赶上乃至超越发达省市的发展步伐。一句话，才能形成超然于"黄河边的中国"的"大而强、富而美"的社会主义现代化新山东。

三　倾力打造高加工度化制造业强省

由于中国发展制造业具有广阔的消费市场、较低的劳动力成本、较强的劳动力成本、较强的柔性生产能力、较完善的工业配套设施、跨国公司

---

① 上海证大研究所：《长江边的中国——大上海国际都市圈建设与国家发展战略》，学林出版社 2003 年版。

② 曹锦清：《黄河边的中国——一个学者对乡村社会的观察与思考》，上海文艺出版社 2000 年版。

和华人为主体的广泛国际关系网络、以改革开放为核心的政府政策支持、持续高速增长的经济和稳定的政治经济环境等诸多优势，世界制造业中心正向中国转移，特别是向中国沿海发达省份转移。目前全球 500 强公司中已有 400 家左右在中国投资上项目，世界上最主要的电子通信设备、石油化工、汽车、机械设备等制造商把他们的生产网络扩展到中国，并使得中国成为世界上外商直接投资规模最大的国家。据权威研究，中国有足够的发展至 2030 年左右成为世界第一制造业大国。世界制造业中心向中国转移的态势越来越明显，且首先在劳动成本同样比较低，而经济实力雄厚、制造业总体水平高、经济国际化进程快、创新能力强的中国沿海省份得到体现。

像江苏、上海、浙江和广东等中国沿海发达省份一样，山东的经济发展已经步入了比较成熟的工业化中期阶段。2002 年山东的人均 GDP 为 11645 元人民币，按现行汇率折算约为 1407 美元；三次产业结构已经呈现典型的"二三一"型，第一、二、三次产业的增加值比重演进为 13.2%、50.3% 和 36.5%。根据国际经验，从人均 GDP 水平和三次产业结构的演进水平看，山东作为产业体系比较完备的"后发"地区总体上理应进入比较成熟的工业化中期阶段。而按工业化和产业发展的一般规律，进入工业化中期阶段的山东，也理应将高加工度化的制造业体系作为整个国民经济的主导产业体系来选择并加以培植。

第二章第二部分的详细分析充分证明，现阶段山东在发展高加工度化制造业方面具有许多明显的比较优势，完全有理由将以食品加工制造业和纺织业为主的农产品的精深加工业，以普通机械、专用设备、交通运输设备和电气机械及器材制造为主的机械装备制造业，以石油加工和化学原料及化学制品制造业为主的石油及化学工业，电子通信设备制造业作为整个国民经济的主导产业或战略优势产业加以选择和培植，以解决山东当前工业内部结构中由于采掘工业比重偏高引致的重工业比重偏高，轻工业比重偏低，从而解决 LH 系数较低（表 2 - 3），综合加工（轻加工 + 重加工）水平较低的问题，进而提升整个产业的高加工度化制造业比重，实现走新型工业化道路，提前基本实现工业化和全面建设小康社会，及早实现"大而强、富而美"社会主义新山东的战略目标。

简而言之，世界制造业中心向中国发达沿海省份转移是现阶段山东面临的最重要的发展机遇。山东已经步入比较成熟的工业化中期阶段，按一般规律理应将高加工度化制造业体系作为整个国民经济的主导产业体系来选择和培植。现阶段山东在发展高加工度化制造业方面有许多明显的比较优势，因此，从现在起山东应当倾力打造高加工度化制造业强省，打好"中国制造"的"山东品牌"。这也应当成为整个产业结构优化升级调整的主线，实乃山东经济发展的"主线之主线"。

四　把"三农"现代化作为整个现代化的攻坚性任务来对待

山东是名副其实的"三农"大省。虽然山东也像江苏、上海、浙江和广东四省市一样，合规模地进行着现代化，但如今山东农业的增加值比重和就业比重都比这些发达省市高；农民人均纯收入水平比这些发达省市都低；农村人口比重比这些发达省市都高，城市化率比这些发达省市都低。2002 年山东的农业比较劳动生产率仅为 26.5%，而第二、三次产业比较劳动生产率则分别高达 202.3% 和 146.0%，第一次产业比较劳动生产率过低，表明大量农业剩余劳动力转移不出来，表明城乡"二元结构"问题突出。这一切又表明如今山东还是一个地地道道的不够发达的"三农"大省。目前山东"大而不强"的根本原因是"三农"的"大而不强"，整个经济和社会现代化的最大"瓶颈"就在于"三农"的现代化水平低。因为在三次产业中，第一次产业比重降不到位，与此同时其比较劳动生产率升不上去；农民的人均纯收入水平提高不了；农村人口降不到位，就不可能指望"三农"在比较利益、收入水平和生活条件等一系列经济社会指标上达到现代化的要求。毫无疑问，没有农业、农民和农村的现代化，就不会有整个经济和社会的现代化。

山东必须加快农村的制度创新过程，像当年创造家庭承包制、统分结合的农村双层经营机制和农业产业化的新鲜经验一样，在农村税费改革、土地流转制度改革、农村基层民主制度建设等农村体制改革方面创出新路，以为"三农"现代化所要求的整个农村经济的发展提供动力源泉。

山东也应继续在农业产业化、农业标准化以及农业国际化等方面探索新路，探索农业内部由"二元"结构向"三元"结构有效转变的合理途径，打造质量农业、高效农业、精细农业、生态农业、高科技农业、绿色农业、标准农业和外向型农业强省。

五　高度重视服务业战略地位的提升

根据发展的国际经验和产业结构演进的一般规律，已经步入工业化中期阶段的山东，其服务业的发展将加速并将持续相当长的一段高速增长期；贯彻和落实以人为本，全面、协调和可持续发展观的结果，将使发展更加注重人民的生活水平和质量，与人的生存和发展紧密直接相关的诸多服务业领域，如文化、教育、卫生、体育、交通、房地产、餐饮和旅游、商贸和金融等都将获得长足发展，而山东恰恰在这些方面落后于发达的苏、沪、浙和粤等省市；中国"和平崛起"，"软"、"硬"实力不断增强，"中国模式"和"北京共识"的逐步形成，意味着社会主义中国发展的人文取向、文化价值、生活方式或商业文明及手段逐渐上升为主流，势将占据有足够影响力的战略地位，进而意味着与人们的生活紧密直接相关的服务业在发展中战略地位的提升，山东既是当今中国第二人口大省、第三经济总量大省，又是古老的华夏文明的发祥地，齐鲁文化构成了中华文明的重要内容，所以，山东在新的时代背景下和当今发展阶段上具有大力发展服务业的巨大市场和广阔前景。

六　启动以大城市为中心的半岛城市群带动的发展战略

一个国家或地区经济发展步入比较成熟的工业化中期阶段以后，其经济增长的新动力除了高增长性的新兴产业以外，就是城市化。目前山东城市化水平明显低于江苏、浙江和广东，与此同时，山东城市数量却在全国仅次于广东排第二位。这种矛盾现象的原因，就在于山东尚未充分发展大中城市，特别尚未充分发挥大城市对于大量剩余劳动力的卓有成效的吸纳作用。国际经验表明，大城市的资源配置效率和效益是最高的，而目前山东大城市的发展规模、特别是超大城市的发展规模远远不足，包括青岛和济南市在内的大城市应有的"极化"和"辐射"作用远未充分发挥出来，更谈不上所谓的"大城市病"了。而且，与改革开放以来迅速崛起的其他发达的城市群相比较，山东半岛城市群发展比较缓慢的重要原因之一就是理应有足够"极化"和"辐射"作用，并进而主导和带动整个城市群发展的大城市发展缓慢，发展得还不够大、不够强。实际上，这也是制约山东东、西部地区协调发展的根本原因。试想，如果青岛、济南等大城市的发展腹地足够广阔，城市的"极化"和"辐射"作用足够大，城市的都市型产业体系和城市各项功能完备，怎么会没有足够的带动力去影响包括西部在内的整个山东经济的大发展呢？因此，目前山东正确的选择应当是，启动大城市为中心的半岛城市群带动的发展战略，以使大城市迅速崛起，东部加快发展，并有足够力量带动西部迅速追赶上全省发展的步伐。

七　启动以充分有效就业为主导的发展战略

充分有效就业是指在充分发挥市场机制配置和调节劳动力资源作用的基础上，通过各种途径和措施最大限度地利用劳动力资源，既充分又合理和高效地安排就业。

由于中国是人口、劳动力资源大国，目前正处于发展转型、体制转轨以及入世后的"三重过渡"时期，因而就业问题就成为当今中国发展、改革和稳定的多重问题。同时，社会主义发展、工业化和现代化的本质又在于最大的人文关怀。党的十六大报告把使社会就业比较充分作为全面建设小康的目标要求，并强调指出："就业是民生之本。扩大就业是我国当前和今后长时期重大而艰巨的任务。国家实行促进就业的长期战略和政策。"

目前山东的人口、劳动力资源数量和就业人口均列全国第二位，比发达的江苏、上海、浙江和广东都居前，当前乃至今后长期内都面临着巨大的就业压力。而目前山东的城市化水平又比较低，这意味着大量的农村剩余劳动力转移不到非农产业和城市上来，实际上这也意味着许多城市劳动力缺少应有的就业岗位，再加上同样处于将产生大量结构性失业和摩擦性失业的经济"三重过渡"时期，这一切就更加剧了山东的就业压力问题。

还必须认识到，大规模成本较低的劳动力资源的存在，又是经济发展的比较优势。只有实现充分有效就业，才能将这一比较优势变成竞争优势，并最终变成经济优势。这又是山东提前基本实现工业化和城市化，全面建设小康社会，并最终提前基本实现现代化的应有战略选择。

八   高度重视"海上山东"建设和黄河三角洲 深度开发开放这两大新增长点工程

许多权威研究成果表明，21世纪将是人类全面开发和利用海洋的世纪。山东拥有明显的海洋资源禀赋优势和海洋经济发展的比较优势。建设"海上山东"是山东早已提出来的战略构思。我们应当认识建设"海上山东"的重大战略意义，真正将建设"海上山东"作为新世纪山东经济的新增长点工程。

黄河三角洲是中国三大河口三角洲之一，自然资源丰富、地理位置优越，开发潜力巨大。黄河三角洲地处中国环渤海经济圈的中间地带，是环渤海经济圈与黄河经济带的结合部，具有显著的区位优势。经过30余年的改革开放，其深度开发开放的现实基础和条件基本具备。中共山东省委、省政府也已把黄河三角洲开发建设列入全省跨世纪工程。东营市的经济实力和胜利油田所在的优越条件，使它早已确定了在黄河三角洲地区乃至更广阔的鲁北地区的中心城市地位。目前长江三角洲、珠江三角洲的深度开发开放已成规模和气候，而黄河三角洲深度开发开放的实际进程明显滞后。如果能真正像其余两大三角洲一样去深度开发开放黄河三角洲，则不仅可以解决目前山东投资规模结构上的大投资项目偏少的问题，而且极有可能使以东营为"龙头"的黄河三角洲的深度开发开放成为新世纪山东乃至中国经济发展的新亮点。可喜的是，2001年3月全国九届人大四次会议已把"发展黄河三角洲高效生态经济"列入中国"十五"计划纲要，黄河三角洲因此已成为中国经济发展的一个新的战略布点，这又是黄河三角洲乃至整个山东进入新世纪后迎来的一个重要发展契机。

九   加快深化投资体制改革

要认真贯彻落实《国务院关于投资体制改革的决定》，按照"建立起市场引导投资、企业自主决策、银行独立审贷、融资方式多样、中介服务规范、宏观调控有效的新型投资体制"的目标要求加快深化山东省区投资体制的改革。在以往很长一段时间里乃至如今，山东都是一个在包括投资决策在内的直接经济活动中"强势政府"明显的省区，这一点与发达省市江苏、上海、浙江和广东相比尤为突出。在加强宏观调控和有效监管的前提下，充分发挥市场配置资源的基础性作用，彻底落实企业的投资决策自主权，确立其在投资活动中的主体地位，真正实现投资决策的科学化和民主化，理顺中央和省级政府投资过程中的审批、核准和备案管理等权利关系，以期从根本上保证投资结构的优化，提高投资效益，推动经济协调发展和社会全面进步，已是山东提升省区竞争力、创造发展新优势的一项十分迫切的制度创新任务。

十　加快深化分配制度和社会保障制度的改革

与江苏、上海、浙江和广东等发达省市相比，山东的分配制度和社会保障制度的改革也明显滞后。在分配制度方面，山东对资本、技术和管理等非劳动要素参与价值创造与实现的激励不够，在初次分配中注重效率不够。这一切表现在目前山东的中等收入者比重、职工平均工资和农民人均纯收入水平都比江苏、上海、浙江和广东等发达省市低这一不争的事实上。

社会保障制度的改革和创新，是建立社会主义市场经济体制的重大基础工程，建立健全同经济发展水平相适应的社会保障体系，又是社会稳定和国家长治久安的重要保证。现实表明，山东的社会保障制度改革也远未到位。表现在因历史和政策性原因引发的企业离退休人员待遇差距以及企业拖欠职工工资问题比较明显；城市居民家庭收入核实缺乏有效手段，低保资金不足，阻碍低保工作顺利开展，等等。山东应按照党的十六大精神加快深化社会保障制度的改革，从省情出发，加快建立独立于企事业单位以外、资金来源多元化、保障制度规范化、管理服务社会化的社会保障体系，实现老有所养、病有所医、弱有所助；要积极完善以两个确保为核心，以养老、失业、工伤、生育保障为主要内容，基本养老保险、下岗职工基本生活保障和失业保险，城镇居民最低生活保障"三条保障线"相互衔接的社会保障体系；要把社会保障工作的重点由生活保障转向生活保障和就业保障相结合，突出就业保障。

十一　加快医疗卫生体制改革

医疗卫生体制与人民生活息息相关，它还直接反映着国家或地方以何种社会价值取向统领经济和社会事业的发展。无论全国，抑或是山东、江苏、上海、浙江和广东，这方面的改革都还不够快，2003 年 SARS 蔓延期间全国各地所暴露出的公共卫生体系的不健全、疾病防治能力弱的问题，以及迄今为止尚未形成一种适应社会主义市场经济体制要求、充分体现以人为本的发展价值取向，并进而实现现代化要求的医疗卫生体系的事实，充分说明了这一点。中国是世界上人口最多的国家，山东是中国的第二人口大省。所以，山东的医疗卫生体制改革，无论从当前还是从长远来看，都有着十分重大的战略意义。对照发达国家和地区的先进水平，从省情出发，山东必须从两个基本方面同时加快医疗卫生体制的改革：一方面，加快建立既能得到调控和监管，又能充分发挥市场机制对于资源配置和利用的调节作用的卓有成效的医疗卫生制度，特别是打破与以往长期的传统计划经济体制相适应的垄断、封闭和低效率的医疗和医药管理体制，建立专业分工合理、主体多元、能够展开充分有效竞争的开放的医疗卫生体制；另一方面，要通过立法等制度安排，强化公共卫生管理，加大公共卫生体系建设的投入，特别是要增强公共卫生服务的能力建设。

十二　全方位打造诚信山东

环境也是生产力。目前山东经济发展中存在的最主要的软环境问题是诚信氛围不浓。市场经济是竞争经济、法制经济，也是诚信经济。诚信缺失，外来投资者就会望而却步。与南方发达省市江苏、上海、浙江和广东等相比，山东的诚信氛围有明显不足之处。近年来包括外商在内的许多外来投资者反映，原来认为"山东大汉"诚实可信，来到山东投资经营却发现有的山东人办事还比不上南方发达省份的人公正、透明、守约和讲信用。入世后的诚信缺失问题，则既是应当引起我们高度重视的发展环境问题，又是一个崭新的"游戏规则"问题。为履行作为 WTO 成员国的承诺，中国已在建立诚信体系方面做出努力，包括清理和规范行政审批政策，提高政策透明度，按照行为规范，运转协调，公正透明和廉洁高效的要求改革行政管理体制，建立全国诚信服务中介机构，制定有关诚信的规章制度等。山东也必须充分认识诚信对优化发展环境，对经济发展和参与国际竞争的重要性，下决心打造诚信政府、诚信企业、诚信公民和诚信山东，及早创造出具有国际水准的一流的诚信环境，以形成巨大的助推经济发展的环境生产力。

十三　继续突出外经外贸、高新技术和民营经济"三个亮点"

经济运行结果表明，山东省九届五次人代会作出的这一决定，从根本上反映了山东追赶乃至超越发达省市江苏、上海、浙江和广东等的客观需要，对山东经济结构的优化乃至整个综合经济实力的增强是非常行之有效的。通过大力发展外经外贸，使得山东产业乃至整个经济的国际化水平大大提高，直接增强了国际竞争力；通过大力发展高新技术及其产业化，使得山东产业结构的现代化水平明显提高，提高了产业和整个经济的科技竞争力；通过大力发展民营经济，优化了所有制结构，加快了经济的市场化进程，增强了经济的市场竞争力。从今往后的较长一段时间里，山东都应当继续突出地抓好经济的这"三个亮点"。

十四　加强应对重大突发性事件的防范体系的建设

当今时代，全人类所面对的人与人、人与自然这两类基本的关系越来越复杂，在处理这两大类基本关系中所面临的困难和挑战越来越严峻；中国作为已步入工业化中期阶段的发展中的社会主义人口大国，正处于经济和社会结构急剧变动的历史时期，各类矛盾和问题云集并随时可能显现的"高发期"；山东也像全国一样，已进入成熟的工业化中期阶段，经济和社会发展中的问题日益复杂，困难和挑战越来越严峻，发生重大突发性事件的现实可能性实难消弭。进入新世纪以来，我们共同面临的 SARS、禽流感、"9·11"等恐怖活动、大气和水的严重污染、农药和核电站泄漏事故等，无一不说明各个国家和地区建立、健全应对重大突发性事件防范体系，包括人、财、物力资源的保障，制度和法律的制定和实施，以及组织保障等的重要性。山东未来的发展当然也不能例外。

主要参考文献

1. 马传栋、张卫国：《山东经济蓝皮书——2004 年山东：全面提升省区竞争力》，山东人民出版社 2004 年版。

2. 韦森：《文化精神、制度变迁与经济增长：中国—印度经济比较的理论反思》，《国际经济评论》2004 年第 4 期。

3. 白雪梅：《中国区域经济发展的比较研究》，中国财政经济出版社 1998 年版。

4. 郑克中：《论儒家文化对我国经济发展的影响》，《东岳论丛》1987 年第 4 期。

5. 辛向阳等：《人文中国：中国的南北情貌与人文精神》，中国社会科学出版社 1996 年版。

6. 熊月之：《上海人的过去、现在与未来》，载上海证大研究所编《上海人》，学林出版社 2002 年版。

7. 陈金川：《地缘中国区域文化精神与国民地域性格》（下），中国档案出版社 1998 年版。

8. 刘益：《岭南文化的特点及其形成的地理因素》，《人文地理》1997 年第 1 期。

9. 张磊：《岭南文化的演变走向及其基本特征》，《史学集训》1994 年第 4 期。

10. 保罗·克鲁格曼：《地理和贸易》（中译本），北京大学出版社、中国人民大学出版社 2000 年版。

11. 中国现代化战略课题组：《中国现代化报告 2004——地区现代化之路》，北京大学出版社 2004 年版。

12. 樊纲、王小鲁、朱恒鹏：《中国市场化指数——各地区市场化相对进程报告（2001 年)》，经济科学出版社 2003 年版。

13. 西蒙·库兹涅茨：《现代经济增长》，北京经济学院出版社 1989 年版。

14. 威廉·配第：《政治算术》，商务印书馆 1978 年版。

15. 鞠颂东：《知识经济与产业结构调整》，社会科学文献出版社 2000 年版。

16. 方甲：《产业结构问题研究》，中国人民大学出版社 1997 年版。

17. 林书香：《山东省经济社会发展战略研究》，山东人民出版社 2000 年版。

18. 陈建军：《中国高速增长地域的经济发展》，上海三联书店、上海人民出版社 2000 年版。

19. 魏后凯：《长江三角洲地区制造业竞争力提升战略》，《上海经济研究》2003 年第 1 期。

20. 靖学青：《长江三角洲与珠江三角洲地区产业结构比较》，《上海经济研究》2003 年第 1 期。

21. 任辉：《关于山东省经济发展几个问题的思考》，《山东经济》2003 年第 1 期。

22. 刘忠琦：《优化区域性产业结构的思考》，《社会科学辑刊》2000 年第 5 期。

23. 汪斌：《当代国际区域产业结构整体性演进的理论研究和实证分析》，《浙江大学学报》（人文社会科学版）2000 年第 3 期。

24. 刘德学：《区域产业结构升级模式比较与启示》，《经济问题》2002 年第 11 期。

25. 邰云飞、唐小我：《区域产业结构变动模式分析》，《管理评论》2002 年第 12 期。

26. 张涛：《区域产业结构分类及其转换能力评价——以河南省为例》，《地域研究与开发》2001 年第 2 期。

27. 黄燕、商春荣：《区域产业素质升级：基本含义与测度指标》，《经济师》2001 年第 12 期。

28. 晏玲菊：《经济增长中技术进步的国际比较与中国经济增长》，《上海经济研究》2003 年第 5 期。

29. 江永真：《科技进步对我国工业经济增长的作用与贡献》，《科技管理研究》1999 年第 4 期。

30. 孙敬永：《科技进步的中外比较与实证研究》，《预测》1997 年第 5 期。

31. 孙琪：《风险投资的融资渠道分析》，《经济管理》2002 年第 21 期。

32. 陈时兴、钱水土：《利用民间资本发展我国科技风险投资业的研究》，《中国软科学》2002 年第 9 期。

33. 马红军：《论江苏风险投资管理模式的转换》，《唯实》2002 年第 8～9 期。

34. 殷醒民：《上海科技原创力提升中的结构性差异》，《上海经济研究》2002 年第 2 期。

35. 蔡齐祥：《广东科技资源配置的根本性变化及其存在的问题》，《科技管理研究》2002 年第 6 期。

36. 葛峙中：《江苏风险投资发展的特点 问题与对策》，《中国科技论坛》2003 年第 5 期。

37. 黄跃雄等：《WTO 规则下广东科技政策法规建设的意见和建议》，《科技管理研究》2003 年第 4 期。

38. 王立军：《沪苏浙联手共建长江三角区域创新体系研究》，《中国科技论坛》2003 年第 5 期。

39. 张超：《区域创新：中国经济发展原动力》，《科技日报》2003 年 5 月 21 日。

40. 中国科技发展策略研究小组：《中国区域创新能力报告（2003）》，经济管理出版社 2004 年版。

41. 韩建清，谢卫群：《创新能力排行榜 广东上海服气吗》，《人民日报》2003 年 12 月 17 日。

42. 李灿：《剖析苏州工业园区"取经"的经验》，《经济参考报》2003 年 12 月 1 日。

43. 方在农：《科技创新研究》，黑龙江人民出版社 2002 年版。

44. 冯之浚等：《国家创新系统的理论和政策》，经济科学出版社 2004 年版。

45. 米传民等：《江苏省科技投入与经济增长的灰色关联研究》，《科学学与科学技术管理》2004 年第 1 期。

46. 谢守江，周向红：《长江三角洲开发区产业结构分析》，《中国科技论坛》2003 年第 3 期。

47. 丁文龙等：《上海科技进步态势分析》，《上海财经大学学报》2002 年第 2 期。

48. 张锋：《江苏科技应对加入 WTO 的对策研究》，《现代经济探讨》2002 年第 2 期。

49. 毛汉英：《山东省跨世纪可持续发展的综合控制研究》，《地理学报》1998 年第 5 期。

50. 任望兵：《我国的环境现状、类型与变化》，《中国人口·资源与环境》1997 年第 1 期。

51. 毛汉英、刘勇：《山东省经济与环境协调发展研究》，《地理研究增刊》1998 年。

52. 刘兆德：《山东水资源可持续发展研究》，《地域研究与开发》1999 年第 1 期。

53. 中国科学院可持续发展研究组：《2002 中国可持续发展战略报告》，科学出版社 2003 年版。

54. 丁登山主编：《自然地理学基础》，高等教育出版社 1988 年版。

55. 于大江主编：《近海资源保护与可持续利用》，海洋出版社 2001 年版。

56. 国家海洋局：《中国海洋 21 世纪议程》1996 年。

57. 郑贵斌、徐质斌：《海上山东建设概论》，海洋出版社 1998 年版。

58. 邓效慧、戴桂林、权锡鉴：《海洋资源资产化管理与海洋资源可持续利用》，《海洋科学》2001 年第 25（2）期。

59. 刘颖秋编：《土地资源与可持续发展》，中国科学技术出版社 1999 年版。

60. 刘涛：《山东省相对资源承载力与可持续发展》，《国土与自然资源研究》2001 年第 4 期。

61. 徐红：《山东省 21 世纪土地资源可持续利用研究》，《中国人口·资源与环境》2001 年总第 45 期。

62．邵晓梅等：《山东省耕地变化趋势及驱动力研究》，《地理研究》2001 年第 3 期。

63．潘文灿：《21 世纪我国国土资源可持续利用的形势及战略措施》，《中国·资源与环境》2001 年第 1 期。

64．代合治：《山东省矿产资源特点及其开发利用》，《自然资源学报》1997 年第 1 期。

65．朱平盛等：《山东省水资源演变趋势及空中水资源的开发》，《山东气象》1998 年第 1 期。

66．吴俊秀：《水资源开发利用与保护的对策措施》，《水资源研究》2002 年第 1 期。

后 记

  《鲁苏沪浙粤经济社会发展比较研究》是中共山东省委宣传部为深化"三个代表"重要思想理论研究而下达的选题项目之一。自 2003 年 8 月下达该项目至今已一年的时间，期间我们围绕主题进行了大量深入、细致和系统的调查研究，反复对调查研究基础上草拟的撰文大纲进行修订，终于如期完成了这部书稿。

  2004 年 7 月 22～23 日，是上海因高温炎热而拉响所谓"黑色警报"的日子。恰在这两天，我忙着找澳大利亚悉尼大学经济学博士、复旦大学经济学院副院长韦森教授为本书作序。韦森先生是山东菏泽市人，恢复高考后第二年考入山东大学本科就读且毕业后在山东社会科学院工作过的"山东老乡"，从 20 世纪 80 年代起，不断在《经济研究》、《中国社会科学》等有影响的学术刊物上发表学术文献，1998 年回国执教于复旦大学经济学院至今。他是我的"山东老乡"，曾经是我的同事，现在是我的老师，特别是我一直敬重的很有个性、才气和功底的经济学家、师长和好友。如是说，我找他为本书作序是再自然不过的了。而我之所以在盛暑酷热天气里从济南到沪上找他作序，还因为自己对本书是看好的。

  第一，山东作为在以往 26 年的改革、开放和社会主义现代化进程中发展较快的东部沿海省份，理应属于党的十六大报告所指出的有条件率先基本实现现代化的地方；而中共山东省委八届五次会议通过的中共山东省委《关于进一步解放思想干事创业加快现代化建设步伐的决定》也已经明确地提出，本世纪头 20 年山东经济社会发展的总体要求之一是要争取"两个提前"，即提前全面建成小康社会，提前基本实现现代化。本研究项目正是在此经济社会发展总要求的背景下进行的。

  第二，2002 年 8 月由江苏省社会科学院、中共无锡市委和无锡市人民政府主办，中国社会科学院、中国科学院、中国人民大学、南京大学以及苏、沪、浙、鲁、粤、闽等沿海发达省市的党政领导、专家学者参加的"中国区域现代化理论与实践研讨会"，交流了近年来研究中国区域经济社会发展、工业化、城市化、市场化和现代化的学术成果、信息和实践经验，但是，其中还缺乏专门对这些发达省市经济社会发展进行全面、系统和深入的综合性比较研究的文献。值得一提的是著名社会学家宋林飞教授主编、河海大学出版社出版的《区域现代化的探索》一书，是当时会议上交流的唯一较多包括对苏、鲁、浙、粤等省份的现代化进行比较分析的文献，但限于篇幅，该书的主要视角显然是围绕江苏如何尽快率先基本实现现代化这一线索进行的，限于篇幅，难以有更多的内容去进行广泛而系统的跨省市比较分析。而我们所进行的这一研究项目显然是专门就相关省市进行全面、系统和深入研究的。

第三，笔者从 1985 年考入山东社会科学院从事专业经济学研究至今，始终一贯的研究重点之一就是省区经济问题，特别是山东的经济发展及其与周边省市经济发展的比较研究，尤其是自 1999 年以来，我连年主持"山东省年度经济形势分析与预测"课题，并主编年度《山东经济蓝皮书》，自然将更多的精力用于山东省的经济社会发展及其与其他沿海发达省市经济社会发展的比较研究上。这一切为本研究项目的顺利进行奠定了相当厚实的基础，也是保证本研究项目能以较高水平完成的十分难得的前期积累工作。

第四，凑巧的是，笔者既是本研究项目的负责人，又同时还在复旦大学攻读博士学位，使我有条件和有能力去组织所进行比较的省市的作者，一同完成这一研究任务。这样，可以方便地采集、搜寻有关参考资料，可以最大限度地利用相关作者对所比较省市的直观感受，也有助于使研究更为具体、符合实际和深入。

本研究项目广泛参阅了国内有影响的相关专著的分析框架、逻辑体系和总体设计，主要包括李京文主编的《走向 21 世纪的中国经济》（经济管理出版社 1995 年版）、《走向 21 世纪的中国区域经济》（广西人民出版社 1999 年版），王梦奎主编的《中国经济发展的回顾与前瞻》（中国财政经济出版社 1999 年版），李成勋主编的《1996～2050 年中国经济社会发展战略——走向现代化的构思》（北京出版社 1997 年版），林书香主编的

《山东省经济社会发展战略研究》（山东人民出版社 2000 年版），宋林飞主编的《区域现代化的探索》（河海大学出版社 2002 年版），白雪梅著的《中国区域经济发展的比较研究》，（中国财政经济出版社 1998 年版），樊纲、王小鲁主持、朱恒鹏技术分析的《中国市场化指数——各地区市场化相对进程报告（2001 年）》（经济科学出版社 2003 年版），中国现代化战略研究课题组、中国科学院中国现代化研究中心著的《中国现代化报告 2004——地区现代化之路》等文献，拟就出由 18 章构成，从发展的基本省（市）区情、发展优势、经济总量增长、产业结构演进、农业发展、工业发展、服务业发展、对外经济发展、教育发展、科技发展、投资发展、人口与就业发展、居民收入与消费发展、生态环境的治理与保护、资源的合理利用、发展的综合经济实力、发展进程总比较以及总的战略对策等各个方面，比较系统、完整和深入地比较了山东与苏、沪、浙、粤各省市经济社会发展的历史文化和自然影响因素、现状和特点、优劣势以及长期趋势，最终提出加快山东经济社会发展，实现建成"大而强、富而美"社会主义新山东战略构想的一整套反映时代背景和具有创意的战略对策主张。

本项目研究特别注重定性与定量分析相结合，注意运用模糊数字、现代经济增长理论模型和时间序列分析等先进的研究方法，并以大量精选和处理的现实数据和统计数据佐证观点，大大地增强了所述观点和主张的说服力。

总之，本书是第一部专门对山东与苏、沪、浙和粤经济社会发展进行综合比较的研究著作，我们所提供的体系框架、主要内容、研究方法和信息数据，至少为后继研究提供了可以借鉴的比较完整、系统和翔实的参考资料。但是，由于这毕竟是第一部专门对上述五省市经济社会发展进行综合性比较研究的学术专著，成书时间短、体系大、内容多、方法较新，加上是多位经历、学识和研究特长不同的作者共同完成，因而肯定存在不足和缺陷。我们恳切希望读者指正，以利今后进一步研究。

本书的主要作者及分工如下：

张卫国，山东社会科学院经济研究所所长、研究员，复旦大学经济学院经济学博士研究生，负责全书的撰文大纲设计、作者组织和协调、修改定稿，撰写第一章除"人文传统比较"部分之外的其余内容，第二、十七章和第十八章；

赵炳新，山东大学管理学院副院长、教授，山东大学数学与系统科学学院理学博士、巴依兰大学商学院市场营销研究所博士后，负责并主笔第三、四、十三章和第十六章；

徐天祥，山东师范大学中国人口·资源与环境编辑部副主任、副编审，负责并主笔第十二、十四章和第十五章；

吴彬，山东经济学院研究生部主任、教授，中国社会科学院研究生院经济学博士，负责并主笔第九章；

李然忠，山东社会科学院文献信息中心副主任、副研究员，复旦大学经济学院经济学博士研究生，负责并主笔第十章；

李贻宾，复旦大学经济学院经济学博士研究生，撰写第八章；

刘志英，浙江财经学院经贸学院副教授，复旦大学历史系历史学博士、复旦大学理论经济学博士后流动站博士后，负责并主笔第一章的"人文传统比较"一节；

王向阳，山东社会科学院经济研究所产业经济研究室主任、副研究员，山东大学数学与系统科学学院理学硕士，撰写第六章；

张健，山东社会科学院金融与投资研究中心主任、经济研究所副研究员，撰写第十一章；

郑贵斌，山东社会科学院副院长、研究员，撰写第七章；

王新志，山东社会科学院农村经济研究所研究实习员、山东财政学院财政系财政学硕士，撰写第五章；

杨海波，山东省出版总社、上海财经大学工商管理硕士，参加撰写第二、十七和十八章；

张朝晖，中共浙江财经学院党委宣传部副部长、浙江财经学院副教授，参加撰写第一章的"人文传统比较"一节；

刘刚，山东师范大学人口·资源与环境学院经济学硕士研究生，参与撰写第十二、十四章和第十五章；

陆兵，山东经济学院工商管理系管理学硕士研究生，参与撰写第九章；

唐绍欣，山东大学经济研究中心副教授，参与撰写第十章。

张卫国
2004 年 8 月